VALUATION
COMO PRECIFICAR AÇÕES

Copyright © 2004 by Editora Globo S.A. para a presente edição
Copyright © do texto 2004 by Alexandre Póvoa
Copyright © 2004 Empresa Valor Econômico S/A

Edição: Cláudia Reis
Revisão: Agnaldo Alves de Oliveira
Projeto gráfico, capa e editoração eletrônica: Estúdio Filial

Todos os direitos reservados. Nenhuma parte desta edição pode ser utilizada ou reproduzida – por qualquer meio ou forma, seja mecânico ou eletrônico, fotocópia, gravação etc. – nem apropriada ou estocada em sistema de banco de dados, sem a expressa autorização da editora.

2ª edição - 4ª reimpressão, 2010

EDITORA GLOBO S.A.
Av. Jaguaré, 1485 – São Paulo, SP, Brasil
CEP 05346-902 – Tel.: (11) 3457-1555
e-mail: atendimento@edglobo.com.br
site: www.globolivros.com.br

Dados Internacionais de Catalogação na Publicação (CIP)
(Câmara Brasileira do Livro, SP, Brasil)

> Póvoa, Alexandre
>   Valuation : como precificar ações / Alexandre Póvoa. — 2. ed. rev. e atual. — São Paulo : Globo, 2007.
>
>   Bibliografia.
>   ISBN 978-85-250-4293-4
>
>   1. Ativos financeiros - Modelo de precificação - Modelos matemáticos 2. Opções sobre ações - Preços - Modelos matemáticos I. Título.

07-0245   CDD-332.04150151

Índices para catálogo sistemático:
1. Ações : Modelo de precificação : Fundamentação matemática : Economia financeira 332.04150151
2. Ativos financeiros : Modelo de precificação : Fundamentação matemática : Economia financeira 332.04150151

ALEXANDRE PÓVOA

VALUATION
COMO PRECIFICAR AÇÕES

2ª EDIÇÃO
REVISADA E ATUALIZADA

EDITORA
GLOBO

SUMÁRIO

Valuation, a arte de precificar 9
A Contabilidade: a eterna vilã da história 25
A Clássica Análise de Balanços 59
O uso do Fluxo de Caixa Descontado 103
Taxa de Desconto: um toque de arte na valuation 135
Fluxo de Caixa para o Acionista x Fluxo de Caixa
   para a firma 189
Estrutura de capital ótima – verdades e mitos 227
Taxa de crescimento: a busca da consistência 245
Tópicos em valuation: O valor do controle,
   do caixa e da marca 271
Valuation relativa: o uso indiscriminado
   dos múltiplos 285
Mistérios da agregação de valor 335

Apresentação

(Fevereiro/2007) - Lançamos este livro ao final de 2004, sob forte expectativa quanto à receptividade do mercado. Em 2007, muito satisfeitos com o resultado, percebemos que evoluímos: o autor (com a chegada de mais um querido filho, Bernardo), o Brasil (com o crescimento irreversível do mercado de capitais) e nossa obra (que foi agora totalmente atualizada). Que todos nós saibamos, como prega o tema central, valorizar de forma sábia as coisas realmente importantes da vida.

(Dezembro/2004) - Toda a criação nasce de uma inquietação. E este livro não foi diferente. Apaixonado pelo tema *valuation* aplicado ao mercado de ações, sempre me espelhei em autores e professores estrangeiros que tive como ídolos.

Porém, me incomodava o fato de não encontrar uma obra nos mesmos padrões escrita por um brasileiro, com a aplicação teórica direta a nossa realidade e com exemplos genuinamente nacionais. Nosso objetivo principal é desmistificar o tema, descrevendo todo o processo de precificação de ações desde o seu início.

Além disto, sempre acreditei que em nossa vida, seja pessoal ou profissional, temos a obrigação de questionar as obviedades e desafiar o convencional. Por isso, neste livro, criticamos algumas verdades estabelecidas no mercado. Este tipo de postura, apesar de tornar a nossa trajetória mais difícil, certamente traz mais sentido e diversão ao nosso cotidiano.

Em síntese, depois de muito esforço, apresento esta humilde contribuição ao mercado de capitais brasileiro. Este sonho não teria sido possível sem o apoio de toda a minha família e amigos, em especial a dedicação de meu companheiro e colaborador Roberto Shinkai. À Editora Globo, meu muito obrigado pela confiança e apoio.

À minha querida mãe, esta singela dedicatória recheada de muita saudade.

Às minhas amadas esposa Verônica e filha Maria Eduarda, a eterna gratidão simplesmente por existirem. A "Família Feliz" é, definitivamente, o único tesouro que, por mais que me esforce, nunca conseguirei precificar.

Alexandre Póvoa

A avaliação de investimentos é dos mais fascinantes temas das disciplinas de economia e das finanças. Essa fascínio tem origem num dos mais básicos instintos da natureza humana que é a ganância, mas não é apenas isso. Há também o interesse intelectual de se entender o porquê das constantes flutuações que se observa nos preços dos ativos e dos negócios em geral em uma economia moderna.

A princípio pode parecer que a avaliação de investimentos é um exercício fadado ao fracasso, na medida em que o processo de análise não é capaz de prever com precisão e a cada instante os movimentos dos preços dos ativos. Mas entende-se hoje que, à medida em que aumenta o horizonte de tempo, mais eficaz é a avaliação fundamentada das alternativas de investimentos, o que é suficiente para que o mercado de capitais cumpra com o seu papel social.

Esse processo de convergência dos preços a níveis compatíveis com os fundamentos de valor é essencial para o bom funcionamento de uma economia de mercado moderna. Isto porque os preços dos diversos ativos atuam como um indicador essencial para a alocação do investimento e da poupança em uma economia, contribuindo assim para maximizar a taxa de crescimento.

Para que esse mecanismo alocativo funcione bem é necessário que os participantes do mercado financeiro atuem sob certas condições: a informação disponível deve ser distribuída de forma transparente e eqüitativa, e os incentivos para a busca de novas informações devem ser tais que não seja possível a obtenção de vantagens indevidas. Concretamente, a qualidade das informações contábeis e outras deve ser protegida, e o comportamento dos diversos atores (empresas, investidores, governo, etc.) deve ser submetido a padrões éticos e legais superiores.

No Brasil nos últimos anos, muito se tem feito para viabilizar o desenvolvimento de um mercado de capitais pujante e capaz de cumprir com seu papel. O trabalho vem sendo desenvolvido pelo governo atual e por governos passados, e inclui dentre outros avanços a nova Lei das SA, o fortalecimento da CVM, as várias reformas dos fundos de pensão, e uma grande e recente ênfase na governança corporativa. A onda de emissões primárias ocorridas em 2004 mostra que este trabalho começa a gerar frutos. Seu sucesso a longo prazo contribuirá para uma redução de risco no sistema, o que por sua vez tende a reduzir o custo de capital no Brasil e, portanto, aumentar o investimento.

Vem em boa hora este excelente livro sobre a teoria da avaliação de ativos e negócios, em português e, o que é mais relevante, escrito para leitores brasileiros. O livro é ao mesmo tempo rigoroso na construção de conceitos e prático na elaboração de exemplos. Quem se der ao agradável trabalho de estudar o material de ponta a ponta, certamente terá seu esforço recompensado!

Arminio Fraga Neto

CAPÍTULO 1

VALUATION, A ARTE DE PRECIFICAR

Quanto é que custa, quanto é que vale

A chamada precificação de ativos é a parte mais fascinante do mundo de Finanças. O mais intrigante do termo inglês *valuation*, também fartamente utilizado no Brasil por investidores, analistas e gestores de recursos, é que não existe resposta ou metodologia que possa ser considerada como a única correta.

O objetivo mais importante do avaliador é, através da aplicação de uma teoria específica ou algumas combinadas, atingir não necessariamente um só valor, mas uma região de preço para o ativo. É necessário nunca perder de vista que, em qualquer análise que esteja sendo realizada, existem duas dimensões que jamais podem ser ignoradas: o potencial de retorno, seja de lucros ou de fluxo de caixa, e o risco embutido nessa projeção.

Apesar dos aspectos altamente técnicos, qualquer processo de precificação de ativos envolve também muita arte. Alguns pontos intuitivos não devem ser desprezados, mas sim acrescidos quando e sempre que o avaliador assim desejar. Uma empresa bem administrada, por exemplo, pode ter a taxa de desconto de seu fluxo de caixa ajustada. Já a falta de liquidez de uma ação pode nos levar a considerar como mais provável o ponto inferior do intervalo de preços encontrado no processo de *valuation*.

As simplificações que temos visto em relatórios de analistas, sobretudo quando há uma comparação entre empresas de diferentes países, vêm empobrecendo o debate. É paradoxal a situação, já que o processo de globalização da negociação de ações deveria estar sofisticando as técnicas de avaliação e não "involuindo" a discussão.

A saída encontrada por alguns analistas, pela compreensível falta de tempo para acompanhar tantos sistemas tributários, de depreciação/amortização, de regras contábeis em geral, é comparar os balanços através de "múltiplos mágicos", cada vez mais superficialmente, chegando, no máximo, na análise até o lucro operacional de uma empresa. Isto significa não valorizar outros itens contábeis importantes existentes até o lucro líquido. O "excesso de arte" também pode comprometer uma avaliação, já que o mundo não é tão simples assim, e análises rasas podem gerar resultados do mesmo gabarito.

Mas a palavra simplicidade não deve desaparecer em nenhum momento de nosso horizonte. Os resultados de um bom processo de *valuation* normalmente são aqueles que as pessoas observam e rapidamente entendem o que está sendo proposto. O maior trabalho deve ser feito pelos analistas "nos bastidores", para alimentar o modelo de boas informações. Como diz uma famosa expressão norte-americana, *"trash in trash out"* (lixo dentro, lixo fora). Portanto, vamos tentar viajar um pouco pelo mundo de análise de ações e precificação, sempre alertando que os caminhos óbvios e do senso comum podem ser os mais perigosos.

Nosso primeiro grande desafio é saber diferenciar os conceitos de "preço" e "valor". Quantas vezes nos deparamos com situações em que vamos comprar algum objeto e achamos que "não vale aquilo que está sendo pedido". A diferença entre preço e valor definitivamente não é uniforme. O preço pode ser fixo ou variar um pouco, de acordo com a concorrência. Normalmente é definido em função do público-alvo de determinado produto ou serviço. A idéia de valor, porém, é muito diversa e definitivamente depende da visão individual de cada potencial consumidor.

Se tomarmos como exemplo três objetos distintos, como um quadro de um pintor famoso, um carro e uma maçã, podemos visualizar a dimensão da questão das preferências.

Um apreciador de arte pode pagar o preço aparentemente "exorbitante" de um bom apartamento na aquisição um quadro em um leilão.

Essa mesma pessoa, por não ter carros sofisticados entre seus principais interesses, seria incapaz de pagar um preço além do de um automóvel popular para se locomover.

Enquanto isto, os apaixonados por carros às vezes até preferem economizar em coisas aparentemente mais importantes, como o direito de morar bem e viajar com a família, para ter na garagem uma "linda Ferrari".

O exemplo do valor de uma maçã talvez seja o mais contundente. Qual é a diferença de valor de uma simples maçã para um sujeito que acabou de jantar e espera a sobremesa e para um indivíduo que passa fome há dois dias? Nesse caso, o preço diverge completamente do conceito de valor. Provavelmente, em um restaurante famoso, destinado às classes mais abastadas, o preço de uma maçã – talvez em outras formas, como tortas ou com creme – será muito superior ao custo de uma unidade da fruta em uma feira-livre, onde um indivíduo pobre certamente buscará o produto com muito maior avidez de necessidade. Cabe ressaltar que aqui não entramos no conceito de "preço relativo", que se refere à renda relativa de cada cidadão.

No caso de empresas, também não conseguimos eliminar a individualidade de cada oferta, mas podemos contar com um ponto em que há certo consenso. O objetivo de uma empresa (não beneficente) é, primordialmente, gerar lucros que se transformem em caixa para os acionistas. Obviamente, existem limites para a busca de retorno. Discutiremos mais tarde esses limites que, na verdade, podem ser agregadores e não destruidores de valor, como aponta o senso comum.

Portanto, o valor justo de uma empresa para seus donos – os chamados acionistas – representa o que ela pode gerar de retorno no futuro expresso em valores de hoje. Há três pontos básicos para definir esse valor:

• Projetar o fluxo de caixa da empresa para os próximos anos.

• Fixar uma taxa de desconto que irá trazer a projeção de fluxo de caixa para valores atuais. A taxa de desconto deve ser cuidadosamente trabalhada para refletir adequadamente todos os riscos envolvidos.

• Trazer o fluxo de caixa a valor presente, usando a taxa de desconto definida.

Para chegar a um resultado confiável, muito trabalho deve preceder o cálculo. Esse é o caminho que começaremos a trilhar agora, neste livro.

ESCOLA GRÁFICA E TÉCNICA X ESCOLA FUNDAMENTALISTA

Não só em renda variável, mas também para qualquer mercado, duas escolas historicamente lutam pela vanguarda da precificação de ativos: a chamada Escola Gráfica e Técnica e a Escola Fundamentalista.

A Escola Gráfica e Técnica aceita a teoria da "eficiência dos mercados". Ou seja: assume que qualquer nova informação existente no mercado é automaticamente transmitida e interpretada de forma linear por todos os agentes, que tomam decisões ajustando, também em tempo instantâneo, os preços dos ativos que podem ser influenciados pela nova situação.

Portanto, no longo prazo, os movimentos de preços em t+1 tendem a seguir os preços em t0, excluindo-se as ocasiões do chamado *gap* (salto da cotação para cima ou para baixo, de acordo com os eventos não antecipados, respectivamente, positivo ou negativo).

A hipótese dos mercados eficientes – que também assume ausência de custos de transação – não pode ser considerada "aceitável" para o público comum. A realidade, sobretudo em termos de difusão e interpretação de informações, está longe do chamado mundo perfeito. Isto não tira mérito da hipótese dos mercados eficientes para a evolução do estudo dos mercados em geral.

Além disso, assumir que, de alguma forma, o presente e o futuro repetem o passado não pode ser considerado algo fora de propósito.

Já a escola fundamentalista trabalha com os fundamentos macroeconômicos, setoriais e relativos especificamente a determinada empresa, com o objetivo de determinar um "valor justo" para esta. Neste caso, a informação, ou pelo menos a forma de processá-la, possui valor inestimável, fazendo com que haja um distanciamento entre o futuro e o passado a cada dado novo.

Escola Gráfica e Técnica: o empirismo com base teórica

A Escola Gráfica de análise admite indiretamente que os investidores possuem um grau de informação razoavelmente uniforme e tendem a repetir as atitudes do passado. Os gráficos simples, com definição de figuras, são os instrumentos principais para definir tendências e preços futuros.

A Escola Técnica também utiliza gráficos, mas faz da matemática – cálculos estatísticos, como médias móveis – outro importante apoio. Há fórmulas envolvidas, mas baseadas mais em *back testing*, ou seja no empirismo da observação passada. Os estudos que relacionam volumes e altas/baixas são os mais úteis.

Na Escola Gráfica, as figuras a seguir são as mais conhecidas. Para os grafistas, elas possuem forte significado e seu comportamento ao longo do tempo indica tendências futuras de alta e baixa do preço de um ativo.

> **Apesar de estar sendo cada vez menos usada por analistas, utilize a análise gráfica e técnica como instrumento auxiliar, sobretudo para definir momentos de compra ou venda de ativos.**

- Linhas de tendência.
- Médias Móveis.
- Linhas de suporte e resistência.
- "Ombro, cabeça, ombro".
- Topos e fundos duplos (M e W).
- Triângulos.
- Retângulos.
- Flâmulas.
- Cunhas.

Na Escola Técnica, com a utilização de métodos estatísticos, os índices mais conhecidos sempre têm por objetivo a projeção de preços futuros dos ativos:

- **Índice de Força Relativa**: relaciona altas e baixas recentes do mercado.
- **Índice Estocástico**: baseado no fechamento do preço da ação dos últimos dias.

- Índice de Convergência e Divergência: preços máximos e mínimos são confrontados em determinado período.
- Índice de Movimento Direcional: compara movimentos de alta e baixa em determinados períodos.
- Índice OBV (*On Balance Volume*): compara volume negociado e variação de preços.
- Índice Parabólico: compara o relacionamento entre preços e o tempo decorrido.

Uma versão muitas vezes acaba virando verdade. Se todo mundo passa a acreditar numa mesma coisa, mesmo sem base teórica, os movimentos acontecerão por "efeito manada".

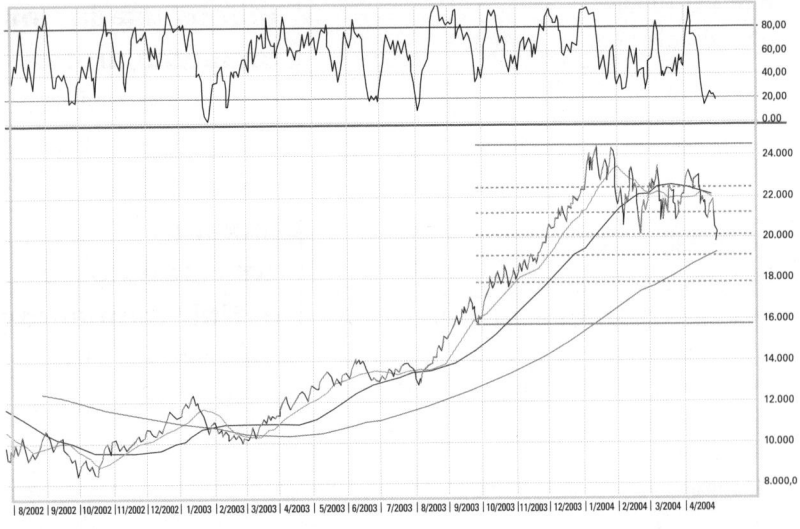

Fonte: Economática, elaborado pelo autor

Conforme observado na figura, podem-se utilizar:
- Médias móveis (parte inferior da figura) – traçadas para suavizar os movimentos erráticos do mercado.
- As linhas horizontais (parte central da figura) – linhas de supor-

te (pontos importantes onde o mercado deve testar em momentos de baixa) e linhas de resistência (pontos onde as cotações devem testar em movimentos de alta) no curto, médio ou longo prazo.

• **Escola Técnica (parte superior da figura)** – estudo matemático que mede a força do mercado, calculando, de acordo com movimentos passados, o potencial de alta ou de queda.

Apesar da perda de importância relativa diante da Escola Fundamentalista, é importante estar atento a todas as recomendações, já que há épocas de mercado em que os grafistas e analistas técnicos ganham força, influenciando de certa forma a disposição dos investidores em vender ou comprar determinados ativos.

Escola Fundamentalista: olhando para o futuro

O objetivo principal da Escola Fundamentalista é reduzir a "imponderabilidade" natural do valor de um ativo. Ela busca, através de projeções individuais de futuro ou comparações com os ativos já existentes, atingir um valor justo para o objeto em questão.

Bases da Escola Fundamentalista:

• As informações do mercado são assimétricas, portanto, os preços não refletem o "valor justo". Em outras palavras, o mercado recebe as informações em momento, maneira e quantidade diferentes. Mesmo que todos mensurassem valor da mesma forma, os analistas nunca atingiriam o mesmo valor justo para a ação ao mesmo tempo, justificando um mercado de compra e venda.

• Mesmo que haja uma informação simétrica (a publicação de um "Fato Relevante", por exemplo), a interpretação e a importância dadas a ela nos modelos de valuation são livres.

• Há "n" possibilidades de criação e destruição de valor por parte do acionista. Cabe ao analista atribuir probabilidades em cada um desses itens.

• As duas fontes de risco (taxa de desconto) para uma ação – Risco de Mercado e Risco Específico – são muito amplas, permitindo diversas projeções futuras.

• O trabalho do analista, no momento da avaliação do preço-alvo de uma ação, é quantificar o que parece "imponderável".

O bom analista não é aquele que nunca erra, mas aquele que acerta mais vezes do que erra. O analista não deve basear-se em um único preço-alvo, mas entender que, devido ao número de variáveis envolvidas, é mais importante determinar regiões de compra e venda do que pontos específicos.

O trabalho da análise fundamentalista é complexo por depender de uma série de fatores, seja no campo macro ou microeconômico. Mais importante do que estabelecer os chamados preços-alvo em um ponto no tempo, é entender a sensibilidade desse valor às oscilações de variáveis importantes. Enfim: compreender a dinâmica do processo é mais importante do que estabelecer uma fotografia de algo que nunca é estático.

Um exemplo: um analista que está avaliando as ações de Petrobras precisa compreender não somente os chamados fatores específicos que afetam a empresa (política de preços, eficiência operacional e financeira, fontes de financiamento, política de dividendos, entre outros), mas também projetar o comportamento futuro da paridade cambial (R$/US$), já que a empresa ainda não é auto-suficiente na produção de petróleo. A combinação de todos estes pontos deve ser transposta para modelos capazes de recalcular os chamados preços-alvo, o que implica mudanças nas recomendações de compra e venda das ações ao longo do tempo.

Escola Fundamentalista: análise top down x bottom-up

Duas expressões muito usadas dentro da Escola Fundamentalista são as chamadas análises *top down* (em português, de cima para baixo), e *bottom-up* (traduzindo, de baixo para cima). As duas vertentes diferem basicamente pela ordenação de importância de fatos que geram ou destroem valor das empresas:

Análise TOP DOWN

A análise *top down* (de cima para baixo) baseia-se na tese de que a influência básica do valor de uma ação advém predominantemente de fatores macroeconômicos que influenciam diretamente no desempenho da companhia. Três exemplos:

- Em tempos de elevação de juros, evita-se a compra de empresas sensíveis à piora nas condições de crédito, como as do setor imobiliário. Exemplo: Gafisa.

- Quando o ambiente externo para a compra de ações se deteriora (investidor estrangeiro retraído), buscam-se ações com crescimento menor, mas com fluxo de caixa mais estável (as chamadas *cash cows*, ou vacas leiteiras), como empresas maduras e líderes em seus segmentos. Exemplos: Souza Cruz e Fosfértil.

- Em momentos de elevação de inflação, os investidores buscam proteção em ações de setores nos quais a alta de preços possa ser repassada de alguma forma. Exemplos: bancos em geral, como Bradesco, Itaú e Unibanco, que podem proteger parte dos seus ativos no mercado financeiro.

É importante ressaltar que todas as observações *top down* são inteiramente pertinentes e fundamentais na mensuração do "preço justo" de uma companhia. A diferença conceitual entre esta e a visão chamada de *bottom-up* baseia-se no fato de que as decisões de compra e venda são tomadas primordialmente a partir de horizonte mais amplo de informações, antes de qualquer tipo de projeção mais detalhada no impacto na *valuation* da empresa.

Análise BOTTOM-UP

A análise *bottom-up* (de baixo para cima) usa todas as variáveis disponíveis para, dentro de um modelo determinado, calcular o valor justo de uma companhia.

Fazendo uma analogia com a análise *top down*: o fato de haver elevação de juros simplesmente não seria suficiente para recomendar a venda de ações da Gafisa. É provável que o mercado reaja mal em um primeiro momento, o que pode propiciar até um desconto interessante para uma indicação de compra do papel no longo prazo.

Normalmente os mercados assumem um típico comportamento de *overshooting* (em português, alta exagerada, acima do considerado normal) ou *undershooting* (em português, queda exagerada, superior ao considerado padrão), quando uma notícia inesperada ocorre. Por exemplo, uma alta exagerada no dólar causada por uma crise internacional costuma colocar na berlinda ações de empresas muito endividadas na moeda norte-americana (o setor elétrico brasileiro, em geral, é um exemplo tradicional). O mercado costuma, neste caso, "primeiro vender e depois perguntar.....". Nessas ocasiões, a análise *bottom-up* é fundamental para mensurar o potencial impacto real daquele determinado evento no preço da ação.

Muitos analistas costumam fazer uma dicotomia desnecessária entre o conceito *top down* e *bottom-up*, como se fossem diametralmente excludentes, o que não é absolutamente verdade. As variáveis de análise *top down* irão alimentar os modelos *bottom-up,* e a diferença está no tempo de reação, que normalmente é mais exacerbado quando o primeiro caso prevalece.

Cuidado com os jargões famosos

"Compre na baixa, venda na alta"; "A Bolsa é um investimento de longo prazo"; "Bolsa sobe no boato e realiza no fato"; se fosse fácil, todos os investidores ficariam ricos.

O mercado de ações talvez seja o mais complexo, portanto, o mais fascinante, entre todas as possibilidades de investimentos. Isso não significa que uma pessoa comum não possa investir em ações e ganhar dinheiro.

A volatilidade tem um poder mágico de atração, e os pregões conseguem consolidar um misto de análises de cunho extremamente técnico e emoções naturais de seres humanos influenciados por boatos e notícias de última hora. Portanto, se há duas características indispensáveis ao investidor de ações, são disciplina e sangue-frio. O pior tipo de investidor é o "torcedor", que compra uma ação e, mesmo com tudo indo contra a sua análise inicial, continua insistindo na posição. Uma frase que diferencia os grandes gestores de recursos é a idéia de que "o menor prejuízo é sempre o primeiro".

Existe outra frase famosa que explica bem o comportamento do mercado bursátil: "O dinheiro é covarde (foge no primeiro sinal de perigo) e sem-vergonha (volta, se for o caso, como se nada tivesse acontecido...)".

A história de "comprar na alta e vender na baixa" seria uma recomendação perfeita se pudéssemos avaliar precisamente o quão grande é o chamado "fundo do poço" das cotações, ou qual é o limite que uma forte alta pode atingir.

Já o jargão de que "Bolsa é um investimento de longo prazo" não pode ser aceito como simples regra. Um bom exemplo na história é o mercado japonês, que perdeu muito valor desde o início dos anos 90, quando a economia nipônica começou sua derrocada.

"A BOLSA É UM INVESTIMENTO DE LONGO PRAZO?"

Quantas vezes, sobretudo em momentos de queda, gestores de renda variável, tentando tranqüilizar investidores, afirmam que "ações são um investimento de longo prazo"? Imagine se algum administrador de recursos tivesse aconselhado o tal longo prazo para um japonês no início dos anos 90, e que este houvesse investido mil ienes em um fundo de ações. Ao fim do mês de julho/2006 (dezesseis anos e meio depois), o mesmo investidor teria apenas de 400 ienes em sua conta (perda de 60% do total investido).

Alguns alegam que tal perda se deveria à falta de disciplina do investidor. A aversão ao risco leva normalmente as pessoas a interromper investimentos em ações em ocasiões de crise, quando a Bolsa está em níveis mais baixos. Suponhamos que o investidor brasileiro tivesse aplicado R$ 1 mil em um fundo de ações (Ibovespa) e o mesmo montante em um fundo de renda fixa (DI) em agosto/1994, logo após a introdução do Plano Real. A taxa de juros média foi de 24,9% anuais, sendo que o retorno anual médio anual da bolsa foi de apenas 20% (agosto/1994 até julho/2006 - 144 meses). No caso brasileiro, tal qual o exemplo japonês, o chamado longo prazo não foi bom conselheiro.

A mesma análise foi repetida para o mercado norte-americano. Neste caso, o investimento em ações no índice S&P superou por larga margem (37,8%) a renda fixa no período estudado.Quem investiu em Bolsa auferiu o significativo ganho médio adicional de 2,7% por ano durante o período analisado (8,9% de um fundo S&P x 6,0% da renda fixa).

Portanto, qual é o segredo dessa história? A resposta está no desempenho macroeconômico dos três países. Depois de sucessivos erros de política econômica, o Japão iniciou a década de 1990 com grave e crescente déficit público, sistema financeiro combalido e em uma recessiva espiral deflacionária, apesar de uma política monetária extremamente generosa. Já o Brasil, conviveu no período do Plano Real, com déficit público persistente, fragilidade estrutural externa, crises de mercados emergentes, altas taxas de juros reais e baixo crescimento econômico médio (cerca de 2.5% anuais). Enquanto isso, os Estados Unidos viveram um período de ouro, com baixa inflação, altas taxas de crescimento, enormes ganhos de produtividade e taxas de juros reais médias de apenas 2,0% anuais.

A performance econômica de um país influencia diretamente as Bolsas no curto, no médio e no longo prazo. Muitos leitores podem imaginar que, de acordo com o período escolhido, os resultados poderiam ser diferentes, o que é verdade. Mas é irrefutável que onze anos e meio são representativos de um longo prazo. Portanto, como diria o dramaturgo Nélson Rodrigues, "toda a unanimidade é burra". A Bolsa pode ser sim (e na maioria das vezes o é) um bom investimento de longo prazo. Mas da próxima vez que você escutar este discurso, desconfie. O óbvio ululante pode ser mais perigoso do que uma simples incerteza.

É importante enfatizar que os movimentos de Bolsa normalmente antecipam os fatos. Em outras palavras, se há a previsão de uma forte queda de juros nos próximo semestre, os investidores não irão esperar seis meses para comprar. Quando o fato se concretizar, normalmente os preços já embutirão a expectativa confirmada. Por isso, a existência de um outro ditado, um pouco mais confiável, de que a "Bolsa sobe no boato e cai no fato". Leia-se boato não necessariamente de uma forma pejorativa, mas como uma antecipação do fato.

Quantas vezes já não vimos os investidores "realizarem lucros" quando notícias importantes são finalmente divulgadas... Mas, novamente, não podemos tomar isso como regra geral, já que nem todos os fatos são antecipados pelo mercado.

Este livro trata do tema *valuation* do ponto de vista da análise fundamentalista *bottom-up*. Porém, como já destacamos, os fatores macro são fundamentais, sobretudo em uma economia volátil como a brasileira, para alimentar os modelos de precificação. Por exemplo, se algum investidor apostar em uma "surpresa" positiva em alguma reunião do COPOM (corte de taxa de juros acima do esperado), certamente pode embutir o fato em seus fluxos de caixa descontados de diversas empresas. O maior impacto certamente seria em companhias endividadas.

Portanto, vamos começar a entender como funciona uma empresa por dentro de seus números. O assunto do Capítulo 2 é a tão utilizada quanto discutida Ciência Contábil.

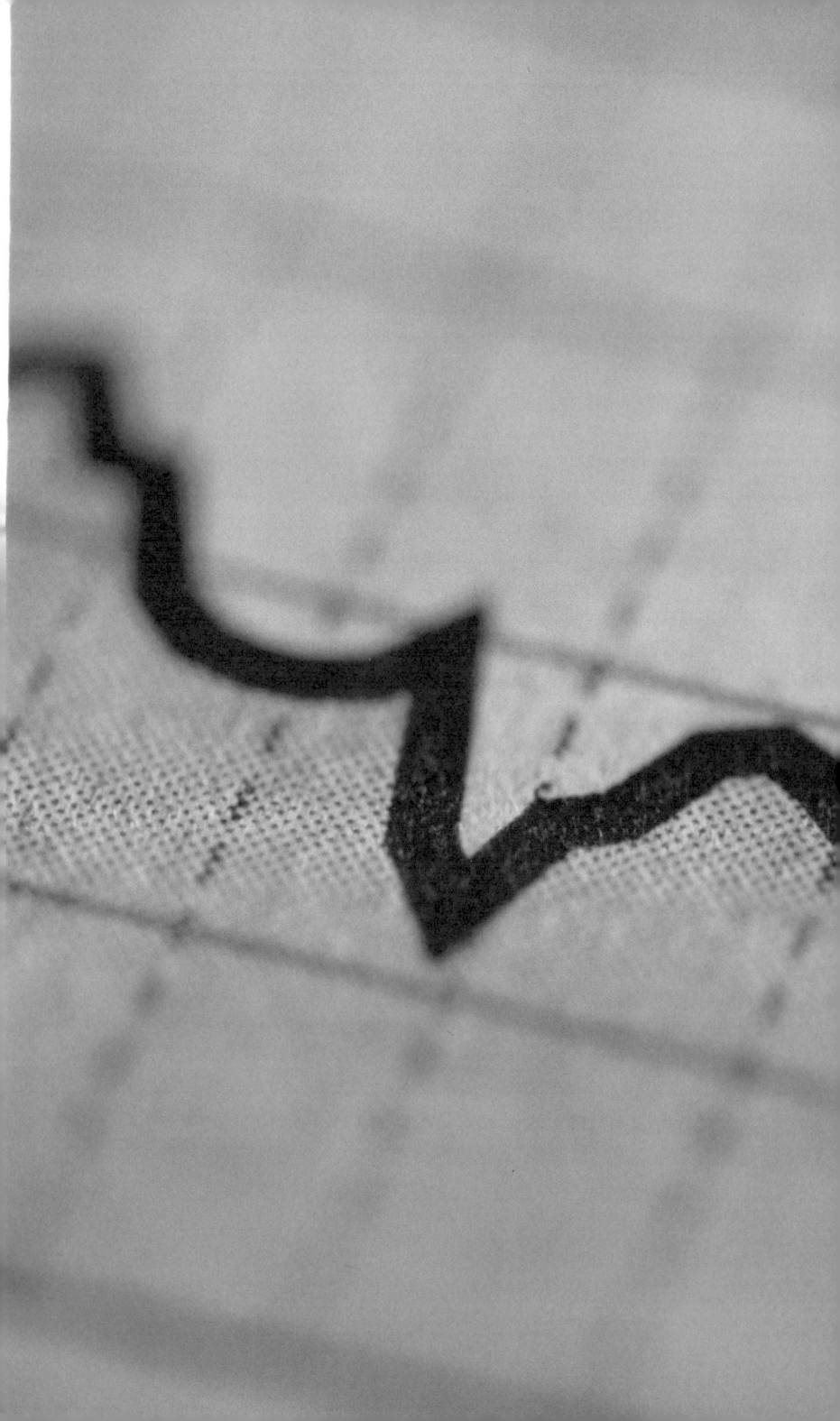

Capítulo 2

A Contabilidade:
A Eterna Vilã da História

A MATÉRIA-PRIMA DA VALUATION

Os analistas costumam "culpar" a contabilidade – e, por extensão, os contadores – pelas mazelas na análise de ações. Quantas vezes não escutamos que as empresas podem divulgar o resultado que quiserem a partir de utilização das brechas de normas contábeis. Tal crítica forte foi reforçada pelos escândalos corporativos norte-americanos no ano de 2002, causados por fraudes em balanços.

Como defesa à velha contabilidade, há de se esclarecer que um dos objetivos desta é a neutralidade, tal a quantidade de interesses envolvidos. Cabe aos contadores seguir padrões rígidos e, muitas vezes, inflexíveis, mesmo que o bom senso indique caminho contrário.

Seria incoerente aceitar diferentes critérios de contabilização. É necessário pautar-se sempre nos parâmetros aceitos internacionalmente. Cabe aos auditores de balanço rigor absoluto na análise dos números, ano após ano.

Não há dúvida, porém, de que as armadilhas contábeis podem atrapalhar muito a vida do analista financeiro. Afinal, o balanço patrimonial e a demonstração de resultados são as matérias-primas principais que temos à mão para construir uma competente precificação de ativos.

O objetivo deste livro não é ensinar todos os detalhes da contabilidade, mas alertar os analistas sobre os aspectos que devem merecer maior atenção. Portanto, concentremos-nos nos pontos básicos que ligam a ciência contábil ao processo de *valuation*.

Quais são as leis gerais que regem a ciência contábil?

A Contabilidade aceita universalmente contém milhares de regras, de acordo com o lançamento a ser realizado. Porém, há sete leis contábeis que devem ser enunciadas, *a priori*, para ajudar a rebater certas críticas que costumam recair sobre os contadores:

• **Lei da Entidade:** o Balanço Social é da entidade, nenhum acionista pode se sobrepor às Assembléias, Estatutos Sociais e Leis.

• **Lei da Continuidade:** assume-se a hipótese de que a empresa sobreviverá para sempre; por isso, os valores embutidos são sempre de custo, nunca o valor atual de mercado; como a Ciência Contábil não trabalha, por princípio, com a hipótese de venda ou de fechamento da empresa, fortalece-se o conceito de custo, ficando o valor de mercado a ser usado apenas em situações de exceção, conforme explicitado na próxima lei.

• **Lei do Custo Histórico:** dado o jogo de interesses envolvidos, a Contabilidade deve ser radicalmente neutra (sem juízo de valor), usando sempre custos históricos. A chamada reavaliação do valor de imóveis no balanço é uma exceção. Porém, afeta apenas ativo permanente e patrimônio líquido, sem nenhum impacto sobre os resultados.

• **Lei da Realização de Receita:** o processo de venda deve ser realizado inteiramente em determinado período, tal como as estimativas de despesas associadas. Tudo que estiver associado à venda, mesmo com pagamento posterior, deve ser registrado como receita no período correspondente à venda. A contabilização da venda deve ser realizada totalmente no ano em que ocorreu de fato, independente de forma de faturamento (à vista, parcelado, com carência etc.).

• **Lei da Competência:** é associada à Lei de Realização de Receita. O fato gerador é que sempre determina o exercício em que serão reconhecidas despesas e receitas.

• **Lei da Moeda Comum:** os balanços devem ser expressos sempre na mesma unidade monetária.

• **Lei da Objetividade, Consistência e Materialidade:** são três princípios resumidos em uma lei: os balanços devem ser padronizados na mesma documentação e com critérios uniformes, evitando a flexibilidade; os fatos relatados devem ser materiais (com a importância devida); qualquer fato não "contabilizável" que possa influir na análise deve ser relatado em notas explicativas ao fim do balanço.

PRINCIPAIS RUBRICAS DE UM BALANÇO PATRIMONIAL

• **Ativo Circulante:** todos os direitos a receber em até um ano de prazo – as principais contas são: Disponível (dinheiro em caixa), aplicações financeiras, contas a receber (financiamento a consumidores) e estoques.

• **Ativo Realizável a Longo Prazo:** todos os direitos a receber de um ano em diante: aplicações financeiras e contas a receber após 365 dias.

• Ativo Permanente: Principais Contas:

– *Investimentos:* participações em outros negócios e imóveis; não se destina à manutenção do negócio da empresa.

– *Imobilizado:* bens imóveis destinados à manutenção da atividade da companhia, além do registro de marcas e patentes.

– *Diferido:* valores que são gastos agora, mas poderão ter, com algum grau de previsibilidade, benefício futuros. Exemplo: Dinheiro gasto por empresas de petróleo na prospecção de novos poços. Há normalmente grande rigor nos contadores para verificar se há realmente possibilidades materiais de retorno. Caso contrário, a rubrica deve ser registrada como despesa. Um exemplo comum são as despesas de pesquisa, desenvolvimento e marketing, que dificilmente são classificadas como ativo diferido e sim como despesa. Um outro exemplo clássico de Ativo Diferido ocorre quando uma empresa compra uma outra por um valor acima do seu Patrimônio Líquido, A diferença entre o que foi pago e o que estava contabilizado poderá ser usado no futuro de forma parcelada pelo comprador em termos de benefício fiscal.

• **Despesas antecipadas:** é semelhante ao ativo diferido, porém com a fundamental diferença de que há a certeza sobre todos os fatos. Um exemplo seria o recebimento de um valor hoje com o fato gerador ocorrendo ano que vem. Suponhamos que paguemos em dezembro/2007 um seguro de automóvel relativo ao ano de 2008. O fato gerador está em 2008, portanto, este pagamento deve ser contabilizado como despesa antecipada em 2007 (com contrapartida no caixa, se for à vista, ou nos valores de seguro a pagar, se for parcelado) e só virará despesa efetiva dedutível da demonstração de resultado em 2008. Mas, novamente, é importante ressaltar que tal procedimento pressupõe a existência de uma cláusula no contrato de seguro impedindo o seu rompimento por ambas as partes.

• **Passivo Circulante:** todas as obrigações a pagar com até um ano de prazo – Principal conta: Contas a pagar (pagamento a fornecedores oriundo de compras realizadas a prazo).

• **Passivo Exigível de Longo Prazo:** todos os direitos a receber de um ano em diante: Empréstimos e contas a pagar após 365 dias.

• **Resultado de Exercícios Futuros:** receitas recebidas antecipadamente, mas correspondentes a um fato gerador futuro. Exemplo: Pagamento antecipado de um aluguel de 2008, mas com recebimento efetivo em 2007. Usando o mesmo critério da rubrica Despesas Antecipadas, pressupõe a existência de cláusula contratual impedindo o cancelamento da operação. O valor só poderá ser declarado como receita (sendo registrado, portanto, no Demonstrativo de Resultados) no ano gerador do resultado (2008).

• **Patrimônio Líquido (PL):** a principal rubrica é a conta "Capital", na qual serão contabilizados todos os novos aportes de capital da empresa. Todos os lucros ou prejuízos da empresa no exercício alterarão o PL. Existem também as rubricas reservas de capital, reservas de reavaliação, reservas de lucros e lucros acumulados.

PRINCIPAIS RUBRICAS DO DEMONSTRATIVO DE RESULTADOS

• **Receita Bruta** (ou faturamento bruto): representa o total recebido pela empresa com a venda de seus produtos. De forma simples, é o resultado da multiplicação do preço final da mercadoria pela quantidade vendida; ressalte-se que o analista deve sempre estar atento a quando ocorreu o fato gerador, não importando quando a quantia será recebida. Em outras palavras, se um comerciante vendeu R$ 1 milhão em mercadorias em novembro/2007, mas só vai receber os recursos em fevereiro/2008 (venda a prazo sem entrada), a quantia deve ser contabilizada como faturamento bruto em 2007, com contrapartida no ativo circulante – rubrica – financiamento a consumidores.

• **Receita Líquida**: é a Receita Bruta menos os impostos que incidem diretamente sobre a venda de mercadorias ou prestação de serviços (ICMS, ISS, CPMF, IPI etc.).

• **Custo da Mercadoria Vendida (CMV)**: o custo de todos os insumos gastos diretamente no processo produtivo – no caso da indústria têxtil, por exemplo, o CMV é representado:
 – pelo algodão e todas as matérias-primas necessárias para a produção; todos os insumos compõem este segmento.
 – mais custos pro-rata de depreciação, salários, entre outras despesas dispendidas especificamente durante a produção. Não basta conhecer apenas contabilidade para definir, por exemplo, a parcela do total de salários pagos que está intimamente ligada à produção (podem ser algumas horas do dia de um trabalhador). Para isto criou-se uma ciência paralela, a Contabilidade Gerencial, especialista neste tipo de cálculo.

• **Lucro Bruto**: diferença entre Receita Líquida e Custo de Mercadoria Vendida (CMV); define, de forma geral, o quanto a empresa gera de resultado apenas em seu processo produtivo direto.

• **Despesas Operacionais**: todas as despesas necessárias para o funcionamento do negócio (salários, aluguéis, luz, administrativas etc.) e que não estão diretamente ligadas à produção (em outras palavras, não

se encontra no CMV). A depreciação também é uma despesa operacional, mas será analisada à parte;
• **Depreciação:** a depreciação dos imóveis, máquinas e equipamentos de uma empresa na realidade representa um benefício contábil. Pode ser deduzida do Imposto de Renda para que, teoricamente, ao longo do tempo as empresas tenham condições de repor o seu ativo imobilizado. De acordo com as regras contábeis brasileiras, a depreciação é linear e com prazo estabelecido (20 anos para imóveis, 10 anos para máquinas e equipamentos e 5 anos para computadores). Se a companhia adquire uma rede de computadores por R$ 5 milhões, esta poderá ser depreciada (abatida como despesa operacional) em sua demonstração de resultado em R$ 1 milhão durante cinco anos seguidos. A contabilidade encara o desgaste da máquina e todo o imobilizado como custo direto de produção (neste caso, declarado na rubrica Custo de Mercadoria Vendida) ou despesa operacional (neste caso, direcionados para o item Despesas Operacionais).
• **Lucro Operacional:** Lucro Bruto menos Despesas Operacionais; define, de forma geral, o quanto a empresa gera de resultado em termos operacionais (produção + pagamento de todos os custos operacionais da companhia).
• **Despesas e Receitas Financeiras:** despesas financeiras com empréstimos e receitas financeiras com aplicações.
• **Lucro Antes do IR:** soma do lucro operacional ao saldo financeiro (receitas financeiras – despesas financeiras).
• **Lucro Líquido:** lucro depois do pagamento de Imposto de Renda; também chamado pelos analistas de *bottom line* (última linha) de uma empresa.

OUTRAS CONTAS QUE TAMBÉM DEVEM SER VERIFICADAS

• **Provisão de Devedores Duvidosos (PDD)** – Esta conta, assim como a de Depreciação Acumulada, é chamada de uma "contra-conta" do Ativo, na rubrica de Valores a Receber. Recomenda-se que a empresa utilize um nível histórico de inadimplência. Por exemplo: as vendas a prazo de uma empresa totalizam R$ 100 mil e, olhando para o padrão histórico, o patamar de inadimplência atinge 7%.

– Credita-se uma contra-conta no ativo circulante – Provisão para Devedores Duvidosos (PDD) – R$ 7 mil;

– Debita-se em Despesas com Devedores Duvidosos (Demonstrativo de Resultados) – (R$ 7 mil).

Digamos que no ano seguinte a empresa encerre o seu balanço e que o grau de inadimplência efetivamente constatado tenha sido de 4%.

– Debita-se uma contra-conta no ativo – Provisão para Devedores Duvidosos (PDD) – R$ 3 mil;

– Credita-se Reversão de Provisão com Devedores Duvidosos (Demonstrativo de Resultados) – R$ 3 mil.

• **Partes Beneficiárias** – eliminadas recentemente pela nova Lei das S/A, as partes beneficiárias eram títulos emitidos, sem nenhum ônus, que davam o direito de até ao máximo de 10% dos lucros da empresa. Estes títulos eram destinados a pessoas ligadas ao controlador.

• **Partes Estatutárias** – continuam vigorando na nova Lei das S/A. Seguem o mesmo conceito das Partes Beneficiárias, mas pelo menos os títulos destinam-se somente a conselheiros e diretores (direito de até 10%) e empregados (até 100% do lucro).

• **Participação dos Empregados, Distribuição de Lucros** – é altamente saudável, em um capitalismo moderno, que lucros sejam distribuídos entre capital e trabalho. Mas é muito mais saudável que a divisão do bolo seja abertamente discutida e tenha critérios definidos (valores registrados nesta rubrica). No caso das Partes Estatutárias, a definição de participação de alguns agentes pode ser feita mesmo antes da existência de qualquer resultado, arbitrariamente a critério do controlador.

Método das Partidas Dobradas

O Método das Partidas Dobradas é considerado o marco inicial de toda a Contabilidade como ciência. A primeira referência à Ciência Contábil é atribuída ao Frei Lucca Pacciolo, em um livro sobre Geometria e Aritimética do ano de 1490, em um capítulo chamado "As contas e as rubricas". O Frei foi convidado pelo Papa da época a tomar conta de um convento próximo a Roma. O Frei, como bom matemático, começou a desenvolver o raciocínio lógico de contas que sustenta a Contabilidade até hoje.

A base do Método das Partidas Dobradas, aceito pela Contabilidade mundial, é assumir que todo e qualquer registro de operação de débito de uma ou mais contas deve corresponder a um crédito de valor equivalente em uma ou mais rubricas.

Em outras palavras: os somatórios dos valores creditados e debitados, ao fim de um exercício contábil, devem ser exatamente iguais. Parte das operações transita somente no Balanço, enquanto em outros casos os débitos e créditos se expressarão no Demonstrativo de Resultados.

Sempre que há um crédito, tem de haver um débito correspondente.

Ativo: ocorre o processo inverso ao senso comum. Quando o ativo cresce, debita-se o ativo. Quando o ativo cai, credita-se o ativo, que é onde se concentram todas as aplicações de recursos na empresa. Se a companhia possui uma vida própria, independente da existência de controladores, o crescimento do ativo passa a ser um "débito" a ser quitado pelo acionista.

Passivo e PL: no caso do passivo, trata-se da origem de recursos de uma empresa. Ocorre o processo esperado quando o passivo e/ou PL crescem, credita-se o passivo/PL. Quando o passivo/PL diminuem, debita-se o passivo.

Exemplo: um investidor iniciou uma empresa aportando R$ 1 milhão, que ficaram disponíveis no caixa. Depois, foi tomado um empréstimo de R$ 500 mil de um banco por 10 anos (juros de 18% ao ano), e este dinheiro imediatamente foi aplicado em um CDB de um ano a 20% ao ano (desconsideram-se custos de transação).

- Operação 1: Debita (Aplicação de recursos)
  Caixa (Ativo Circulante)
  Credita (origem de recursos)
  PL (Capital)
  R$ 1milhão
- Operação 2: Debita (Aplicação de recursos)
  Aplicações Financeiras (Ativo Circulante)
  Credita (origem de recursos)
  Empréstimos (Passivo Exigível de Longo Prazo)
  R$ 500 mil

Ativo	Passivo
Ativo Circulante	Passivo Exigível de LP
Caixa: R$ 1 milhão	*Empréstimos: R$ 500 mil*
Aplic. Financ.: R$ 500 mil	
	Patrimônio Líquido
	Capital: R$ 1 milhão
Total Ativo: R$ 1,5 milhão	Total do Passivo + PL: R$ 1,5 milhão

UM EXEMPLO INTRODUTÓRIO DE LANÇAMENTOS CONTÁBEIS

Após iniciar as operações, a empresa decide contratar funcionários (folha de pagamento de R$ 50 mil/ano), já incorrendo também em outras despesas administrativas e de funcionamento da empresa (aluguel, luz etc.) no valor de R$ 20 mil anuais. A seguir, a companhia investe na aquisição de máquinas (R$ 120 mil à vista, com taxa de depreciação de 10% ao ano). Efetua-se a compra de matérias-primas para estoque (R$ 300 mil, metade a prazo, metade à vista), conseguindo-se vender R$ 150 mil do estoque a R$ 250 mil (metade a prazo, metade à vista). No fim do ano, observamos o demonstrativo de resultados e o balanço patrimonial da empresa (desconsideramos todos os impostos, ficando apenas o Imposto de Renda de 30%).

Lançamentos Contábeis
- **Pagamento de Salários no valor de R$ 50 mil**
- – Debita Despesas c/ salários (Demonstrativo de Resultados)
- – Credita Caixa (Ativo Circulante)   R$ 50 mil
- **Pagamento de Despesas Gerais no valor de R$ 20 mil**
- – Debita Despesas Gerais (Demonstrativo de Resultados)
- – Credita Caixa (Ativo Circulante)   R$ 20 mil
- **Compra de Máquinas no valor de R$ 120 mil**
- – Debita Imobilizado (Ativo Permanente)
- – Credita Caixa (Ativo Circulante)   R$ 120 mil
- **Compra de Estoques no valor de R$ 300 mil (metade à vista, metade a prazo)**
- – Debita Estoques   R$ 300 mil
- – Credita Caixa (Ativo Circulante)   R$ 150 mil
- – Credita Fornecedores (Passivo Circulante)   R$ 150 mil
- **Venda por R$ 250 mil de mercadorias (metade à vista, metade a prazo) em estoque de custo R$ 150 mil**
- Duas fases de lançamentos contábeis
- Fase 1:
- – Credita Receitas (Dem. de Resultados)   R$ 250 mil
- – Debita Caixa (Ativo Circulante)   R$ 125 mil
- – Debita Valores a Receber (Ativo Circulante)   R$ 125 mil
- Fase 2:
- – Credita Estoques (Ativo Circulante)
- – Debita CMV (Dem. de Resultados)   R$ 150 mil

- Resultado Financeiro no Fim do Ano (fruto da aplicação no CDB no valor de R$ 500 mil a 20% ao ano e o pagamento de juros sobre o mesmo montante emprestado a 18% anuais)
  - Credita Receitas Financeiras (Dem. de Resultados) R$ 100 mil
  - Debita Despesas Financeiras (Dem. de Resultados) R$ 90 mil
  - Debita Caixa (Ativo Circulante) R$ 10 mil
- Ajuste de depreciação ao final do ano (Máquinas contabilizadas a R$ 120 mil, sofrendo uma depreciação de 10% anuais)
  - Credita Depreciação Acumulada (uma contra-conta redutora do Ativo Permanente) R$ 12 mil; em outras palavras, o valor líquido de máquinas diminui;
  - Debita Despesas de Depreciação (Dem. de Resultados) R$ 12 mil
  - reduz o lucro, gerando um benefício fiscal.
- Pagamento de Imposto de Renda (hipótese de 30% sobre o lucro líquido)
  - Credita Caixa (Ativo Circulante) R$ 8,4 mil
  - Debita Despesas de IR (Dem. de Resultados) R$ 8,4 mil

O Demonstrativo de Resultados:

Demonstrativo de Resultados	R$ mil		
Receita	250		Vendas
CMV	150		Estoques que sairam do balanço
Lucro Bruto	100		
Despesas Operacionais	82		
Despesas de Salários		50	Salários de funcionáriso
Despesas Administrativas		20	Despesas Gerais
Depreciação		12	10% de 120 mil da máquina
Lucro Operacional	18		
Receitas Financeiras	100		20% de 500 mil - CDB
Despesas Financeiras	90		18% de 500 mil - empréstimos
Lucro antes do IR	28		
Imposto de Renda	8.4		30% de IR
Lucro Líquido	19.6		

A Evolução do Balanço Patrimonial: (1)

Balanço Patrimonial - R$		Salários	Desp. Gerais
	Inicial	R$ 50 mil	R$ 20 mil
Caixa	1,000	950	930
Valores a Receber	0	0	0
Estoques	0	0	0
Aplicações Financeiras	500	500	500
Ativo Circulante	1,500	1,450	1,430
Imobilizado	0	0	0
Depreciação Acumulada	0	0	0
Ativo Permanente	0	0	0
Total do Ativo	1,500	1,450	1,430
Fornecedores	0	0	0
Passivo Circulante	0	0	0
Empréstimos	500	500	500
Passivo Exigível de LP	500	500	500
Total do Passivo	500	500	500
Capital	1,000	1,000	1,000
Lucros/Prejuízos Acumulados	0	-50	-70
Patrimônio Líquido	1,000	950	930
Passivo + Patrimônio Líquido	1,500	1,450	1,430

Evolução do Balanço Patrimonial: (2)

Balanço Patrimonial - R$	Máquinas R$ 120 mil	Estoques R$ 300 mil	Vendas - R$ 250mil Estoques - R$ 150mil
Caixa	810	660	785
Valores a Receber	0	0	125
Estoques	0	300	150
Aplicações Financeiras	500	500	500
Ativo Circulante	1,310	1,460	1,560
Imobilizado	120	120	120
Depreciação Acumulada	0	0	0
Ativo Permanente	120	120	120
Total do Ativo	1,430	1,580	1,680
Fornecedores	0	150	150
Passivo Circulante	0	150	150
Empréstimos	500	500	500
Passivo Exigível de LP	500	500	500
Total do Passivo	500	650	650
Capital	1,000	1,000	1,000
Lucros/Prejuízos Acumulados	-70	-70	30
Patrimônio Líquido	930	930	1,030
Passivo + Patrimônio Líquido	1,430	1,580	1,680

Evolução do Balanço Patrimonial: (3)

Balanço Patrimonial - R$	Res. Financ. R$ 10 mil	Depreciação R$ 12 mil	Pgto. IR R$ 8,4 mil
Caixa	795	795	786.6
Valores a Receber	125	125	125
Estoques	150	150	150
Aplicações Financeiras	500	500	500
Ativo Circulante	1,570	1,570	1,562
Imobilizado	120	120	120
Depreciação Acumulada	0	-12	-12
Ativo Permanente	120	108	108
Total do Ativo	1,690	1,678	1,669.6
Fornecedores	150	150	150
Passivo Circulante	150	150	150
Empréstimos	500	500	500
Passivo Exigível de LP	500	500	500
Total do Passivo	650	650	650
Capital	1,000	1,000	1,000
Lucros/Prejuízos Acumulados	40	28	19.6
Patrimônio Líquido	1,040	1,028	1,019.6
Passivo + Patrimônio Líquido	1,690	1,678	1,669.6

O Balanço Patrimonial Final:

BALANÇO PATRIMONIAL			
ATIVO		**PASSIVO**	
Ativo Circulante	1561.6	Passivo Circulante	150
Disponível	786.6	Fornecedores	150
Aplicações Financeiras	500	Passivo Exigível de LP	500
Contas a Receber	125	Empréstimos	500
Ativo Permanente	108	Patrimônio Líquido	1019.6
Imobilizado	120	Capital	1000
Depreciação Acumulada	-12	Lucros Acumulados	19.6
Total do Ativo	**1669.6**	**Total do Passivo + PL**	**1669.6**

CONCEITO DE CAPITAL DE GIRO

O chamado "capital de giro" é formado pelos recursos para operações, capacidade financeira que a empresa possui em tocar as suas atividades do dia-a-dia com liquidez.

As companhias precisam de capital monetário para que as atividades possam prosseguir. Como as transações de uma empresa são extremamente dinâmicas, é importante diferenciar os eventos que ocasionam aumento ou redução na necessidade de capital de giro de um exercício para outro, assim como das fontes de financiamento / aplicações que servirão para cobrir a falta ou excesso de liquidez nas companhias.

Os ganhos de uma empresa resultam, principalmente, da boa utilização de seu ativo permanente, seja ele em forma de máquinas e/ou equipamentos ou até do bom uso de uma marca. Portanto, dado um capital finito, quanto menor o ativo circulante, maior o espaço para a ocupação do ativo permanente.

A administração de liquidez ou de capital de giro em uma empresa é fundamental, sobretudo nos negócios em que o giro do ativo prevalece sobre a margem como fonte de melhora de rentabilidade em uma companhia.

Traduzindo: quando o mais importante é "vender mais", mesmo que a diferença do preço de venda e custo seja pequena (a atividade de supermercados é um caso típico), um controle ineficiente de estoques pode destruir todo o esforço de vendas. Um nível de estoques maior do que o ideal pode obrigar a empresa a contrair empréstimos de curto prazo para sustentar a liquidez, gerando pagamento excessivo de juros que podem comprometer o sucesso operacional.

> NECESSIDADE DE CAPITAL DE GIRO DE UMA EMPRESA = ATIVO CIRCULANTE (menos o caixa e aplicações financeiras de curto prazo) – PASSIVO CIRCULANTE (menos empréstimos a pagar de curto prazo).

O caixa deve estar sempre separado em um processo de precificação de ativos. Quando o ativo circulante (menos o caixa e aplicações financeiras) aumenta, significa que a empresa deve estar dando mais crédito aos clientes, ou se estocando com maior agressividade, o que significa uma saída de caixa. Em outras palavras: maior a necessidade de recursos para cobrir a perda de capital de giro.

Ao mesmo tempo, se a empresa assiste a um aumento em seu passivo circulante (menos empréstimos de curto prazo), provavelmente será em decorrência do maior prazo conseguido com os fornecedores, o que propiciará liquidez maior na companhia.

A dificuldade de boa parte dos analistas é diferenciar a variação da necessidade de financiamento de capital de giro com os próprios meios de financiá-lo. No cálculo da variação da necessidade de capital de giro, excluímos o caixa, as aplicações de curto prazo (o "quase-caixa") e os empréstimos de curto prazo. As três rubricas são relativas ao financiamento da necessidade de capital de giro, por não estarem ligados diretamente à atividade operacional da empresa (de onde surgem as necessidades de capital de giro).

A necessidade de capital de giro normalmente é a regra, já que dificilmente uma empresa consegue crescer sem que o crédito dado a clientes seja maior que o recebido de fornecedores. Mesmo com este fator equilibrado, na prática é difícil uma companhia em expansão conseguir compatibilizar, por exemplo, uma política de estoques sem uma variação positiva período a período. Isto provoca desequilíbrios de caixa dentro da empresa, que pode estar bem economicamente – o que significaria que, no longo prazo, não teria dificuldade em realizar seus ativos – mas muito mal financeiramente – seus fluxos de recebimento de caixa não "casam" com as datas de pagamento. Enfim, uma má administração de capital de giro pode até levar uma empresa à falência por insolvência (esgotamento do caixa para cumprir as obrigações de curto prazo).

QUAL O NÍVEL ÓTIMO DE CAPITAL DE GIRO EM UMA EMPRESA?

Não existe nenhum número mágico que possa definir um patamar ideal de capital de giro em uma empresa. Como regra geral, o ativo circulante deve ser o menor possível, sem comprometer a eficiência e a capacidade de crescimento da companhia. A política de capital de giro vai variar de acordo com os seguintes fatores:

• **Setor de atuação** – grau de concorrência, sazonalidade, diferenciação do produto e estágio de maturidade. Estes fatores vão definir a política comercial a ser adotada e, conseqüentemente, direcionar a administração de capital de giro.

• **Patamar de atividades próprias x terceirização** – quanto mais a empresa consegue terceirizar com eficiência setores menos importantes de sua atividade, menor será a necessidade de capital de giro.

• **Eficiência operacional** – uma política de capital de giro agressiva é incompatível com ineficiências operacionais. Aliás, ambas são apenas faces diferentes da mesma moeda. Enfim, uma boa administração de capital de giro pode ser causa ou conseqüência da eficiência operacional, resultando em um círculo virtuoso corporativo.

Visar o menor nível possível de capital de giro parece uma meta óbvia, porém muito complicada ser implementada na prática.

Não são incomuns casos em que empresários tomam decisões que consideram mais "nobres", como fazer aquisições, buscar ser o "maior" e não o "melhor da indústria", entre outras ações que deixam o equilíbrio do capital de giro em segundo plano. Isto normalmente só é percebido no momento posterior, quando a empresa é obrigada a endividar-se ou receber injeções de capital, cortar distribuições de dividendos, enfim, desviar-se da estrutura de capital planejada. Isto, na prática, pode significar destruição de valor.

A QUALIDADE DA ADMINISTRAÇÃO DE CAPITAL DE GIRO É UM DOS FATORES IMPORTANTES NA CRIAÇÃO/DESTRUIÇÃO DE VALOR DE UMA EMPRESA.

A importância da boa administração do capital de giro aparece com força no processo de *valuation* de uma empresa. Há duas influências, uma direta e outra indireta, que merecem destaque maior:

• **Direta:** quanto maior a necessidade de capital de giro, tudo mais constante, menor será o fluxo de caixa gerado pela empresa. Conseqüentemente, menor será o valor justo calculado; cabe ressaltar que este "tudo mais constante" é que deve ser evitado pelo empresário, ou seja, um aumento da necessidade de capital de giro deve estar sob controle e ser fruto de uma política que desencadeará, por exemplo, um aumento de vendas mais que proporcional no futuro. É um caso típico em que um incremento da necessidade de capital de giro resultará em criação de valor.

• **Indireta:** aumentos não planejados na necessidade de capital de giro suscitam a necessidade de tomadas de empréstimos de curto ou longo prazo ou a injeção de novo capital na empresa. Como a decisão de capitalização nas empresas não ocorre da noite para o dia, normalmente a maior necessidade de liquidez é suprida por maior participação de dívida na estrutura de capital, o que não necessariamente fazia parte das metas da companhia, podendo gerar destruição de valor através de um custo de capital mais alto.

Normalmente, em projeções de fluxo de caixa, consideramos que a empresa vai necessitar continuamente de um percentual de sua receita, em termos de capital de giro, que possa permitir seu crescimento. No Brasil, em 2005, o aumento da necessidade de capital de giro representou, pela média das observações, 2,5% do faturamento líquido das empresas abertas (aproximadamente R$ 730 bilhões). Um esforço de redução, por exemplo, de 1% em média desta necessidade de capital de giro, sem que houvesse nenhum prejuízo operacional, "liberaria" cerca de R$ 7 bilhões (cerca de 0,4% do PIB) em caixa que poderiam financiar muitos investimentos por toda a economia. Isto significa mais crescimento gerando maior eficiência geral dos agentes econômicos. Cabe ressaltar que o PIB brasileiro em 2005 cresceu apenas 2,3%, resultando numa variação da necessidade de capital de giro de 2,5% em relação ao faturamento líquido das empresas. Em 2004, quando o crescimento alcançou 4,9%, as companias tiveram que investir, em média, 3,2% de suas receitas após impostos em capital de giro.

COMO FINANCIAR OU ABSORVER, RESPECTIVAMENTE, AUMENTO OU DIMINUIÇÃO DE NECESSIDADE DE CAPITAL DE GIRO?

• No caso de aumento da necessidade de capital de giro: o "buraco" do caixa pode ser coberto por contração de empréstimos de curto ou de longo prazo, venda de ativos, incremento no capital da empresa, entre outros fatores que propiciem entrada de caixa. Enfim, exige-se a procura de fontes de financiamento da necessidade de capital de giro.

• No caso de maior folga de liquidez (diminuição na necessidade de capital de giro): aplicações financeiras com carência mais longa podem ser realizadas, investimentos (como aquisição de ativo permanente), despesas de qualquer gênero, distribuição de dividendos, pagamento de dívidas sem rolagem ou qualquer outra ação corporativa que resulte em dispêndio de caixa. Portanto, este é o caso de redução das exigências de financiamento da necessidade de capital de giro.

EXEMPLOS DE AUMENTO E FINANCIAMENTO DA NECESSIDADE DE CAPITAL DE GIRO NAS EMPRESAS

• Exemplo 1 – Empresa vende mercadorias, metade à vista, outros 50% para pagamento em três meses:
– Debita Caixa (Ativo Circulante)
– Debita Clientes (Ativo Circulante – Capital de Giro)

– Credita Receita (Demonstrativo de Resultados)

> ↑ Necessidade de capital de giro, sobretudo se as matérias-primas e serviços que ajudaram a compor a mercadoria forem pagas à vista. Por outro lado, a entrada de caixa melhora o financiamento às necessidades gerais de capital de giro da empresa no curto prazo.

• Exemplo 2 – Empresa adquire matéria-prima para estoques com pagamento à vista:
– Credita Caixa (Ativo Circulante)
– Debita Estoques (Ativo Circulante – Capital de Giro)

> ↑ Necessidade de capital de giro, apesar de o ativo circulante manter-se intacto. A demanda por maior por liquidez só não ocorreria se a companhia conseguisse, imediatamente, transformar a matéria-prima e revender a mercadoria também à vista. Como na prática isto não ocorre, o financiamento do processo produtivo estará parcialmente prejudicado pela destruição de caixa, que imediatamente significa menor liquidez

• Exemplo 3 – Empresa consegue um acordo especial em que recebe hoje matérias-primas no valor de R$ 500 mil e só paga daqui a três meses a fornecedores:
– Credita Fornecedores (Passivo Circulante – Capital de Giro)
– Debita Estoques (Ativo Circulante – Capital de Giro)

> → Necessidade de capital de giro; neste caso, não há modificações na necessidade de capital de giro, já que o incremento de dois itens que o compõe se compensam. Se a empresa conseguir vender à vista as mercadorias compostas por estas matérias-primas, estará até conseguindo financiar outras fontes de aumento de necessidade de capital de giro.

- **Exemplo 4** – Aporte de Capital na empresa pelos acionistas:
  – Debita Caixa (Ativo Circulante)
  – Credita Capital (PL)

  ↑ Financiamento à necessidade de capital de giro, já que a entrada de capital líquido estará contribuindo para a sustentação das atividades dentro da empresa.

- **Exemplo 5** – Aplicação Financeira do Caixa (investimento de liquidez diária):
  – Credita Caixa (Ativo Circulante)
  – Debita Aplicações Financeiras (Ativo Circulante)

  ⟶ Tanto a necessidade de capital de giro como o financiamento a este mantêm-se no mesmo patamar, com as condições de liquidez na companhia ficando assim inalteradas.

- **Exemplo 6** – Despesas de salários pagas à vista:
  – Credita Caixa (Ativo Circulante)
  – Debita Despesas Operacionais no Demonstrativo de Resultados

  ↓ Financiamento à necessidade de capital de giro, já que o disponível em caixa diminui.

- **Exemplo 7** – Depreciação de Máquinas:
  – Debita Despesas Operacionais no Demonstrativo de Resultados
  – Credita Imobilizado (Ativo Permanente)

  ⟶ Necessidade de capital de giro constante.

  ↑ Financiamento à necessidade de capital de giro melhora, já que as despesas de depreciação tendem a diminuir o valor de Imposto de Renda a ser pago.

- Exemplo 8 – Contração de Empréstimo de Longo Prazo
- Debita Caixa (Ativo Circulante)
- Credita Empréstimos (Passivo Exigível de LP)

↑ Financiamento à necessidade de capital de giro, com o maior caixa entrando na companhia.

DEMONSTRATIVO DE ORIGENS E APLICAÇÕES DE RECURSOS (DOAR) – OUTRA FORMA DE ENTENDER A VARIAÇÃO DO CAPITAL DE GIRO

A obrigatoriedade da apresentação do Demonstrativo de Origens e Aplicações de Recursos (DOAR) pelas empresas é relativamente recente, quando comparada a outras exigências contábeis. Nos Estados Unidos, a obrigatoriedade só surgiu em 1971. No Brasil, a publicação do DOAR só se transformou em regra em 1976. A raiz do demonstrativo foi o cálculo que várias empresas realizavam sobre "Origens e Fontes de Fundos".

A importância do DOAR foi gradativamente sendo reconhecida com a evolução da discussão sobre necessidade de capital de giro. Simplificadamente, o DOAR mostra separadamente as aplicações (para onde foram os recursos) e o *funding* (de onde vieram os recursos) de todas as operações relevantes que alterem a posição de caixa da empresa. Enfim, é um espelho da liquidez das companhias, acompanhando a variação do capital de giro da empresas com origens (aumento do CG) e aplicações de recursos (queda do CG).

O Demonstrativo de Origens e Aplicações de Recursos amplia o conceito de necessidade de capital de giro e a forma com que este é financiado. Assim separam-se nitidamente as novas necessidades de capital de giro (aquisição de estoques e prazo de recebimento de clientes *versus* prazo de pagamento a fornecedores) e seu financiamento (caixa, aplicações de curto prazo, dívidas de curto, médio e longo prazo). O

DOAR trabalha com a definição mais geral de Capital Circulante Líquido em uma empresa:

CAPITAL CIRCULANTE LÍQUIDO =
ATIVO CIRCULANTE – PASSIVO CIRCULANTE

O conceito de capital circulante líquido é exatamente igual ao de capital de giro, mas normalmente é usado por propiciar mais transparência à definição ampla.

Exemplo:
Um grupo de sócios, para iniciar um novo empreendimento, decidiu aportar R$ 500 mil como injeção de capital. Imediatamente, foi providenciada a compra de máquinas, no valor de R$ 200 mil, sendo metade paga à vista e a outra parcela financiada em dezoito meses. Durante o ano foi realizada a compra de estoques no montante de R$ 150 mil, com pagamento a fornecedores de R$ 100 mil à vista e R$ 50 mil em seis meses. A venda destes estoques foi realizada a R$ 250 mil, sendo apenas 20% à vista (R$ 50 mil, e o restante (R$ 200 mil) para um prazo de oito meses. No fim do período, o Diretor Financeiro decide aplicar o caixa remanescente em um fundo de investimentos com liquidez diária.

Operação 1 – Aporte de Capital na empresa pelos acionistas:
– Debita Caixa (Ativo Circulante)
– Credita Capital (PL)
Demonstrativo de Origens e Aplicações de Recursos (DOAR)
Origens:
Aporte de Capital – R$ 500 mil
Aplicações:
– x –
Variação do Capital Circulante Líquido na transação:
+ R$ 500 mil
Variação do Capital Circulante Líquido no período:
– No Início: R$ 0
– No Final: (R$ 0 + R$ 500 mil) = R$ 500 mil

A injeção de capital em uma empresa é uma origem de aplicação de recursos. Mesmo que não haja nenhuma aplicação imediata, este dinheiro vai para o caixa, à espera de potencial utilização.

Operação 2 – Compra de Máquinas (metade à vista, metade a prazo – 18 meses): R$ 200 mil
– Credita Caixa (Ativo Circulante) – R$ 100 mil
– Credita Financiamentos (Passivo Exigível de Longo Prazo) R$ 100 mil
– Debita Imobilizado (Ativo Permanente) – R$ 200 mil
Demonstrativo de Origens e Aplicações de Recursos (DOAR)
Origens:
– x –
Aplicações:
Imobilizado – R$ 100 mil
Variação do Capital Circulante Líquido na transação:
– R$ 100 mil
Variação do Capital Circulante Líquido no período:
– No Início: + R$ 500 mil
– No Final: (R$ 500 mil – R$ 100 mil) = R$ 400 mil

A aquisição de ativo imobilizado normalmente é fonte de destruição de capital circulante líquido, a não ser que não haja nenhum pagamento à vista envolvido. Neste caso, o capital circulante líquido perdeu R$ 100 mil, já que metade do pagamento foi feita no ato da transação. A outra metade foi financiada em prazo superior a um ano e contabilizada como Financiamentos no Passivo Exigível.

Operação 3 – Aquisição de Estoques no valor de R$ 150 mil, sendo R$ 100 mil à vista e R$ 50 mil em um prazo de seis meses
– Debita Estoques (Ativo Circulante) – R$ 150 mil
– Credita Caixa (Ativo Circulante) – R$ 100 mil
– Debita Fornecedores (Passivo Circulante) – R$ 50 mil
Aqui já encontramos uma grande diferença entre o conceito de ne-

cessidade de capital de giro, fundamental para o processo de valuation de empresas, e o DOAR, que é usado em contabilidade:

Demonstrativo de Origens e Aplicações de Recursos – No conceito do DOAR, não houve modificação alguma no conceito de capital circulante líquido, já que o ativo circulante cresceu em R$ 50 mil (+ R$ 150 mil de Estoques – R$ 100 mil de caixa), enquanto o Passivo Circulante subiu no mesmo montante (Fornecedores + R$ 50 mil). Portanto,

Variação do Capital Circulante Líquido no período:
– No Início: + R$ 400 mil
– No Final: + R$ 400 mil

Necessidade de capital de giro – O pagamento à vista de estoques na ordem de R$ 100 mil gerou necessidade de capital de giro desta mesma ordem. Esta necessidade deve ser financiada de alguma formas, já que a empresa está menos líquida em R$ 100 mil. O Ativo Circulante (ex-caixa e aplicações de curto prazo) subiu R$ 150 mil (conta Estoques), enquanto o Passivo Circulante (ex-contratação de dívidas de curto prazo) cresceu R$ 50 mil. O saldo é a elevação em R$ 100 mil na necessidade de capital de giro.

Operação 4 – Venda, no valor de R$ 250 mil, de todos os produtos em estoque (sendo R$ 50 mil à vista e R$ 200 mil a prazo – 8 meses)
– Debita Caixa (Ativo Circulante) – R$ 50 mil
– Credita Clientes (Ativo Circulante) – R$ 200 mil
– Credita Receita (Demonstrativo de Resultados) – R$ 250 mil
Concomitantemente:
– Credita Estoques (Ativo Circulante) – R$ 150 mil
– Debita Custo de Mercadorias Vendidas (Demonstrativo de Resultados) – R$ 150 mil

Esta operação gerou resultados – no demonstrativo de resultados, desconsiderando outros itens, teríamos uma Receita de R$ 250 mil, contra Despesa (Custo de Mercadorias Vendidas) de R$ 150 mil, geran-

do lucro de R$ 100 mil.
 Em termos de Capital Circulante Líquido temos:
 Ativo Circulante: Caixa + R$ 50 mil; Clientes + R$ 200 mil, Estoques – R$ 150 mil – Total + R$ 100 mil
 Passivo Circulante: nenhum movimento nesta rubrica
 Capital Circulante Líquido: R$ 100 mil – R$ 0, que é exatamente igual a R$ 100 mil.
 A origem do aumento deste capital circulante líquido está exatamente na geração de lucro, o que deve ser espelhado no DOAR.
 Demonstrativo de Origens e Aplicações de Recursos (DOAR)
 Origens:
 Lucro: R$ 100 mil
 Aplicações:
 – x –
 Variação do Capital Circulante Líquido na transação:
 + R$ 100 mil
 Variação do Capital Circulante Líquido no período:
 – No Início: + R$ 400 mil
 – No Final: (R$ 400 mil + R$ 100 mil) = R$ 500 mil

Novamente, para o processo de precificação de empresas e ações, o DOAR pouco acrescenta. Dentro do conceito de necessidade de capital de giro, notamos que, apesar da entrada de caixa da companhia, o mais relevante foi perceber que foram destruídos R$ 150 mil em estoques e que o financiamento a clientes aumentou em R$ 200 mil. Portanto, da venda de R$ 250 mil, restou uma necessidade de capital de giro da ordem de R$ 50 mil, que será debitada da projeção de fluxo de caixa.

Operação 5 – Aplicação Financeira do Caixa remanescente (investimento de liquidez diária: R$ 400 mil – Sem impacto no DOAR)
 – Credita Caixa (Ativo Circulante) – R$ 300 mil
 – Debita Aplicações Financeiras (Ativo Circulante) – R$ 300 mil
 Demonstrativo de Origens e Aplicações de Recursos (DOAR)

Origens:
– x –
Aplicações:
– x –
Variação do Capital Circulante Líquido na transação:
+ R$ 0 mil
Variação do Capital Circulante Líquido no período:
– No Início: + R$ 500 mil
– No Final: + R$ 500 mil

Nesta operação, nem o DOAR ou a necessidade de capital de giro da empresa são impactados. Como o fundo de investimento possui liquidez diária, não existe nenhum impacto de liquidez na companhia.

Exemplos de aumento e financiamento da necessidade de capital de giro nas empresas

Vamos explicar intensamente mais adiante o conceito de fluxo de caixa sob o aspecto de precificação. O instrumento fluxo de caixa descontado é normalmente utilizado por analistas para mensurar o valor de empresas ou de ações no mercado secundário (bolsas de valores). A capacidade de geração de caixa em longo prazo será central na definição do valor justo de uma companhia.

Inicialmente, comecemos a entender de forma simplificada, através do Demonstrativo de Fluxo de Caixa, como o balanço do caixa de uma companhia altera-se permanentemente ao longo do período.

Cabe ressaltar que não discorreremos somente sobre geração de caixa, ponto central do processo de precificação, mas de todos os movimentos de entrada e saída de numerário em uma empresa. No processo de fluxo de caixa descontado (em inglês, *Discounted Cash Flow – DCF*) vamos tratar o caixa dentro de um conceito de rentabilização dos ativos. O conceito tradicional de contabilidade – Fluxo de Caixa de

Operações, de Investimentos e Financiamento – descreve exclusivamente a movimentação de recursos líquidos, sem entrar no mérito do retorno atribuído a eles.

O **Fluxo de Caixa de Operações** computa toda a saída e entrada de recursos monetários de despesas e receitas do dia-a-dia da empresa. Cabe ressaltar que se, por exemplo, uma empresa têxtil vende camisas no valor de R$ 1 milhão, realizando apenas 30% à vista, somente os R$ 300 mil efetivamente recebidos serão registrados como entrada de caixa.

O **Fluxo de Caixa de Investimentos** apresenta o movimento de numerário oriundo da compra e venda de ativos não circulantes, como equipamentos, máquinas e propriedades em geral. Se a mesma empresa têxtil compra à vista equipamentos para sua unidade fabril por R$ 1 milhão à vista, a quantia dispendida naquela data entra como saída de caixa.

O **Fluxo de Caixa de Financiamentos** mostra o movimento de numerário advindo da variação de estrutura de capital, envolvendo dívida – pagamento de juros/principal, contração de novos empréstimos e capital –, pagamento de dividendos, lançamento/cancelamento de ações. A empresa têxtil, por exemplo, resolve abrir o capital emitindo 1 milhão de ações que foram adquiridas pelo mercado a R$ 5 / unidade. O valor de R$ 5 milhões é registrado como entrada de caixa para esta companhia.

Abaixo apresentamos o Demonstrativo de Fluxo de Caixa Consolidado de uma empresa.

DEMONSTRATIVO DE FLUXO DE CAIXA CONSOLIDADO

Operações
(+) Receitas de operações gerando caixa (1)
(+) Despesas de operações consumindo caixa (2)
    Fluxo de Caixa das operações: (1) – (2)

Investimentos
(+) Venda de Ativos não circulantes (3)

(–) Compra de Ativos não circulantes (4)
Fluxo de Caixa de Investimentos: (3) + (4)

Financiamento
(+) Emissão de títulos / recebimento de juros de aplicações / Emissão de ações (5)
(–) Pagamento de Dividendos (6)
(–) Pagamento de amortização/juros de dívida (7)
(–) Recompra de Ações (8)
Fluxo de Caixa de Financiamentos: (5) + (6) + (7) + (8)

Exemplo:
A empresa têxtil à qual nos referimos continua operando como empresa aberta. E determinado mês tem uma despesa de salários da ordem de R$ 100 mil. Naquele momento, seu saldo de caixa era de R$ 500 mil. Anualmente, o maquinário (no valor contábil de R$ 1 milhão) adquirido por ela com a unidade fabril é depreciado à taxa de 10% ao ano. No final do período, a companhia toma a decisão de pedir empréstimos de longo prazo no valor de R$ 2 milhões para financiar futuros projetos.

Operação 1 – Despesas de salários pagas à vista: R$ 100 mil
Operações
(+) *Receitas de operações gerando caixa*
(+) *Despesas de operações consumindo caixa:* R$ 100 mil
  Fluxo de Caixa das operações: – R$ 100 mil

Investimentos
  Fluxo de Caixa de Investimentos: 0

Financiamento
  Fluxo de Caixa de Financiamentos: 0

Variação líquida do caixa na transação: – R$ 100 mil
Variação líquida do caixa no período:

– *No Início:* + R$ 500 mil (valor inicial do caixa)
– *No Final:* (R$ 500 mil – R$ 100 mil) = R$ 400 mil

O pagamento de despesas operacionais na empresa normalmente é feito à vista, impactando negativamente o Demonstrativo de Fluxo de Caixa.

Operação 2 – Despesas de Depreciação de Máquinas: 10% de R$ 1 milhão – R$ 100 mil
Variação líquida do caixa na transação: R$ 0
Variação líquida do caixa no período:
– *No Início:* + R$ 400 mil
– *No Final:* (R$ 400 mil – R$ 0) = R$ 400 mil

As despesas de depreciação não envolvem caixa. Portanto, não devem constar neste demonstrativo. A única influência das despesas de depreciação em relação ao caixa dar-se-á em no momento do pagamento de IR, quando a empresa terá o benefício fiscal, deixando de desembolsar parte do caixa. Enfim, as despesas de operações consumindo caixa (pagamento de IR) serão menores relativamente ao caso de não- existência de depreciação.

Operação 3 – Contração de Empréstimo de Longo Prazo – R$ 2 milhões
Operações
   Fluxo de Caixa das operações: 0

Investimentos
   Fluxo de Caixa de Investimentos:

Financiamento
(+) *Contração de empréstimos / recebimento de juros de aplicações / Emissão de ações:* R$ 2 milhões
(–) *Pagamento de Dividendos*

(–) Pagamento de amortização/juros de dívida
(–) Recompra de Ações
   Fluxo de Caixa de Financiamentos: + R$ 2 milhões
Variação líquida do caixa na transação: + R$ 2 milhões
Variação líquida do caixa no período:
– No Início: + R$ 400 mil
– No Final: (R$ 400 mil + R$ 2 milhões) = R$ 2,4 milhões

A contração de empréstimos, independente do prazo, resulta em um fluxo de caixa positivo advindo de financiamentos.

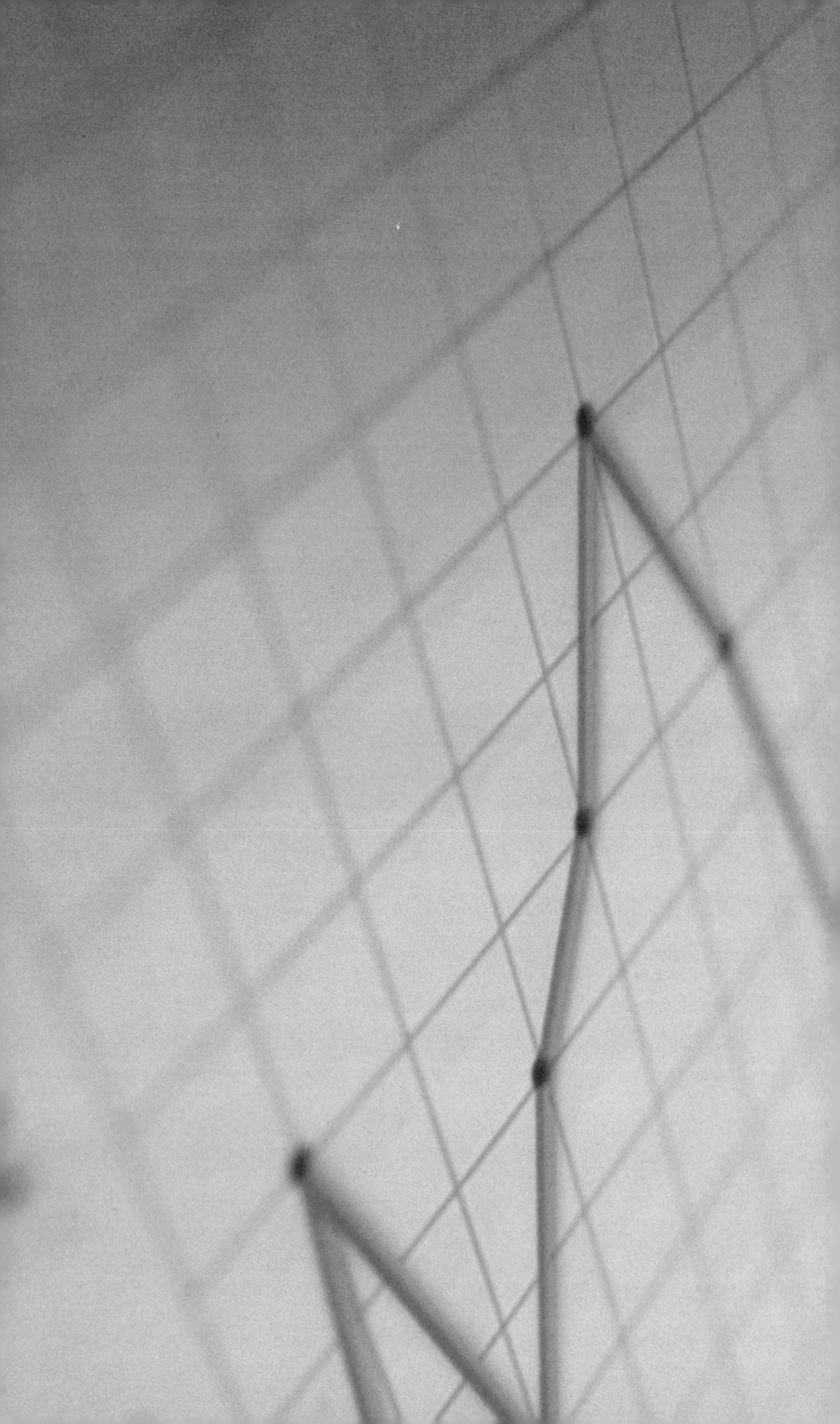

Capítulo 3

A Clássica Análise de Balanços

Indicadores têm valor em conjunto

Aclássica análise de balanços é hoje pouco utilizada – pelo menos em relatórios de analistas – para demonstrar as principais características de uma empresa. A crítica mais relevante está exatamente na pouca importância de analisar os indicadores individualmente. Em outras palavras: não existe muito valor na utilização isolada destes como fotografias da empresa. Eles devem ser observados como um filme, no qual todos os capítulos, período a período, formam o conjunto da obra. Só assim uma avaliação mais completa pode ser realizada, sobretudo em termos prospectivos.

O mercado talvez tenha se tornado dinâmico demais para que alguns indicadores estáticos tenham a atenção merecida. O bom analista deve, antes de iniciar qualquer projeção de resultados para cálculo de precificação, conhecer a história da companhia. Conhecendo-se o passado e o presente, torna-se bem mais fácil antever o futuro.

Outro aspecto que limita sobremaneira a utilização da análise de indicadores é que os balanços normalmente indicam o custo de aquisição de determinado item, não expressando o preço de liquidação dele. Isso ocorrerá, por exemplo, se os corretos métodos de reavaliação de imóveis não forem aplicados. Neste caso, poderíamos contabilizar ao preço antigo um apartamento que foi comprado em uma região antes considerada nobre, mas que hoje se desvalorizou 30%, 50% ou até mais.

Começaremos pela análise de indicadores, dividindo-os em sete categorias: Liquidez, Alavancagem, Margens, Giro, Rentabilidade (uma combinação dos dois anteriores), Dividendos e Endividamento.

INDICADORES DE LIQUIDEZ: A SOLVÊNCIA DE UMA EMPRESA

Os indicadores a seguir demonstram a capacidade que uma empresa tem para honrar seus compromissos. Listamos os índices por ordem de rigor:
- Índice de Solvência de Caixa

Caixa / Passivo Circulante (trazido a valor presente): Máximo de rigor no conceito de liquidez. Mostra se a empresa tem dinheiro em caixa para liquidar, no ato, qualquer dívida de curto prazo.

Uma empresa possui R$ 100 mil em disponibilidades de curto prazo (seja em caixa ou em aplicações financeiras de liquidez imediata); o seu Passivo Circulante aponta dívidas com prazo médio de seis meses de R$ 150 mil. A taxa de juros de desconto que a empresa conseguiria para pagar antecipadamente estas dívidas é de 10% ao semestre. Qual o Índice de Solvência de Caixa da empresa?

O Passivo Circulante trazido a valores de hoje (preço de liquidação das dívidas) seria de R$ 150 mil / 1,10 = R$ 136. 364,00. Portanto, o Índice de Solvência de Caixa seria:

R$ 100.000 / R$ 136.364 = 0,73 (ou seja, 73% das dívidas de curto prazo podem ser imediatamente caso haja necessidade ou vontade por parte da administração da companhia).

Um índice de solvência de caixa de 0,73 é bom ou ruim? A resposta nunca pode ser 100% afirmativa se não conhecermos a característica da empresa. Por exemplo, se o caixa estiver preservado nos próximos seis meses e a empresa tiver programado outras receitas que vão entrar, o índice pode ser considerado bom. Mas se a empresa enfrenta dificuldades crescentes em dominar o aumento da necessidade de capital de giro, talvez a situação não esteja tão tranqüila. Portanto, um indicador isolado pode não ser muito representativo.

• **Índice de Liquidez Corrente:** Ativo Circulante / Passivo Circulante

O Índice de Liquidez Corrente procura indicar a capacidade que uma empresa possui em honrar os seus compromissos de curto prazo, o que pode ser medido na relação entre ativo e passivo circulante.

Uma companhia possui em seu balanço um Ativo Circulante de R$ 5 milhões, enquanto o seu Passivo Circulante monta a apenas R$ 1 milhão. Qual seria o Índice de Liquidez Corrente?

R$ 5 milhões / R$ 1 milhão = 5

Se só esta informação estivesse disponível, haveria clara tendência dos analistas em considerar o índice bastante satisfatório. Afinal de contas, para cada unidade de compromissos de curto prazo, há cinco teoricamente disponíveis de cobertura. Mas se acrescentássemos as seguintes informações:

1 – R$ 1 milhão do Passivo Circulante está comprometido em dívidas de curtíssimo prazo que vencem nos próximos 30 dias.

2 – Dos R$ 5 milhões do Ativo Circulante, R$ 4 milhões são compostos por estoques que não possuem muita facilidade de venda, R$ 200 mil em caixa e R$ 800 mil de ativos só realizáveis em oito meses.

E agora? A sua conclusão seria a mesma? Obviamente não.

O primeiro ponto a ser lembrado é que no ativo e no passivo circulante são computados direitos a receber e obrigações a pagar nos próximos 12 meses. Mas não há detalhamento do prazo exato em que recebimentos ou desembolsos serão efetivados, se em um mês ou 12 meses. Além do mais, o cômputo de estoques pode enganar bastante os analistas. Uma política ineficiente de estoques pode até, paradoxalmente, dar falsa impressão de liquidez folgada à empresa. O próximo índice (Liquidez Seca) ajuda a apurar melhor esta análise.

• **Índice de Liquidez Seca:** (Ativo Circulante – Estoques) / Passivo Circulante

A diferença entre o Índice de Liquidez Seca e o Índice de Liquidez Corrente é que o primeiro não leva em conta o estoque da companhia como algo com liquidez suficiente para pagar dívidas. Por isso, é um índice mais rigoroso, porque não considera o estoque "vendável" ins-

tantaneamente. Seguindo o exemplo anterior, no qual o Índice de Liquidez Corrente (= 5) falsamente indicava folga de caixa na empresa, o cálculo do Índice de Liquidez Seca (considerando R$ 4 milhões de estoques) seria de:
R$ 1 milhão (R$ 5 MM − R$ 4 MM) / R$ 1 milhão = 1.
Observamos queda drástica no índice, apesar de o indicador 1 ainda ser considerado, teoricamente, bom. Porém, se adicionarmos a informação de que somente R$ 200 mil estão disponíveis para cobrir o endividamento de um mês, certamente o analista não deve ficar tranqüilo em relação à solvência desta companhia.

- **Índice de Liquidez Geral:** (Ativo Circulante + Ativo Realizável LP) / (Passivo Circulante + Passivo Exigível de Logo Prazo)

É uma fotografia mais abrangente da empresa, pois considera ativos e passivos de curto e longo prazos. O Índice de Liquidez Geral aponta, de forma generalizada, o equilíbrio entre os potenciais recebimentos e desembolsos da empresa ao longo do tempo.

Suponhamos que uma empresa apresente o seguinte balanço:
Ativo Circulante: R$ 10 milhões
Ativo Permanente: R$ 65 milhões
Ativo Realizável LP: R$ 10 milhões
Ativo Total: R$ 85 milhões
Passivo Circulante: R$ 20 milhões
Passivo Exigível LP: R$ 40 milhões
Patrimônio Líquido: R$ 25 milhões
Passivo Total: R$ 85 milhões
Calculamos, então, o Índice de Liquidez Geral:
(R$ 10 MM + R$ 10 MM) / (R$ 20 MM + 40 MM) = 0,33

Em uma primeira análise, concluiríamos que a companhia encontra-se em um patamar de liquidez geral bastante insatisfatório. O grau de imobilização do Patrimônio Líquido é muito alto (veremos mais tarde este conceito; por enquanto, entendamos que há um investimento muito grande no ativo imobilizado, que em caso de emergência não pode virar "dinheiro na mão" muito rapidamente) e a capacidade de pagamento da empresa nos prazos exigidos parece inadequada (Ativo Circulante e Realizável a LP menores que Passivo Circulante e Exigível LP).

Agora, se fosse acrescida a seguinte informação: no mês que vem, já está acertada a venda à vista de um apartamento que consta no imobilizado por R$ 30 milhões, pela quantia de R$ 40 milhões. Em outras palavras: R$ 40 milhões vão entrar no caixa, o que elevará o Índice de Liquidez Geral para:

(40 + 10 + 10) / (20 + 40) = 1

A conclusão sobre a solvência da empresa muda inteiramente, o que mostra que somente observar isoladamente um indicador, sem informações adicionais da companhia, pode levar a conclusões inteiramente erradas.

Quais são os níveis ideais de indicadores de Liquidez (Solvência)?

A antiga literatura indicava que os índices de liquidez deveriam ser sempre superiores a 1, para que a solvência da empresa estivesse garantida. Porém, a administração do caixa, estoques e capital de giro em geral evoluíram substancialmente.

Uma companhia pode estar com ótimas condições de solvência, mesmo com indicadores de liquidez não tão altos. Hoje é mais importante observar a evolução dos indicadores em relação ao passado da empresa e em relação ao mercado do que o seu patamar absoluto. Além disso, o analista deve buscar informações quanto aos acontecimentos na empresa em um futuro próximo.

Portanto, não existe mais um patamar mágico ideal para os indicadores de solvência. A análise dependerá do perfil da indústria (por exemplo, não é saudável para supermercados manter o nível de estoques altos) e do momento da economia (em período de inflação, manter um elevado patamar de caixa certamente não é a melhor estratégia).

Concluindo: Os analistas devem sempre buscar acompanhar a evolução dos índices, dentro de uma análise comparativa com outras empresas do mesmo segmento, dada uma conjuntura macroeconômica. Adicionalmente, é indispensável o conhecimento dos fatos importantes que acontecerão na companhia, sobretudo no curto prazo.

Indicadores de atividade (giro): a "transformação" do ativo em receita

Os indicadores de atividade demonstram em que medida a empresa está conseguindo transformar seus ativos e/ou patrimônio em receitas ("giro"). Quanto mais altos os indicadores de giro, teoricamente melhor.

Cabe ressaltar que a Ciência Contábil usa os ativos da empresa como base do cálculo do giro e posteriormente do Retorno sobre Investimento como uma simplificação da realidade. No último capítulo deste livro, comentaremos sobre o cálculo financeiro preciso do Retorno sobre o Investimento. Por enquanto, fiquemos com a definição contábil que, além de estar correta, é a mais amplamente usada pelo mercado.

Como os demais indicadores, os índices de atividade não podem ser observados isoladamente. Um bom exemplo é o da empresa que tem altíssimos indicadores de giro. Em uma observação mais cuidadosa, o analista poderá descobrir, por exemplo, que os custos das vendas muito fortes da companhia terão efeitos nefastos no futuro, de acordo com os métodos utilizados para alcançar tal marca. Por exemplo, resta saber a que "custo" este faturamento está aumentando. Há um sacrifício excessivo de margens? Há piora na necessidade de capital de giro?

• **Giro do Ativo** (veremos mais tarde que o indicador é importante para medir a rentabilidade da companhia): Receitas Operacionais / Ativo Médio Total

Quanto maior o giro do ativo, maior o potencial de retorno da empresa. O ideal é a combinação de muita receita com pouco ativo, o que mostra a competência do empresário para gerar caixa rapidamente. Empresas com alto giro costumam ter estoque reduzido e poucas contas a receber.

Voltando ao exemplo de um supermercado, se o administrador conseguir gerenciar adequadamente o estoque, para que as mercadorias fiquem o menor tempo possível no depósito e sejam rapidamente colocadas à venda, provavelmente o giro será alto. É importante ressaltar que nesse tipo de negócio a maior parte dos pagamentos de clientes é feita à vista.

Porém, nem sempre manter um nível de ativo em patamar baixo é possível. Como exigir, por exemplo, que a Eletrobrás, que possui enorme conjunto de hidrelétricas (ativo permanente), tenha um nível modesto de ativo? O exemplo mostra que os indicadores de giro também não podem ser observados isoladamente.

É necessário compará-los ao de outras companhias do mesmo setor da empresa analisada. As empresas geradoras de energia tendem naturalmente a ter giro menor do que as empresas de varejo. O importante para o analista será avaliar o giro da empresa observada em relação ao mesmo indicador de suas concorrentes.

• Giro de Contas a Receber e Prazo Médio de Recebimento

O Giro de Contas a Receber que resulta no cálculo do Prazo Médio de Recebimento demonstra a flexibilidade da companhia em relação a seus clientes. Quanto menor o Giro de Contas a Receber, maior será o Prazo Médio de Recebimento, e mais flexível estará sendo o empresário em relação às facilidades para os seus clientes (mais vendas a prazo em detrimento de vendas à vista).

Suponhamos que uma pequena empresa produtora de aparelhos de ar-condicionado tenha Receitas Operacionais de R$ 8 milhões e a rubrica de Contas a Receber de R$ 1 milhão. Qual o Giro de Contas a Receber e o Prazo Médio de Recebimento?

• Giro de Contas a Receber = Receitas Operacionais / Contas a Receber Médias

= R$ 8 milhões / R$ 1 milhão = 8 (o que isoladamente não quer dizer muita coisa).

Porém, quando calculamos o Prazo Médio de Recebimento dos Clientes = 365 / Giro de Contas a Receber = 365 / 8 = 46 dias, o conceito fica mais claro. Em média, os clientes pagam ao fabricante de aparelhos de ar-condicionado em 46 dias.

O objetivo de toda empresa é receber a maior parte de suas vendas à vista. Há dois motivos bem claros para isto. O primeiro refere-se a um conceito básico de Finanças, que é o valor do dinheiro no tempo. Dado que existe um custo de oportunidade para qualquer montante, quanto antes o recebimento, melhor.

O segundo ponto é a inadimplência. Quanto mais curto for o crédito concedido, menores são as chances de grandes mudanças de cenário para as devedoras, reduzindo as probabilidades de "calote". Quando o recebimento à vista não é possível, busca-se que o prazo médio de recebimento seja compatível com as necessidades de pagamento da empresa. Enfim, no linguajar popular, "sempre é melhor receber antes e pagar depois".

- Giro de Contas a Pagar + Prazo Médio de Pagamento

O Giro de Contas a Pagar que resulta no cálculo do Prazo Médio de Pagamento demonstra o poder de barganha da companhia em relação aos seus fornecedores. Quanto menor o Giro de Contas a Pagar, maior será o Prazo Médio de Pagamento e mais forte estará sendo a empresa perante seus fornecedores (pagamentos com maior prazo).

Suponhamos que a mesma empresa produtora de aparelhos de ar-condicionado tenha feito compra de matérias-primas no valor de R$ 3 milhões e a rubrica de Fornecedores esteja registrando R$ 500 mil. Qual o Giro de Contas a Pagar e o Prazo Médio de Pagamento?

- Giro de Contas a Pagar = Compras / Conta Média de Fornecedores

= R$ 3 milhões / R$ 500 mil = 6 (o que isoladamente não quer dizer muita coisa).

Porém, quando calculamos o Prazo Médio de Pagamento de Fornecedores = 365 / Giro de Contas a Pagar

= 365 / 6 = 61 dias, o conceito fica mais claro. Em média, a companhia paga os fornecedores de peças para ar-condicionado em 61 dias.

O raciocínio é exatamente inverso para o prazo médio de recebimento. Quanto mais pudermos ganhar tempo dos fornecedores para pagar as compras, menor será a pressão de caixa no curto prazo, o que resultará em sobra de recursos para outros investimentos.

• A relação entre o Prazo Médio de Recebimento e o Prazo Médio de Pagamento

O ideal é que esta relação (Prazo Médio de Recebimento / Prazo Médio de Pagamento) seja menor que 1, o que demonstra que o prazo médio que a empresa conseguiu negociar para honrar seus compromissos é maior do que o prazo médio de pagamento oferecido a seus clientes.

No caso da fabricante de ar-condicionado, o Prazo Médio de Pagamento de 61 dias supera em muito o Prazo Médio de Recebimento (45 dias), o que não é uma situação usual. Normalmente, até porque as empresas almejam crescer, o prazo médio de recebimento supera o de pagamento, gerando uma necessidade de capital de giro na empresa. Muitos analistas de primeira viagem podem estar considerando fantástica a atual situação (ou seja, há sempre folga de caixa). Os observadores mais atentos, porém, criticariam a direção, já que há muito espaço não utilizado para aumentar crédito para os clientes e, portanto, adicionar faturamento sem grande custo marginal.

A direção da empresa, percebendo isto, reuniu a Diretoria Financeira e de Marketing e alertou para a questão. Foi programada então a maior campanha de vendas a prazo de aparelhos de ar-condicionado da história da companhia, que elevou a Receita Operacional anual em 50% (de R$ 8 milhões para R$ 12 milhões). A linha de contas a receber aumentou de R$ 1 milhão para R$ 1,8 milhão. Não houve nenhum comprometimento de margens na iniciativa.

A empresa, mesmo tradicionalmente competente na administração de capital de giro, teve que se estocar mais para atender a novos pedidos. As compras dobraram, de R$ 3 milhões para R$ 6 milhões, enquanto a conta de fornecedores subiu de R$ 500 mil para R$ 750 mil.

Novos indicadores após a política agressiva de vendas:
— Giro de Contas a Receber: R$ 12 milhões / R$ 1,8 milhão = 6,67
— Prazo Médio de Recebimento: 365 / 6,67 = 55 dias
— Giro de Contas a Pagar: R$ 6 milhões / R$ 750 mil = 8

– Prazo Médio de Pagamento: 365 / 8 = 45 dias

Se as margens foram preservadas, a empresa conseguiu aumentar de forma substancial a sua rentabilidade, ainda mantendo um *gap* totalmente administrável de dez dias entre o Prazo Médio de Recebimento < Prazo Médio de Pagamento.

O patamar ideal destes indicadores dependerá da estratégia conjuntural de cada empresa e da indústria à qual ela pertence.

Uma "regra de bolso" tradicional menciona que a diferença entre o prazo médio de pagamento e de recebimento, em tempos normais, não deve ultrapassar 10 dias, para que não comece a criar problemas na administração do capital de giro. Porém, nunca é demais enfatizar que os diferentes segmentos apresentam características particulares neste aspecto.

- Giro de Estoques e Prazo Médio de Estoques

A administração de estoques é uma matéria que vem evoluindo bastante nas empresas. O objetivo sempre é buscar o ponto de equilíbrio do nível de estoques mais baixo possível e que não comprometa a atividade operacional da companhia.

Quando uma mercadoria é vendida, seu custo é baixado da conta Estoques do Ativo Circulante (Crédito) e, ao mesmo tempo, debitado da rubrica Custo de Mercadoria Vendida no Demonstrativo de Resultados. Portanto, o ideal é estar sempre vendendo bastante e renovando o estoque rapidamente, o que certamente será uma fonte a menos de pressão sobre o capital de giro da empresa.

A explicação dada poderia ser traduzida em um só objetivo: Redução do Prazo Médio de Estoques.

Por exemplo: uma indústria de turbinas, pelo porte do equipamento e tempo de montagem, certamente não conseguirá giro de estoques muito rápido. Em determinado ano, o Custo de Mercadorias Vendidas encerrou em R$ 50 milhões, contra um Estoque Médio no período de R$ 25 milhões.

– Giro de Estoques: Custo de Mercadoria Vendida / Estoque Médio = R$ 50 MM / R$ 25 MM = 2

– Prazo Médio de Estoques: 365 / 2 = 183 dias

Já no caso de produtos agrícolas (portanto perecíveis), há quase que uma obrigação de se trabalhar com estoque muito mais baixo. Portanto, também não cabe indicarmos um número ideal "mágico" de Giro de Estoques ou Prazo Médio de Manutenção destes.

A única receita uniforme diz respeito ao objetivo de reduzir os estoques médios ao menor patamar possível, sem que isso comprometa a eficiência operacional da companhia.

- Ciclo de Caixa

Para completar a análise dos indicadores de atividade, o chamado Ciclo de Caixa representa o tempo decorrido entre o momento do pagamento das compras (matéria-prima) e da mão-de-obra e o recebimento dos recursos da venda do produto final. Neste período, os recursos da empresa estão investidos no chamado capital de giro.

Um fabricante de brinquedos apresentou, ao final do período, as seguintes contas:
- Estoques: R$ 5 milhões
- Compras de Estoques naquele ano: R$ 35 milhões
- Contas a Receber (média do ano): R$ 4 milhões
- Contas a Pagar (média do ano): R$ 3 milhões
- Faturamento total: R$ 40 milhões
- Custo de Mercadoria Vendida: R$ 20 milhões

> Giro de Estoque: 20 / 5 = 4; Prazo Médio de Estoques: 365/4 = 91 dias

> Giro de Contas a Receber: 40/4 = 10; Prazo Médio de Recebimento: 365/10 = 37 dias; Giro de Contas a Pagar: 35 / 3 = 11.67; Prazo Médio de Pagamento: 365/11.67 = 31 dias

> Ciclo de Caixa = Prazo Médio de Estoques + Prazo Médio de Recebimento – Prazo Médio de Pagamento = 91 + 37 – 31 = 97 dias; este é o período necessário para se completar um ciclo de produção. Quanto menos tempo o caixa fica circulando neste processo, mais recursos estarão disponíveis para outras atividades na empresa, aumentando o potencial de rentabilidade.

Indicadores de margens financeiras: de olho nas vantagens e problemas do negócio

Atestam, em cada nível do demonstrativo de balanço, o que representam o resultado bruto, operacional e líquido de uma empresa no todo.

• Margem Bruta = Lucro Bruto / Receita Líquida

Mostra o quanto o empresário conseguiu auferir na operação propriamente dita em relação ao seu faturamento; indicador que mensura a eficiência da empresa no processo de produção (não no sentido exclusivo de indústria, aplicável também para serviços) propriamente dito.

• Margem Operacional = Lucro Operacional / Receita Líquida

Mostra, depois das despesas operacionais, o quanto a empresa conseguiu de resultado em relação a sua receita. Exprime o ganho da empresa relativamente ao faturamento líquido antes do pagamento de juros.

• Margem Líquida = Lucro Líquido / Receita Líquida

Mostra, depois do resultado financeiro e do pagamento de Imposto de Renda, o percentual final de tudo que foi vendido e que sobra para a empresa decidir entre o reinvestimento e a distribuição de dividendos.

As margens comprovam as características de uma indústria, seja por monopólio (legal ou conquistado), seja por real diferenciação (qualidade, nome etc.). A decisão empresarial entre "vender mais por menos" ou "vender menos por mais" dependerá basicamente do negócio e da estratégia a ser seguida.

Um caso tradicional de comparação de indústria de margem com indústria de giro seria joalherias *versus* supermercados. Obviamente, uma jóia possui um valor subjetivo muito maior do que um quilo de arroz, além de servir a uma clientela muito mais exclusiva e disposta a pagar mais do que o real custo da mercadoria. O resultado será margem alta e giro baixo. Já os supermercados, que precisam trabalhar com o menor estoque possível, operam com baixas margens e giro muito alto.

Em grandes setores, observam-se casos em que as margens são excessivamente altas por concentração de mercado. Cabe ressaltar porém a existência de algum tipo de controle externo para prevenir abusos. Quantas vezes processos de fusões e aquisições têm que passar pela aprovação do CADE (Comissão de Acompanhamento do Direito Econômico), para que se evite que uma (monopólio), duas (duopólio) ou poucas (oligopólio) empresas tenham uma situação privilegiada, podendo estabelecer preços (e, portanto, margens) sem nenhum tipo de interferência concorrencial ou legal.

Um exemplo foi o veto à compra da empresa Garoto pela Nestlé (janeiro/2004). O CADE considerou que a transação criaria uma companhia com participação de mercado tão relevante que poderia prejudicar o consumidor. O problema é que estes julgamentos às vezes se "arrastam" por anos, fazendo com que os processos de fusão fiquem muito difíceis de serem desfeitos na prática sem grandes prejuízos.

> **O sonho de qualquer empresário, no extremo, é tornar-se monopolista por competência; ao Governo cabe coibir os abusos e garantir que o consumidor esteja protegido.**

As margens mostram claramente quais são as vantagens e os problemas de uma empresa em relação a:

- produção: no caso da margem bruta;
- operacional: no caso da margem operacional;
- financeiro: no caso da margem líquida.

Exemplo: Uma empresa produtora de geladeiras apresentou os seguintes números ao fim do ano de 2007:

Receita Operacional Líquida: R$ 95 milhões; Custo de Mercadorias Vendidas (custos diretamente ligados à produção, sobretudo matérias-primas): R$ 66 milhões; Despesas Operacionais (inclui salários, aluguéis, depreciação e outras despesas diversas): R$ 11 milhões; Despesas Financeiras (a empresa é muito alavancada em dólar – com a desvalorização cambial, observou-se forte impacto financeiro): R$ 27 milhões.

• **Lucro Bruto: Receita Operacional Líquida – Custo de Mercadorias Vendidas:** R$ 95 milhões – R$ 66 milhões = R$ 29 milhões

• **Lucro Operacional:** Lucro Bruto – Despesas Operacionais: R$ 29 – 11 milhões = R$ 18 milhões

• **Lucro Líquido:** (Lucro Operacional – Despesas Financeiras) * (1-t), onde t é a alíquota de IR; se o Lucro Líquido é negativo, normalmente as empresas não pagam IR: R$ 18 – 27 milhões = R$ 9 milhões negativos.

– Margem Bruta: Lucro Bruto / Receita Operacional Líquida = 29 / 95 = 30,5%

– Margem Operacional: Lucro Operacional / Receita Operacional Líquida = 18 / 95 = 18,9%

– Margem Líquida: Lucro Líquido / Receita Operacional Líquida = – 9 / 95 = valor negativo; não existe muita utilidade prática para as margens negativas, apenas é interessante observar a magnitude para entendermos a capacidade de recuperação da empresa.

Aqui podemos destacar que é fácil para o analista identificar que o problema da fabricante de geladeiras reside exatamente no alto custo financeiro de sua dívida *vis-à-vis* a geração de lucro operacional. Daí, podem-se formular algumas hipóteses distintas a serem pesquisadas:

1. O nível de margem operacional é bom (basta comparar com outras empresas do mesmo segmento) e a dívida é que é o problema.

2. Se a dívida é o problema, será que é o tamanho dela, o perfil (curto ou longo prazo) ou o indexador (neste caso, vimos que o dólar é o grande problema).

3. O nível de endividamento, o seu perfil e indexador estão dentro da média da indústria; o problema é a baixa capacidade de geração de lucro operacional.

4. Neste caso, resta saber se há algum problema na parte de produção / vendas (lucro bruto) ou se há algum exagero nas despesas operacionais.

O diagnóstico fica por conta de uma boa análise. O fato é que a empresa enfrenta um problema que deve ser dissecado e enfrentado sistematicamente.

Destaque: "Quando só crescer não basta"

Quantas vezes não nos deixamos seduzir por empresas que, ao anunciar resultados, se autopromovem com grandes incrementos de receita. Ou seja: mostram um valor de vendas (quantidade x preço) bem maior do que em exercícios passados?

A mística do crescimento fez com que muitos investidores embarcassem nos "sonhos da Internet", quando algumas empresas apresentavam números muito atraentes de multiplicação de receita, sempre com a eterna promessa de que a primeira linha do balancete fatalmente se transformaria, "um dia", em números positivos de lucro. Na "Nova Economia", com "novos paradigmas", muitas companhias ficaram no meio do caminho, trazendo acionistas e profissionais compulsoriamente de volta ao conceito tradicional de necessidade de geração de valor.

O leitor deve estar estranhando o fato de o crescimento não estar necessariamente atrelado à geração de valor de uma empresa. Afinal, as empresas não vivem se vangloriando de seus ganhos de fatias de mercado sobre os concorrentes ("líder de mercado")? Por que algumas companhias de porte inferior possuem um valor de mercado superior ao de outras empresas "gigantes"?

Todo crescimento tem um preço. E se esse custo não for bem dimensionado no curto, médio e longo prazos – isto se chama estratégia –, simplesmente crescer será sinônimo de fracasso empresarial. Cabe lembrar que o retorno para o acionista equivale ao aumento de vendas (giro) em relação ao incremento de margens. O resultado final é o que importa.

No limite, mesmo uma diminuição da empresa pode significar uma direção correta de geração de valor. Um bom exemplo é o da Vale do Rio Doce, que em 2002 vendeu seus ativos em papel e celulose. A empresa encolheu, mas com o intuito de gerar mais valor para seus acionistas concentrando-se no negócio minério de ferro / logística.

Para algumas empresas, promoções, despesas de marketing ou maior crédito ao consumidor (investimento em capital de giro) podem ser táticas de curto prazo. Mas, quando a megalomania de transformar-se no "rei de algum setor" domina o empresário, pode ser o começo do fim. O retorno total para o acionista vai progressivamente diminuindo, vis-à-vis o custo de captar recursos para novos projetos, depreciando o valor da ação. É um caso típico de destruição de valor, que usualmente termina em revisão de estratégia, demissão dos responsáveis ou até encerramento de atividades.

A sedução da liderança ou de pelo menos estar entre os primeiros pode, inclusive, levar o executivo a confundir seus interesses pessoais de promoção profissional – normalmente os "grandes" são os que aparecem nas manchetes dos jornais – com seu objetivo principal de gerar valor para o acionista.

O equilíbrio entre crescer com margens adequadas consiste na larga fronteira entre ser o maior e o mais rentável. Este é o segredo que destaca a competência da empresa no presente e para o futuro.

INDICADORES DE ATIVIDADE (GIRO): A "TRANSFORMAÇÃO" DO ATIVO EM RECEITA

O retorno obtido por uma empresa, seja em relação a seu Ativo Médio, seja em relação ao Patrimônio Líquido Médio do ano, é o objetivo principal do negócio (que envolve os credores) e de seus acionistas. Compreender a evolução passada e prospectiva do indicador deve ser o centro das atenções do analista, já que aqui está o cerne da geração de valor.

O conceito de firma será explorado com maior profundidade nos próximos capítulos. Mas é importante perceber sempre, ao observar o Demonstrativo de Resultados, que o lucro bruto e o lucro operacional não pertencem apenas aos acionistas da empresa. Pertencem também a seus credores. Nenhuma distribuição, em forma de dividendos ou de juros, ainda ocorreu.

Uma firma é formada por capitais próprios e capitais de terceiros. Assim, o ativo é responsável pela geração de resultados até a linha do lucro operacional no Demonstrativo de Resultados. Vale lembrar que o lucro operacional é o resultado da atividade da empresa. Não contabiliza as receitas financeiras que a empresa gera (por exemplo, na aplicação de parte do caixa em algum investimento), nem os juros de empréstimos que eventualmente terá de pagar.

Já o Lucro Líquido e o Patrimônio Líquido pertencem somente aos acionistas, que receberão – ou não, de acordo com a política de cada empresa – os dividendos correspondentes, além de auferir o ganho de capital (diferença entre o preço de compra e venda) que a ação vier a proporcionar.

• **Retorno sobre o Ativo: Lucro Operacional (1-t) / Ativo Médio**

O Retorno sobre o Ativo (em inglês, *Return on Assets*, também expresso na sigla ROA) mensura a rentabilidade dos recursos aplicados pelos acionistas e credores da empresa. O indicador deve ser sempre comparado ao chamado custo de capital, que é a média ponderada entre o custo da dívida e o custo do capital próprio e será detalhada no Capítulo 5. Em termos contábeis, por ser de mais fácil mensuração, o Retorno sobre o Ativo (ROA) pode ser considerado uma *proxy* do Retorno sobre Investimentos (ROI), que basicamente inclui todo o aporte de dívida – curto, médio e longo prazo e capital próprio na empresa, sem considerar o investimento em capital de giro.

Exemplo: Um restaurante foi montado no fim de 2006 com o capital próprio dos fundadores (R$ 1 milhão), mais empréstimos bancários de R$ 500 mil. O total de recursos aplicados (R$ 1,5 milhão) gerou, ao fim do primeiro ano, lucro operacional de R$ 300 mil. O ativo no encerramento de 2007 era de R$ 2,5 milhões. O custo médio ponderado de capital é de 25% e a alíquota de IR vigente de 30%.

– Ativo médio da empresa: (R$ 1,5 + 2,5 milhões) / 2 = R$ 2 milhões

– Retorno sobre o ativo: (R$ 300 mil x (1-0,30)) / (R$ 2 milhões) = 10,50%, que é inferior ao custo de capital de 25% anuais.

A abertura do restaurante foi um mau negócio? Não é possível afirmar isto em um primeiro momento. Como qualquer empreendimento que se inicia, há um período de maturação no qual, quase sempre, o retorno sobre o ativo não é compatível com o seu custo. Mas se a questão for corrigida ao longo do tempo, pode-se gerar valor com tranqüilidade.

Se fôssemos utilizar o conceito rigorosamente mais correto de Retorno sobre Investimentos (em inglês, *Return on Investments* – ROI), o resultado teria sido:
= 300 mil (1-0,30) / R$ 1,5 milhão = 14%, o que não modificaria muito as conclusões.

Neste caso, era fácil identificar o total de capital (próprio e de terceiros) colocado na empresa, correspondendo aos recursos dos fundadores mais os empréstimos bancários. Cabe ressaltar que nem sempre estas informações são tão claras na vida real, sobretudo se a empresa não tiver o seu capital aberto.

• **Retorno sobre o PL**: Lucro Líquido / Patrimônio Líquido Médio

O Retorno sobre o Patrimônio Líquido (em inglês *Return on Equity*, também expresso na sigla ROE) mede a rentabilidade dos recursos aplicados pelos acionistas da companhia. O indicador deve ser sempre comparado ao chamado custo de capital próprio – a ser estudado no capítulo sobre taxas de desconto.

Exemplo: Uma empresa metalúrgica foi montada no fim de 1995 com o capital próprio e de terceiros. Ao fim de 2006, o Patrimônio Líquido estava em R$ 10 milhões, mas a saída de um sócio e o cancelamento de suas ações reduziu este Patrimônio para R$ 8 milhões ao fim de 2007. O lucro líquido da empresa chegou a R$ 3 milhões. O custo do capital próprio é de 26%.

– Patrimônio Líquido médio da empresa em 2007: (R$ 8 + 10 milhões) / 2 = R$ 9 milhões

– Retorno sobre o Patrimônio: R$ 3 milhões / R$ 9 milhões = 33,33%, que é maior que o custo de capital próprio de 26% anuais.

Podemos concluir então que a metalúrgica é um sucesso? Não é possível afirmar isto com certeza olhando os números isoladamente. Será que o retorno de 33,33% é consistente ao longo do tempo ou foi resultado isolado de alguma receita chamada de não recorrente que não se repetirá mais, como a venda de um ativo? É inegável que em 2007 a metalúrgica deva ter gerado valor ao acionista, mas resta saber se a situação será sustentável ao longo dos anos seguintes.

INDICADORES DE RETORNO: QUANDO TUDO É COMPARÁVEL.
Já explicamos anteriormente que é muito difícil, e às vezes até impróprio, comparar indicadores de margem e giro entre indústrias ou até mesmo dentro dos mesmos segmentos. Há uma grande chance de estarmos comparando "maçãs com bananas". Porém, é interessante notar que os índices de retorno, sejam eles sobre o ativo ou o patrimônio líquido, podem e devem ser utilizados para efeito de comparação.

O mais interessante é que, utilizando-se o chamado Sistema Dupont, descobrimos que o retorno nada mais é do que uma composição de margens e giro:
- Retorno s/ Ativo (ROA) = Lucro operacional (1-t) / Ativo Médio = Lucro Oper. (1-t)/ Receita Oper. x Receita Oper./ Ativo Médio
Margem Operacional Líquida x Giro do Ativo
- Retorno s/ PL (ROE) = Lucro Líquido / PL Médio = Lucro Líq./ Receita Líq. x Receita Líq./ PL Médio
Margem Líquida x Giro do PL

A decomposição entre margem e giro é bastante interessante tanto para a administração da empresa quanto para os analistas que querem entender, pelo menos no campo do retorno, onde se encontram as forças e fraquezas de uma companhia.

Um exemplo interessante é observar o que há de comum entre as empresas Bradesco, Ultrapar e Sadia a partir de seus resultados de 2002. Além do fato de se tratarem de empresas abertas, a origem dos setores bancário, petroquímico e varejo tem pouco em comum.

Empresa / Ano 2002	Margem Líquida (%)	Giro do Patrimônio Líquido	Retorno s/ PL
Bradesco PN	10,20%	1,83	18,67%
Sadia SA PN	5,90%	3,17	18,70%
Ultrapar PN	7,42%	2,51	18,62%

Fonte: Economática, elaborado pelo autor

Em 2002, porém, notamos uma coincidência em seus respectivos retornos sobre patrimônio, com números ao redor de 18,7%. Para os acionistas, em termos de rentabilidade, as performances foram muito parecidas. Para um melhor entendimento, porém, é interessante verificar como cada desempenho foi atingido.

Enquanto o Bradesco recorreu mais às margens para garantir a rentabilidade, tanto a Ultrapar quanto a Sadia, provavelmente pelas dificuldades de mercado e características do setor, apoiaram-se mais no giro do patrimônio líquido (vender mais, com sacrifício de preços e margens).

Não há como, somente com estas informações, afirmar qual das três companhias saiu-se melhor ou pior em termos de desempenho, até porque não está informado o custo de capital próprio de cada uma delas. O ponto é verificar que, de acordo com as condições conjunturais e características de cada empresa e setor, resultados muito semelhantes podem ser atingidos.

- Conceito de Payback

Um Retorno sobre Patrimônio (ROE) de 25% significa um período de *payback* (o retorno do capital investido) teórico para os acionistas de quatro anos. Em outras palavras: se o investidor montou uma empresa somente com o seu capital próprio e conseguir, no primeiro ano, retorno sobre o patrimônio de 25%, em quatro anos teria o seu investimento de volta, caso consiga manter este ritmo.

Esta mensuração, no entanto, não resiste a uma fundamentação mais teórica. É apenas uma hipótese. É difícil garantir, no mundo real, que uma empresa possa manter ou não o mesmo ritmo de retorno nos próximos anos.

Outra medida de *payback* a ser citada para introduzir o próximo tópico (indicadores de dividendos) é o chamado *dividend yield*. Se, por exemplo, uma empresa tem sua ação negociada a R$ 50 / lote de mil ações e distribui R$ 5 / lote de mil ações como dividendos, o indicador chamado de *dividend yield* = R$ 5 / 50 = 0,10.

Traduzindo: se o investidor comprar hoje este papel pelo valor de R$ 50 / lote de mil e todo o ano a empresa mantiver estes R$ 5 / lote de mil como remuneração de dividendo, mesmo sem nenhum ganho de capital, em dez anos o capital aplicado estará recuperado (desprezando-se os custos de oportunidade financeiros, já que os R$ 50 de hoje, por causa de inflação e juros, certamente não serão os mesmos daqui a dez anos). No ano de 2005, os vinte maiores índices de *dividend yield* no Brasil eram:

Empresa	Dividend Yield % 2005
Wlm Ind Com PN	39,3
Acos Villares ON	26,9
Eternit ON	24,3
Panatlantica PN	20,2
Bardella PN	16,8
Sid Nacional ON	16,5
Metal Leve PN	16,1
Brasil Telecom PN	15,2
Telesp PN	15,1
Copesul ON	13,3
Grazziotin PN	11,8
Usiminas PNA	11,6
Telemar Norte Leste PNA	11,4
F Cataguazes PNA	11,0
Comgas PNA	10,7
Sanepar PN	10,6
Acesita PN	10,4
Ipiranga Pet PN	10,4
Petroquimica Uniao PN	9,6
Votorantim C P PN	9,6

Fonte: Economática, elaborado pelo autor

O número modal (o mais freqüente) para este indicador no Brasil em 2005 foi algo em torno de 4,4%. Algum leitor mais desavisado poderia afirmar que isto significaria um *payback* de cerca de 23 anos (100/4,4). Cabe lembrar que 4,4% de *dividend yield* só correspondem aos recebimentos de dividendos, não contemplando os potenciais ganhos ou perdas de capital.

INDICADORES DE DIVIDENDOS: A VEZ DOS ACIONISTAS

Uma das formas de remuneração do acionista (a outra é representada pelo ganho de capital) é a distribuição de dividendos. A empresa reserva parte do lucro líquido para remunerar diretamente os acionistas. Por isso, o valor pago em dividendos deve ser abatido do Patrimônio Líquido da companhia, já que é um valor gerado que não foi retido em seu caixa.

Os indicadores de dividendos são utilizados para mostrar qual a política de distribuição das empresas.

• Índice de *Payout*: Dividendos / Lucro líquido – Proporção do lucro líquido que é distribuído aos acionistas

• Índice de Retenção (*Retention Ratio*): (1 – *payout*) – Proporção do lucro que é retido para reinvestimento na empresa

O Índice de *Payout* é inversamente proporcional ao Índice de Retenção. Se, por exemplo, a *Eternit* teve, na média de seus últimos oito anos, 85% de seu lucro distribuído sobre forma de dividendos, conseqüentemente apenas 15% ficaram como lucros retidos na empresa, aumentando o Patrimônio Líquido.

Figura – As 35 empresas abertas brasileiras em que encontramos pagamentos de dividendos com um mínimo de regularidade do mercado brasileiro / *Payout* médio por setor – média entre 1996 e 2005.

#	Empresas	PayOut méd (%)
1	Souza Cruz	102,7
2	Telesp	101,3
3	Celpe	89,1
4	Eternit	85,0
5	Ipiranga Dist	82,5
6	Politeno	78,4
7	Fosfertil	77,4
8	Fertibras	72,2
9	Polialden	70,4
10	Itausa	67,1
11	Saraiva Livr	62,8
12	Gerdau Met	61,6
13	Vale Rio Doce	57,4
14	Bradesco	51,8
15	Duratex	48,3
16	Marcopolo	47,9
17	Suzano Papel	44,7
18	Globex	42,1
19	Coteminas	39,1
20	Metisa	38,9
21	Weg	38,2
22	Copel	37,5
23	Unibanco	37,1
24	Sadia SA	36,9
25	Petrobras	36,8
26	Bco Itau Hold Finan	35,6
27	Grazziotin	34,4
28	Perdigao	34,4
29	Gerdau	32,1
30	Alfa Holding	28,8
31	Pao de Acucar	28,8
32	Magnesita	28,2
33	Ferbasa	26,8
34	Cacique	26,7
35	Alfa Consorcio	26,7

Fonte: Economática, elaborado pelo autor

Observando as tabelas, a conclusão óbvia é que, depois de devido tratamento estatístico (desprezando extremos e ponderando a participação das empresas por valor de mercado), os segmentos mais maduros da economia e/ou com maiores monopólios/oligopólios tendem a apresentar maior *payout*. É o caso dos setores de Química, Siderurgia, Metalurgia e Mineração.

Surpreende na lista a liderança do segmento de Telecomunicações, já que teoricamete é um setor que está em constante transformação. Porém, a presença de grandes *players* de telefonia fixa, com altos valores de mercado, acabou puxando a média de *payout* do segmento para cima.

Afinal, a política de dividendos importa ou não?

O mais famoso teorema sobre política de dividendos foi formulado por Franco Modigliani e Merton Miller em um trabalho clássico divulgado em 1961. Assumindo várias hipóteses, a conclusão chegava na irrelevância da divisão entre dividendos e lucros retidos. Em outras palavras: como a geração de caixa é o fator mais relevante para determinar o valor de uma empresa a longo prazo, pouco importa, segundo o teorema, como os controladores decidem sobre a distribuição deste caixa.

O argumento é bastante forte e deve sempre servir como pano de fundo teórico para todos os analistas. Mas há fatos no mundo real que acabam afetando a aplicabilidade completa da idéia. Por exemplo:

• **"É indiferente para os investidores receber dividendos ou ganhos de capital como remuneração de sua aplicação em ações."**

Esta premissa não é verdadeira; seja por razões psicológicas (para muitos – "é melhor um pássaro na mão – no caso os dividendos – do que dois voando – no caso do ganho de capital") ou até econômicas – no Brasil, ganhos de dividendos não são tributados, enquanto os ganhos de capital sofrem taxação de 15%.

• **"Todos os investidores e controladores da empresa (que decidem sobre o nível de *payout*) possuem informação simétrica sobre o futuro da companhia."**

Esta premissa não é verdadeira; se fosse, todos teriam a mesma opinião sobre o patamar ideal entre a divisão de lucros retidos para investimentos e distribuição de dividendos. Na prática, poucos são aqueles que têm acesso a este tipo de informação na empresa.
- "A política de investimento da empresa é independente de sua política de dividendos."

Esta premissa não é verdadeira. Esta é a razão mais forte que afeta as raízes do Teorema de Miller e Modigliani. A política de dividendos de uma empresa é fundamental para compreendermos a direção futura da política de investimentos de uma companhia, como mostra a Teoria da Sinalização, a ser explicada a seguir.

A Teoria da Sinalização

Toda vez que a empresa anuncia aumento de seu *payout*, o preço de suas ações sobe. Isto significaria que os investidores preferem dividendos a ganhos de capital? Não necessariamente. Segundo Miller e Modigliani, em mais uma contribuição importante, um aumento/redução de *payout* significa bastante em relação ao entendimento do futuro da companhia.

Dificilmente uma empresa aumenta sua distribuição de dividendos sem que possa mantê-la no futuro. Enfim, se o *payout* aumentou, é sinal de que existe uma confiança maior em um futuro com lucros crescentes. Por outro lado, uma diminuição no *payout* pode significar sinalização de retornos menores. Este raciocínio é que produz os movimentos das ações.

Continuando o nosso estudo, verificamos que apenas 16 empresas abertas no Brasil possuem o que podemos classificar de "política de dividendos". O critério para afirmarmos tal ponto é um grau de dispersão aceitável do indicador de *payout* entre 1996 e 2005. Como regra, instituímos que a variação relativa à média deve ser igual ou menor a 30% no período estudado (Coeficiente de Variação = Desvio-Padrão / Média).

Figura. 16 empresas brasileiras com política de dividendos consistente.

#	Empresas	PayOut Médio% (1996/2005)	CV
1	Magnesita	28,2	0,04
2	Gerdau	32,1	0,08
3	Unibanco	37,1	0,09
4	Ferbasa	26,8	0,09
5	Weg	38,2	0,12
6	Gerdau Met	61,6	0,15
7	Vale Rio Doce	57,4	0,17
8	Bco Itau Hold Finan	35,6	0,18
9	Itausa	67,1	0,19
10	Cacique	26,7	0,21
11	Souza Cruz	102,7	0,22
12	Sadia SA	36,9	0,22
13	Marcopolo	47,9	0,26
14	Alfa Holding	28,8	0,27
15	Petrobras	36,8	0,29
16	Celpe	89,1	0,30

Fonte: Economática, elaborado pelo autor

Cabe ressaltar que esta constação não entra no mérito da qualidade de política de dividendos de cada empresa, apenas constatando que existe um caminho identificado seguido por cada companhia neste campo.

QUAL O NÍVEL IDEAL DE DISTRIBUIÇÃO DE DIVIDENDOS E/OU RETENÇÃO DE LUCROS?

A resposta simplesmente não existe. A escolha entre distribuir ou não dividendos depende diretamente da política de investimentos da empresa. Embora seja aparentemente ótimo para os acionistas receber dividendos (teoria do "pássaro na mão"), eles devem sempre pensar se aquele recurso não poderia dar mais retorno futuro caso fosse empregado em novos investimentos na empresa.

Vamos propor que os acionistas sempre analisem a seguinte questão: será que o nível alto de dividendos que a empresa está pagando não inviabiliza investimentos em novas máquinas e equipamentos que poderão, no futuro, aumentar sua competitividade, enfim, gerar valor que se refletirá em ganhos de capital?

Um mito que merece ser desmistificado é o de que as melhores empresas, sobretudo em termos de Governança Corporativa, são aquelas que distribuem mais dividendos (maior índice de *payout*). Um exemplo clássico é a Microsoft. Ela nunca distribuiu dividendos e não consta que os investidores – pelo menos os de primeira hora – estejam insatisfeitos com os ganhos de capital proporcionados por sua ação historicamente (40% anuais em média entre 1987 e 2003).

Em tese, as companhias mais jovens e as indústrias nascentes são aquelas que tendem a reter mais os lucros, que às vezes nem existem no começo da operação, basicamente por dois motivos: a necessidade de recursos para financiar os investimentos e o fato dessas empresas terem menos capacidade de captar empréstimos, devido ao pouco histórico e às garantias reduzidas que podem oferecer. As empresas mais antigas, com atuação em setores mais maduros, são aquelas que tendem a distribuir mais dividendos. São as chamadas *cash cows*, ou "vacas leiteiras". O número de projetos realmente atrativos costuma ser menor – o que reduz sua necessidade de investimentos – e a geração de caixa já é normalmente elevada.

Por isso, os recursos oriundos do lucro líquido, sobretudo em um ambiente de juros altos, poderão render mais nas mãos dos acionistas do que no caixa da empresa. Portanto, o índice de *payout* de empresas maduras e líderes de mercado tende a ser mais elevado. As recordistas em nosso estudo, que analisou o período entre 1996 e 2005, foram a Souza Cruz e a Telesp.

INDICADORES DE ENDIVIDAMENTO: O PERIGO DA INADIMPLÊNCIA

Demonstram não somente o tamanho relativo da dívida dentro da empresa, como também a qualidade da dívida (prazos de pagamento):
• **Índice de Endividamento financeiro (EF)**: Total de Dívidas / (Total de Dívidas + Patrimônio Líquido) – Participação do capital de terceiros no capital total da empresa.

Uma empresa do setor de alimentos, muito endividada em dólar, apresentou o seguinte Balanço e Demonstrativo de Resultados ao fim de 2002:

Balanço Patrimonial R$ mil

ATIVO			PASSIVO		
Ativo Circulante	**13,500**		**Passivo Circulante**	**5,500**	
Disponível		500	Fornecedores		3,500
Aplicações Financeiras		5,000	Empréstimos		2,000
Impostos a recuperar		1,000	**Passivo Exigível de LP**	**15,500**	
Contas a Receber		3,000	Empréstimos		5,000
Estoques		4,000	Debêntures		10,500
Ativo Realizável a Longo Prazo	3,000				
Impostos a Recuperar		3,000			
Ativo Permanente	**9,600**		**Patrimônio Líquido**	**5,100**	
Imobilizado		12,000	Capital		3,100
Depreciação Acumulada		-2,400	Lucros Acumulados		2,000
Total do Ativo	**26,100**		**Total do Passivo + PL**	**26,100**	

Demonstrativo de Resultados	R$ mil	
Receita	31,000	
CMV	24,200	
Lucro Bruto	**6,800**	
Despesas Operacionais	3,540	
Despesas de Salários		2,780
Despesas Administrativas		650
Depreciação		110
Lucro Operacional	**3,260**	
Receitas Financeiras	200	
Despesas Financeiras	6,000	
Lucro antes do IR	**-2,540**	
Imposto de Renda	0,0	
Lucro Líquido	**-2,540.0**	

- Indicador de Endividamento Financeiro (EF) da empresa de alimentos = Dívidas (Empréstimos de Curto Prazo + Empréstimos de Longo Prazo + Debêntures) / (Dívidas + Patrimônio Líquido) = (2.000 + 5.000 + 10.500) / (2.000 + 5.000 + 10.500 + 5.100) = 77,4%, o que já indica um grau de alavancagem considerável – grande participação de recursos de terceiros no capital total da empresa. Dado que grande parte do endividamento é indexado em dólar, é natural que a companhia, se não fez o chamado "hedge" contra oscilações no câmbio, tenha tido resultado financeiro muito desfavorável em 2002 (forte desvalorização do Real).

•1 – EF = Participação do capital próprio no capital total da empresa.

Indicador de Participação do Capital Próprio = 1 – EF = 1 – 0,774 = 26,6%.

Do total de dívidas e patrimônio da companhia, apenas 26,6% são relativos ao capital próprio.

- % de Endividamento de Curto Prazo (ECP): Endividamento de Curto Prazo / Endividamento total.

Indicador de Endividamento de Curto Prazo da empresa de alimentos (ECP) = 2.000 / (2.000 + 5.000 + 10.500) = 11,4%; em outras palavras, a dívida, apesar de alta, tem um perfil alongado, o que gera uma pressão menor no curto prazo.

- 1 – ECP = % de Endividamento de LP.

O Indicador de Endividamento de Longo Prazo é o reverso do cálculo anterior: 1 – 0.114 = 88,6% das dívidas estão concentradas em prazo superior a um ano.

Índice de Cobertura de Juros: Lucro operacional / Resultado Financeiro.

Mede, em determinado ano, quanto do lucro operacional consegue cobrir o resultado financeiro da empresa.

Índice = 3.260 / (6.000 – 200) = 56,2%; conclui-se que o desempenho operacional da empresa foi capaz de cobrir um pouco mais da metade do custo de juros, o que significa resultado muito ruim. Cabe lembrar, porém, que 2002 foi um ano muito desfavorável para empresas com endividamento em dólar. O custo médio considerado "normal" da dívida desta empresa de alimentos é de cerca de 18% ao ano, o que, sobre R$ 17,5 milhões, resultaria em aproximadamente R$ 3,1 milhões em pagamentos de juros. Para uma empresa que gerou apenas R$ 3,260 milhões de resultado operacional, está caracterizado um problema de alavancagem que deve ser resolvido com uma melhora no desempenho operacional e/ou redução da dívida e de seu custo e/ou modificação de seu perfil, para que alguma agregação de valor seja materializada.

- **O fantasma das dívidas: mais um mito**

O endividamento de uma empresa não é necessariamente ruim. Uma dívida pode ser utilizada para compor a estrutura de capital – próprio e de terceiros – que minimize os custos para a empresa. A grande confusão ocorre devido ao aspecto econômico e financeiro do endividamento. Quanto maior a taxa de juros em um país e menores os prazos de pagamento, maior a pressão no fluxo de caixa de curto prazo da companhia. O descasamento potencial entre receitas e despesas, neste ambiente desfavorável, desmotiva empresas brasileiras a captar dívidas. Esta é a razão do conservadorismo. É importante verificar em um balanço se as receitas e despesas com dívida apresentam razoável compatibilidade em termos de prazo, já que os juros podem ser considerados como despesas fixas. Empresas novas e/ou muito suscetíveis aos ciclos da economia (*commodities* em geral) costumam ser mais capitalizadas do que companhias mais tradicionais e com maior previsibilidade de faturamento.

Outro ponto a ser observado são as dívidas que podem não aparecer no balanço, mas costumam estar nas "Notas Explicativas". Por isso, é necessário estar atento a elas. Os chamados "esqueletos" podem ser déficits em fundos de pensão – que provavelmente terão de ser cobertos no futuro através de aportes de capital pelas empresas –, ou outros episódios, como dívidas passadas não reconhecidas. Todo cuidado é pouco, já que a fotografia dos indicadores de endividamento pode mudar bastante caso os chamados *off balance sheet* (itens fora do balanço) sejam considerados no cálculo.

Destaque: "Dívida nem sempre é ruim"

Ser uma pessoa endividada é bom ou ruim? O senso comum de qualquer cidadão indica que o uso de recursos próprios deva ser prioritário e o endividamento é o último recurso. Assim, dorme-se com a consciência tranquila. Pois saiba que você pode estar cometendo um erro grave. A base deste conceito vem da idéia de que o capital próprio não tem custo, enquanto no caso da dívida há o encargo com juros financeiros.

Pois saiba que isto não é verdade. Se você tem R$ 1 mil no bolso, poderia aplicar em um fundo de investimentos ou comprar parte de um negócio com potencial de lucros. O seu dinheiro tem o chamado custo de oportunidade. Em outras palavras: há alternativas de investimento, senão o simples consumo.

Algumas companhias se orgulham de apresentar em seus balanços um nível desprezível de passivos. Cabe lembrar que os juros pagos deduzem a base de Imposto de Renda, dando ganho tributário extra para as empresas.

Se uma companhia capta recursos a 20% anuais, o custo real cai para aproximadamente 14%. Cerca de 30% do valor será dedutível em Imposto de Renda. Por que então, no Brasil, as empresas são tão capitalizadas? Para sua informação: na média, a relação dívida/valor de mercado das empresas brasileiras é de 0,25 (final de 2006), representando um patamar muito baixo em termos internacionais (nos Estados Unidos, por exemplo, o mesmo indicador apontava 0,8).

A volatilidade de políticas econômicas, as altas taxas de juros e os baixos índices de crescimento geraram insegurança nas empresas devido ao alto risco de descasamento entre ativo (vendas) e passivo (juros), o que é uma questão basicamente de crédito e não de racionalidade financeira maximizadora de valor.

Cabe lembrar que os juros representam custos fixos. Quanto maior for a oscilação de vendas de uma companhia, menos aconselhável a tomada de um empréstimo. Para empresas de *commodities* (produtos siderúrgicos e celulose, por exemplo), que têm alta correlação com ciclos econômicos, por que captar dívida longa? Apesar de ser uma opção mais barata, talvez a companhia fique em situação incômoda na base do ciclo (vendas mais baixas).

Também não é à toa que a grande maioria dos *start-ups* de Internet se financiaram via lançamento de ações, já que dificilmente os bancos aceitariam o risco de os *business plans* não se materializarem em lucros para pagar o custo fixo dos juros.

O acionista vira sócio no projeto, no lucro ou no prejuízo, enquanto o credor cobra o custo do dinheiro, independente da performance. Encontramos aqui mais uma razão intuitiva para que o custo cobrado pelo comprador de uma emissão de ações seja maior. A chamada teoria de estrutura de capital – a proporção entre juros e capital próprio considerada ideal – é muito explorada em Finanças.

Simplesmente desprezar a opção endividamento, com tipo e prazos adequados, com a economia brasileira já apresentando sinais de recuperação e estabilidade, pode ser um erro estratégico grave. Infelizmente, dada a estrutura decisória ainda arcaica do mercado brasileiro (o sócio majoritário com mais de 51% do controle), esta falsa concepção conservadora pode pesar muito no bolso do acionista minoritário, com destruição de valor da empresa e perda de boas oportunidades de aquisições.

Indicadores de Alavancagem: capital de terceiros na medida certa

Demonstram como o controlador da empresa está mantendo a relação entre capital próprio e capital de terceiros e como está conseguindo transformar esses recursos em ativos.

- **Multiplicador de Capital Próprio (MCP): Total de Ativos / Patrimônio Líquido**

No caso da empresa de alimentos, o Multiplicador de Capital Próprio (MCP) = 26.100 / 5.100 = 5.11; significa que com uma unidade de capital próprio conseguiu-se alavancar mais do que cinco vezes em ativos. Isoladamente, tal informação não acrescenta muita coisa, já que parte do bom resultado pode ser conseqüência de endividamento excessivo.

- **Multiplicador de Capital de Terceiros (MCT): Total de Ativos/ Capital de terceiros (Dívida Financeira de curto, médio e longo prazo)**

Calculando o MCT = 26.100 / (2.000 + 5.000 + 10.500) = 1.5, o que mostra que muito pouco de ativo foi criado, além de uma pura contrapartida de dívida.

A alavancagem financeira pode ser conseguida com políticas comerciais que aumentem o potencial de crescimento do ativo. A decisão do empresário terá mais a ver com as condições da economia, do setor e da velocidade de implementação que a empresa deseja imprimir. Escolher como financiar a alternativa estratégica escolhida, seja via capital de terceiros ou próprio, é uma decisão anterior, ligada à estruturade capital desejada.

Os bancos, por exemplo, podem alavancar-se via crédito, tomando dinheiro no mercado em vez de emitir novas ações para aumentar o capital (há limites estabelecidos no chamado Acordo da Basiléia). Obviamente, há de ser analisada a relação entre o custo de oportunidade do capital próprio ou de terceiros e a rentabilidade proporcionada pelos ativos, para mensurar a "qualidade" da alavancagem e a sustentabilidade dela.

Indicadores de Imobilização do Patrimônio Líquido: O perigo da falta de liquidez

• **Índice de Imobilização do Patrimônio Líquido (IIPL): Ativo Imobilizado / PL**

Mede o quanto do capital próprio está comprometido em ativos de menor liquidez. É um indicador importante, pois dá sinais sobre a redução de capital de giro da empresa; seu crescimento excessivo pode trazer preocupações em termos de solvência. A comparação entre empresas de diferentes indústrias deve ser feita com reservas. Uma indústria capital-intensiva, por exemplo, como a petroquímica, tende a apresentar Índices de Imobilização de Patrimônio Líquido muito superiores às empresas que tenham a mão-de-obra como destaque de fator de produção (têxtil, comércio, bebidas, fumo, e setor de serviços em geral).

No caso da empresa do setor de alimentos citada, temos o seguinte Índice de Imobilização do Patrimônio Líquido (IIPL) = 9.600 / 5.100 = 1.88; considerando que o restante do ativo – R$ 16.5 milhões – possui maior flexibilidade de venda em caso de necessidade urgente de liquidação, não se deve classificar o grau de imobilização como excessivo.

Todos os cuidados devem ser tomados para que a análise de indicadores de balanço tenha utilidade e faça sentido real para o analista. Dificilmente uma observação isolada de um indicador de solvência, atividade, endividamento, margem, alavancagem ou qualquer outro fará algum sentido. Faz-se necessário, no mínimo, entendimento sobre:

• **Situação conjuntural da economia** – Se estamos vivendo uma recessão, é normal que as expectativas de retorno sejam menores; no caso de economia em expansão, o sentimento pode ser diverso.

• **Setor em que a empresa atua** – Se a companhia pertence a setores nos quais o crédito a clientes faz parte do âmago do negócio (imobiliário, por exemplo), é de esperar maior necessidade de capital de giro e alavancagem.

ANÁLISE COMBINADA DE INDICADORES - A FOTOGRAFIA DA EMPRESA

	2004	2005	2006
Índices de Liquidez (Solvência)			
Solvência de Caixa (Caixa / Passivo Circulante)	0.5	0.7	0.6
Liquidez Seca (At. Circ. - Estoques) / Pas.Circ.)	0.8	1.1	0.6
Liquidez Corrente (Ativo Circulante / Passivo Circulante)	1.2	1.5	1.4
Liquidez Geral (AT. Cric. + At. RLP) / (Pas. Circ. + Pas ELP)	0.9	1.1	1.1
Índices de Atividade (Giro)			
Giro do Ativo (Receitas Op. / Ativos Médio)	2.5	2.8	3.3
Giro do PL (Receitas Op. / PL Médio)	4.0	4.8	5.8
Giro de Contas a Receber (Receitas Op. / Contas a Receber)	6.0	5.1	4.9
Prazo Médio de Recebimento (365 / Giro de Contas a Receber)	61	72	74
Giro de Contas a pagar (CMV / Compras)	5.2	5.7	7.1
Prazo Médio de Pagamento (365 / Giro de Contas a Pagar)	70	64	51
Giro de Estoques (CMV / Estoque Médio)	3.4	3.2	2.1
Prazo Médio de Estoques (365 / Giro de Estoques)	107	114	174
Ciclo de Caixa	98	122	197
Índices de Endividamento			
Endividamento Financeiro (Dívidas / (Dívidas + PL))	25.0%	35.0%	50.0%
Participação do PL no capital contábil (PL / Dívidas + PL)	75.0%	65.0%	50.0%
Endividamento de Cruto Prazo (Dívida de CP / Dívida de CP + LP)	23.0%	29.0%	40.0%
Endividamento de Longo Prazo (Dívida de LP / Dívida de CP + LP)	77.0%	71.0%	60.0%
Índice de Cobertura de Juros (Lucro Op. / Resultado Financeiro)	1.0	2.1	1.2
Índices de Alavancagem Financeira			
Multiplicador do Capital Próprio (Ativo / PL)	1.6	1.7	1.8
Multiplicador do Capital de Terceiros (Ativos / Dívidas Financeiras)	3.8	3.5	2.8
Índices de Margem Financeira			
Margem Bruta (Lucro Bruto / Receita Op.)	16.3%	18.4%	22.1%
Margem Operacional (Lucro Op. / Despesa Op.)	6.2%	9.0%	12.0%
Margem Líquida (Lucro Líquido / Receita Op.)	3.9%	5.9%	2.9%
Indicadores de Retorno			
Retorno sobre Ativo (Lucro Op. / Ativo Médio)	15.5%	25.2%	39.6%
Retorno sobre Patrimônio Líquido (Lucro Líquido / PL Médio)	15.6%	26.6%	16.8%
Outros Índices			
Imobilização do PL	15.3%	27.4%	42.0%
Payout	25.0%	25.0%	25.0%
Retenção (1 - payout)	75.0%	75.0%	75.0%

Fonte: Autor

• **Histórico da empresa** – Um Índice de Liquidez Corrente de 0.4 pode parecer muito ruim em uma fotografia. Mas se adicionamos a informação de que este índice era igual a 0.2 no exercício anterior, conclui-se que houve uma evolução.

• **Detalhes das Notas Explicativas são bem-vindas** – Todos os balanços são normalmente acompanhados por Notas Explicativas, que indicam detalhes importantes que ajudam o analista a entender os indicadores e, por conseqüência, a empresa como um todo. Por exemplo, às vezes a empresa é pouco endividada, mas o custo da dívida é em moeda estrangeira e pode causar sérios problemas no futuro. Também é importante evitar a "Síndrome dos Outros": qual o analista que nunca se deparou em um balanço com os famosos "Outros Ativos Circulantes" ou "Outros Passivos Exigíveis de Longo Prazo" ou"Outras Receitas" no Demonstrativo de Resultados? Estes números misteriosos, às vezes em montantes vultosos, podem mudar completamente uma análise.

Como exemplo, suponhamos que estejamos analisando uma empresa do setor de varejo no início de 2007, observando os indicadores dos três anos anteriores. A estas informações acrescente-se que o crescimento econômico naquele país em 2004 foi de 0,8%, em 2005 de 3,0% e em 2006 de 3,5%.

O DIAGNÓSTICO PRELIMINAR DOS INDICADORES DE BALANÇO

Conhecidas as condições da economia – em aceleração de crescimento – e as características do segmento de varejo – margens baixas e giro alto –, fica mais fácil analisar a evolução dos indicadores. A evolução dos giros do Ativo e do Patrimônio Líquido denota o crescimento rápido das vendas com a retomada da economia. Em 2005, provavelmente devido à demanda reprimida, percebemos aumento nas margens. A conseqüência foi a forte evolução dos indicadores de retorno.

Simultaneamente a empresa começou o processo de alavancagem, com o aumento do endividamento. Uma maior parcela de dívidas de curto prazo também foi exigida, devido ao incremento da necessidade de capital de giro. Os índices de liquidez não foram afetados em 2005.

A empresa continuou crescendo em 2006, mas de forma aparentemente desordenada. Houve mais uma etapa do processo de alavancagem, a custos progressivamente mais caros, o que fez com que o retorno sobre o ativo continuasse crescendo. Porém, o movimento ocorreu em detrimento dos acionistas, que viram despencar o Retorno sobre o Patrimônio Líquido.

Em outras palavras:
- A companhia endividou-se excessivamente, gerou vendas com o dinheiro, mas a estratégia acabou destruindo valor para os acionistas.
- O incremento de despesas financeiras foi maior do que a variação positiva das margens bruta e operacional resultante de vendas maiores.
- A explicação é que os gestores erraram ao contrair novas dívidas em excesso, ou pela escolha do perfil dessas dívidas (prazo de pagamento e indexador). Por exemplo: se o novo endividamento é flutuante (indexado à taxa SELIC) e verificou-se elevação de juros em 2006, pode estar aí a explicação para a forte redução do Retorno sobre o Patrimônio Líquido.

Mas, na análise dos indicadores, percebemos outros erros além dos de administração financeira. Quando observamos os índices de liquidez seca e de giro de estoques, concluímos que houve aumento do nível de estocagem além do normal em 2006. Terá a empresa errado na previsão de vendas e comprado produtos demais? Devemos lembrar que, em um negócio de varejo, a administração de estoques é fator-chave de sucesso.

Tal falha de estratégia aumentou o ciclo de caixa da empresa e, conseqüentemente, piorou a necessidade de capital de giro, o que certamente contribuiu para o maior tamanho e custo do endividamento. Porém, as condições gerais de liquidez não foram prejudicadas de forma significativa. A queda do multiplicador de capital de terceiros também indica alavancagem maior.

O indicador de imobilização do PL indica também que está havendo forte investimento no ativo permanente, provavelmente em expansão da rede de lojas. Este fator é mais um a contribuir para pressionar o caixa da empresa e justificar o maior endividamento. O índice de *payout* (distribuição de dividendos), apesar dos lucros crescentes, se mantém no patamar mínimo exigido por lei (25% do lucro líquido). A empresa retém lucros como forma de financiar o crescimento, seja em investimento em capital físico ou de giro.

A conclusão mais óbvia da análise combinada de investidores é uma constatação muito comum no mundo real. **Crescer, aproveitar oportunidades que a economia propicia, não chega a ser algo tão difícil. A questão mais complexa é garantir que o crescimento ocorra de forma estruturada, tanto no lado operacional quanto no financeiro. A agregação de valor ao acionista dependerá não só do crescimento, mas de como ele foi realizado.**

ANÁLISE HORIZONTAL E VERTICAL: DISSECANDO OS NÚMEROS

Em complemento à pesquisa combinada de múltiplos, as análises vertical e horizontal de Balanço e Demonstrativo de Resultados nos ajudam a reforçar ou contradizer as teses já elaboradas. A seguir temos o exemplo de uma grande rede de videolocadoras que iniciou suas atividades em 2005. Um analista se debruça sobre o histórico da empresa no início de 2008, sobretudo para entender o Demonstrativo de Resultados.

ANÁLISE VERTICAL

Decompõe o percentual de cada item do Balanço e do Demonstrativo de resultado, expondo, a partir de uma base 100 de receita, a evolução de cada linha.

A análise vertical nos ajuda a compreender o padrão proporcional do comportamento de cada rubrica. Não espelha crescimento diretamente, mas a evolução da participação de cada conta no total.

Demonstrativo de Resultados	R$ mil			Base 100 Vertical		
	2005	2006	2007	2005	2006	2007
Receita	250	700	1025	100	100	100
CMV	150	350	710	-60	-50	-69
Lucro Bruto	100	350	315	40	50	31
Despesas Operacionais	82	169	311	-33	-24	-30
Despesas de Salários	50	120	230	-20	-17	-22
Despesas Administrativas	20	35	65	-8	-5	-6
Depreciação	12	14	16	-5	-2	-2
Lucro Operacional	18	181	4	7	26	0
Receitas Financeiras	100	115	130	40	16	13
Despesas Financeiras	90	110	125	-36	-16	-12
Lucros antes do IR	28	186	9	11	58	1
Imposto de Renda	8.4	55.8	2.7	-3	8	0
Lucro Líquido	19.6	130.2	6.3	8	19	1

Fonte: Autor

Em 2005, no primeiro ano de atividades, nota-se, pela relação entre o lucro bruto e as despesas operacionais (40 x 33), que a empresa precisa de escala para crescer. O lado financeiro está controlado.

Em 2006, a empresa começa a ter ganhos de escala, já apresentando margens interessantes. Tudo leva a crer que está no caminho correto, inclusive com os custos fixos sendo diluídos. A questão financeira também continua não sendo um problema.

A decepção, porém, vem em 2007. Apesar do aumento das vendas, os custos sobem mais do que proporcionalmente. As despesas com matérias-primas (CMV) talvez estejam fora do controle da empresa (pressão de fornecedores), mas não se observa nenhum esforço de contenção nas despesas operacionais, que saltam de 24% para 30% das receitas. Entre as despesas operacionais, destaque-se a explosão da folha salarial.

ANÁLISE HORIZONTAL

Mostra a evolução anual dos números do Balanço e Demonstrativo de Resultados, tendo o período inicial como base 100. A análise horizontal indica o crescimento de cada rubrica, facilitando ao analista compreender onde estão os pontos fortes e frágeis de cada empresa através dos anos.

Demonstrativo de Resultados	R$ mil			Base 100 Horizontal		
	2005	2006	2007	2005	2006	2007
Receita	250	700	1025	100	280	410
CMV	150	350	710	100	233	473
Lucro Bruto	100	350	315	100	350	315
Despesas Operacionais	82	169	311	100	206	379
Despesas de Salários	50	120	230	100	240	460
Despesas Administrativas	20	35	65	100	240	460
Depreciação	12	14	16	100	117	133
Lucro Operacional	18	181	4	100	1,006	22
Receitas Financeiras	100	115	130	100	115	130
Despesas Financeiras	90	110	125	100	122	139
Lucros antes do IR	28	186	9	100	664	32
Imposto de Renda	8.4	55.8	2.7	100	664	32
Lucro Líquido	19.6	130.2	6.3	100	664	32

Fonte: Autor

Voltemos ao caso da rede de videolocadoras. O ano de 2005 será o ponto de partida e base 100. A partir destes números, toda a análise prospectiva será realizada.

Em 2006, a empresa parece ter deslanchado: receitas crescem 180% contra apenas 133% do CMV (aumento de margens). Enquanto o lucro bruto aumenta em 250%, as despesas operacionais avançam em ritmo aproximadamente 50% inferior, em um claro processo de diluição de custos fixos, usualmente observado em fases de crescimento. Apesar de leve elevação das despesas financeiras, este segmento não representa problema relevante.

Já em 2007, observa-se grande retrocesso. Receitas crescem menos que o CMV e despesas operacionais explodem. Comparado com o ano 2005 (base), o lucro bruto cresce 215%, enquanto as despesas operacionais disparam 279%, com destaque para a folha de salários, com aumento de 360%, corroendo margens.

Para analisar o desempenho de uma companhia e questioná-lo com maior propriedade, o ideal é recorrermos ao estudo de indicadores de balanço, combinado com análises vertical e horizontal, embasado em um muito útil pré-conhecimento da indústria e da empresa. Qualquer ajuste fino pode ser fundamental, desde informações de mercado até as importantes notas explicativas de balanço.

Capítulo 4

O uso do Fluxo de Caixa Descontado

MÉTODO CLÁSSICO E COMPLETO

Dentre todos os instrumentos de precificação de ativos, o Fluxo de Caixa Descontado (FCD) é considerado o mais completo. Os críticos do modelo chegam a afirmar que, dado o elevado número de hipóteses que devemos utilizar para calcular o "valor justo" da empresa, o resultado é pouco verossímil. Rebate-se o comentário com uma indagação: quem disse que o "valor justo" de um ativo é um número preciso? Adicionalmente, é um erro afirmar que métodos aparentemente mais simples, como múltiplos comparativos, não levem em conta implicitamente as mesmas variáveis consideradas no fluxo de caixa descontado.

Mitos sobre o Fluxo de Caixa Descontado (FCD)

- Todo fluxo de caixa descontado é preciso e gerará um valor exato para o preço da ação.

O objetivo de um analista não deve ser acertar o preço estimado exato de uma ação. Por isso, os testes de sensibilidade são muito importantes. Se o analista conseguir chegar com sucesso a uma região estreita de compra (10%, por exemplo: de R$ 10 a 11) e outra de venda (por exemplo, de R$ 15 a 16,50), já terá dado uma grande ajuda aos potenciais interessados. A indicação de um preço-objetivo (em inglês, *target price*) em relatórios de corretoras é muito mais uma obrigação comercial do que certeza do analista. Há muitas variáveis envolvidas. Cabe ao analista usá-las com sabedoria e, sobretudo, com consistência.

• **Todo fluxo de caixa descontado deve conter o máximo de detalhamento e o maior número possível de variáveis.**

O analista deve encontrar um ponto em que o custo marginal de se calcular mais uma variável para alimentar o fluxo de caixa seja igual ao benefício que este novo cálculo trará para a precisão do FCD.

Em outras palavras, o FCD não precisa ser extenso nem complicado para atingir eficientemente o objetivo do cálculo do valor justo de uma companhia. Pelo contrário. Se o analista perceber que há complexidade excessiva, deve desconfiar. Mesmo que tecnicamente correta, o mercado provavelmente demorará muito para poder capturar esta complexidade.

• **Os analistas tendem a usar o sistema de múltiplos comparativos em detrimento do de fluxo de caixa descontado, devido à maior simplicidade do primeiro em relação ao segundo.**

O fato é verdadeiro, a razão é falsa. Os analistas, em grande parte das vezes, usam múltiplos comparativos de forma discricionária e simplória para evitar ter que lidar com taxas de desconto, crescimento, testes de consistência, entre outros.

Ajustando corretamente os múltiplos para o binômio risco-retorno oferecido pela ação, o resultado será muito próximo, senão igual, aos auferido via fluxo de caixa descontado, tal como a profundidade da análise.

• **Todo fluxo de caixa descontado gerará um só valor, independente de quem está comprando a empresa.**

Esta afirmação é completamente falsa. O conceito de risco e retorno de maneira alguma consiste em fator absoluto e deve ser relativizado de acordo com a situação.

Por exemplo: se uma aquisição bancária for feita por outra instituição financeira, haverá ganhos de sinergia em termos de corte de custos, união de cadastros, ou seja, melhores perspectivas para o numerador do fluxo de caixa descontado (receitas crescentes não acompanhadas na mesma proporção pelas despesas que poderão ser racionalizadas).

Por outro lado, se uma empresa *holding* que atua em vários segmentos resolve participar desta aquisição bancária, certamente o maior ganho deverá advir da diluição de riscos oriunda da diversificação (menor taxa de desconto – denominador).

Para cada tipo de comprador, o banco terá um valor diferente, de acordo com o grau de complementaridade percebido. Isto vale para investidores locais ou estrangeiros (diversificação nacional); pessoas físicas ou jurídicas (sistema tributário); cada um pode calcular objetivamente o valor justo da empresa de acordo com a sua ótica.

- **Os analistas devem estimar o valor da empresa nas condições ideais para chegar ao potencial de alta ou de queda da ação.**

Alguns analistas teimam em colocar-se como se eles próprios fossem os CEOs das empresas. A partir daí calculam, com as transformações que consideram necessárias, o valor justo para a companhia no longo prazo. Este procedimento é admissível somente para potenciais aquisições, quando o comprador realmente terá condições e disposição de realizar as mudanças que considera necessárias.

No caso dos analistas de ações, a atitude deve ser muito mais rigorosa. Eles podem até criticar ou elogiar a direção da companhia. Mas, ao calcular o valor justo desta, devem levar em conta todos os defeitos e limitações que aquele CEO possa a vir a ter.

Por exemplo: digamos que a empresa tenha espaço para aumento de alavancagem, o que certamente traria benefícios em termos de redução do custo médio ponderado de capital. Mas de que adiantaria considerar este fato em uma projeção se o Conselho de Administração da companhia é inteiramente contrário à idéia de maior endividamento? É um caso típico que mostra que as recomendações da boa teoria de Finanças esbarram nas características do mundo real.

A melhor postura para o analista é sempre buscar antever o que vai realmente acontecer e não o que "deveria ocorrer" no seu julgamento.

- **Deve-se fazer fluxo de caixa sempre em reais (R$) para facilitar os cálculos.**

Normalmente, projeta-se o fluxo de caixa em reais, convertendo os valores pela cotação média da moeda norte-americana estimada para o ano. A utilização do fluxo e taxa de desconto em dólares facilita a comparação com outras empresas do exterior.

A SIMPLICIDADE DO MÉTODO DO FLUXO DE CAIXA DESCONTADO

O método em si é aparentemente simples: projetar a futura geração de caixa de uma empresa, trazendo estes valores ao tempo presente, utilizando uma taxa de desconto.

Para empresas consideradas "normais" (com algum patamar de lucro e sem grandes mudanças de perfil previstas ao longo do caminho), o método do fluxo de caixa descontado pode ter aplicação quase que direta, sem grandes adaptações.

*NPV de uma ação = FC1 / (1+r) + FC2 / $(1+r)^2$ + FC3 / $(1+r)^3$ + FC3 $(1+g_p)$ / (r_p-g_p) * $(1+r)^3$*

Onde:

FC1 = Fluxo de Caixa no ano 1
FC2 = Fluxo de Caixa no ano 2
FC3 = Fluxo de Caixa no Ano 3

Considerando as taxas de desconto iguais ano a ano (o que necessariamente não ocorre):

(1+r) – Taxa de desconto no ano 1
$(1+r)^2$ – Taxa de desconto no ano 2
$(1+r)^3$ – Taxa de desconto no ano 3
r – Taxa de desconto antes da perpetuidade
r_p – Taxa de desconto na perpetuidade
g_p – Taxa de crescimento na perpetuidade

Cabe ressaltar, contudo, que a participação da fase perpetuidade no valor total de um fluxo de caixa descontado, mesmo para empresas mais maduras, normalmente atinge importante patamar, ao redor de 40% a 60%.

Paradoxalmente, porém, a maioria dos analistas dedica a maior parte do seu tempo em fases anteriores, dispensando no máximo 10% do tempo útil da *valuation* à perpetuidade. É um erro comum que pode comprometer todo o esforço.

Quando projetamos que a empresa chegou à fase da perpetuidade? Neste período, a companhia já atingiu a sua maturidade, tendo muito pouco ou rigorosamente nada a extrair em termos de produtividade. A política de dividendos será, portanto, definitiva.

Normalmente nesta fase, o Retorno sobre o Ativo e Patrimônio Líquido aproxima-se, respectivamente, dos custos de Capital Total e Próprio, respectivamente. A estrutura de capital da companhia (relação entre capital próprio e de terceiros) terá alcançado equilíbrio.

Todos estes conceitos serão explorados mais à frente. O que importa agora é perceber que a fase da perpetuidade é aquela em que a empresa atinge o seu estágio máximo de produtividade, tendo muito pouco a evoluir dali por diante. É o que chamamos de fase da maturidade: a única forma de crescer será investindo mais, o que tem como conseqüência uma queda de geração de fluxo de caixa.

> **O bom analista deve se preocupar com todas as fases de um processo de *valuation*; o ótimo analista se preocupa em dobro com o período da perpetuidade.**

Há duas fórmulas básicas que podem ser aplicadas na perpetuidade de qualquer fluxo de caixa descontado:

1 – Perpetuidade sem crescimento do fluxo de caixa

= Valor do Fluxo de Caixa projetado na perpetuidade / (taxa de desconto na perpetuidade/ 100)

Se o fluxo de caixa projetado na perpetuidade, por exemplo, for de R$100 (baseado no fluxo encontrado no ano 8), a partir do ano 9 (crescimento projetado = 0% e taxa de desconto = 10%a.a.), o valor da perpetuidade será de 100 / (10/100) = 100/0,10 = R$ 1 mil. Cabe ressaltar que, dado que este valor encontra-se, por exemplo, no ano 9, os R$ 1,000 devem ser trazidos a valor presente pela taxa de desconto acumulada dos anos 1 ao 8. Suponhamos que esta taxa de desconto tenha sido de 15% anualizados. Portanto, a valor presente, a perpetuidade seria assim calculada:

= R$ 1.000 / (1,15 ^ 8) = R$ 326,90

2 – Perpetuidade com crescimento do fluxo de caixa

= Valor do Fluxo de Caixa projetado / ((taxa de desconto na perpetuidade/ 100) – (taxa de crescimento na perpetuidade / 100))

Se considerarmos que haverá crescimento do fluxo de caixa projetado na perpetuidade, automaticamente estaremos prevendo investimento líquido permanente maior que a depreciação. Portanto, o fluxo de caixa projetado deverá ser um pouco menor. Por exemplo: de R$ 75 a partir ano 9, com crescimento projetado de 3% anuais e a mesma taxa de desconto anualizada de 10%.

O valor da perpetuidade será, então de 75 * (1.03) / (0,10-0,03) = R$ 1,104. Cabe ressaltar que, da mesma forma que ocorre com a perpetuidade sem crescimento de fluxo de caixa, este valor deve ser trazido a valor presente. Com a nossa taxa de desconto na perpetuidade de 15% anualizados, a perpetuidade, a valor presente, seria assim calculada:

= R$ 1.104 / (1,15 ^8) = R$ 360,76

Quando devemos tomar certos cuidados especiais com a aplicação direta do fluxo de caixa descontado?

O fluxo de caixa descontado, porém, também encontra as suas barreiras de acordo com a empresa e o setor em que é aplicado. Em que casos a aplicação do método de fluxo de caixa descontado fica mais complicada, merecendo maior atenção do analista, com uma capacidade de adaptação maior?

• **Empresas à beira da falência ou com problemas sérios de solvência** – Neste caso, é muito difícil prever o *timing* em que a companhia pode sair da situação (se é que vai conseguir). Assim, é muito complicado projetar os fluxos de caixa.

• **Empresas em começo de atividades e/ou com alto nível de investimentos – Trata-se de companhias com fluxo de caixa normalmente muito negativos nos primeiros anos, o que é perfeitamente explicável. Cabe ao analista identificar, com o maior grau de precisão possível, os respectivos pontos de inflexão.

• **Empresas com ativos com pouca expressão em termos de fluxo de caixa no momento atual, mas que certamente possuem algum valor intrínseco** – Imaginemos uma companhia produtora de equipamentos, com quinze fábricas espalhadas pelo Brasil. É uma empresa familiar e há cinco apartamentos no nome da companhia sendo utilizados pelos controladores. No caso de uma venda, os imóveis, que nada têm a ver com a atividade da empresa, devem ser precificados de alguma forma.

Outro caso que deve ser considerado é o de patentes; uma empresa farmacêutica pode deter uma patente que ainda não se tornou viável economicamente e cujos potenciais resultados não se encontram em nenhum estágio do fluxo de caixa. A possibilidade de a patente tornar-se um projeto potencialmente rentável certamente tem algum valor e deve ser valorada.

O mesmo se aplica às empresas na área de *commodities*, como companhias petrolíferas. A descoberta de um novo campo com reservas ainda não evidenciadas merece obviamente uma precificação separada.

• **Empresas fechadas, sem negociação em Bolsa** – Torna-se mais complicada a utilização do fluxo de caixa descontado por dois motivos básicos. O primeiro relativo à determinação da taxa de desconto a ser usada. Se, para companhias com negociação em Bolsa já se exige certa dose de "arte" para o cálculo da taxa a partir de variáveis de mercado, para entidades fechadas o grau de subjetividade aumenta bastante.

Apesar de ser possível utilizar os níveis de risco de empresas similares existentes em mercado, empresas privadas ainda possuem a questão da iliquidez (inexistência de ações negociáveis), dificultando a vida do analista. Afinal, liquidez é risco. Tudo mais constante em termos de retorno e risco, você preferiria um investimento em que pudesse se desfazer a qualquer momento ou outro em que houvesse dificuldades de venda? Parece que a primeira opção naturalmente supera a segunda. O segundo investimento, portanto, "mereceria" uma taxa de desconto relativa superior.

• **Empresas inseridas em setores cíclicos** – A ciclicalidade torna mais difícil a previsão de expansão e depressão de lucros. Leia-se por cíclicos sobretudo aqueles segmentos com alta correlação com a oscilação da atividade econômica internacional. A complexidade cada vez maior da economia mundial faz com que o intervalo destes ciclos seja cada vez mais irregular.

Exemplo prático: Uma empresa de laticínios (capital fechado) apresenta, em uma reunião aberta para potenciais compradoras, as seguintes projeções?

1 – Fluxo de caixa projetado para o ano 1: R$ – 10 milhões (grandes investimentos)

2 – Fluxo de caixa projetado para o ano 2: R$ 1 milhão (praticamente o *breakeven*)

3 – Fluxo de caixa projetado para o ano 3: R$ 8 milhões

4 – Fluxo de caixa projetado para o ano 4: R$ 10 milhões

5 – Fluxo de caixa projetado para o ano 5: Baseado no ano 4, crescimento projetado de 1% ao ano durante todo resto do período de vida da empresa (a famosa perpetuidade – a partir de agora, estaremos utilizando bastante esta expressão que diz respeito ao números de anos de vida útil da companhia após o último fluxo de caixa definido com maior precisão).

A taxa de desconto de empresas similares e com o mesmo grau de endividamento relativo no mercado é de 17% ao ano. Estima-se que a "iliquidez" do investimento agrega mais 4% ao ano de risco para a empresa, totalizando aproximadamente 21%.

A empresa, de cunho familiar, tem em seu nome dez terrenos que pertencem aos donos, com valor estimado de mercado de R$ 1 milhão cada. Estas propriedades estarão também incluídas no "pacote" de venda.

Valor da empresa = NPV (*Net Present Value* – Fluxo de Caixa Descontado) de todos os fluxos de caixa futuros da empresa trazidos a valor presente + valor de mercado dos ativos que nada têm a ver com a atividade da companhia (não entram em seu fluxo de caixa).

= NPV dos fluxos de caixa futuros
Ano 1 = –10 MM / (1,21) = – R$ 8,264 MM
Ano 2 = 1 MM / (1.21 ^2) = R$ 0,683 MM
Ano 3 = 8 MM / (1.21 ^3) = R$ 4,515 MM
Ano 4 = 10 MM / (1.21 ^4) = R$ 4,665 MM
Perpetuidade = ((R$ 10 MM * 1,01) / ((0,21 – 0,01) * (1.21 ^4)) = R$ 23,559 MM

= – R$ 8,264 MM + R$ 0,683 MM + R$ 4,515 MM + R$ 4,665 + R$ 23,559 MM
= R$ 25,158 MM

Valor de Mercado de outros ativos que não fazem parte do fluxo de caixa da companhia:

10 terrenos * R$ 1 MM = R$ 10 MM (não há ganho de capital e portanto a venda não geraria impostos).

Valor Justo para o investimento = R$ 25,158 + R$ 10,000 = R$ 35,158 MM; deste montante, é curioso notar que 67% advêm de valores da perpetuidade, 28% da receitas "não-operacionais" e apenas cerca de 5% do fluxo de caixa referente aos primeiros quatro anos. Esta se constitui em situação típica de empresas que estão iniciando atividades e/ou com altos patamares de investimento no curto prazo.

Trash in, Trash out (Lixo dentro, Lixo fora): por que projetar caixa e não lucros ou dividendos?

A partir de agora vamos começar a discutir como chegar à projeção de fluxo de caixa futuro e como estimar as respectivas taxas de desconto. Conforme enuncia o ditado norte-americano, de nada adianta construir o melhor modelo do mundo se os chamados *inputs* – as variáveis que alimentarão o modelo – são mal escolhidas.

Portanto, conhecer bem a teoria da formação de um fluxo de caixa é fundamental para evitar potenciais distorções em projeções, fato muito mais comum do que as pessoas imaginam.

A EMPRESA DEU LUCRO?

A primeira pergunta lógica que vem à cabeça de qualquer um é acerca do porquê da projeção de fluxo de caixa de uma empresa. Por que não utilizarmos os lucros diretamente? Normalmente, o cidadão comum associa imediatamente o lucro ao sucesso ou fracasso de uma companhia. Se a empresa "deu prejuízo", normalmente é sinal de fracasso.

Conforme já observamos, a contabilidade é recheada de regras que acabam, muitas vezes, distorcendo a verdadeira realidade de uma empresa. Não estamos nem considerando

> **Mais vale um caixa no bolso do que um lucro no balanço.**

fatos excepcionais como as fraudes contábeis que eclodiram em 2002 e 2003 em grandes empresas mundiais, como a Worldcom, Enron, Vivendi e Parmalat. Neste caso, os executivos destas empresas esconderam passivos e inflaram propositadamente ativos. Estamos alertando para o fato de que princípios contábeis mundialmente aceitos podem não ajudar a refletir o que foi realmente o desempenho de uma empresa em determinado período. Alguns exemplos a seguir são citados:

1. Depreciação e Amortização

Não possuem efeito de caixa. Às vezes, a empresa pode ter o lucro reduzido ou aumentado sem que tenha saído ou entrado dinheiro efetivamente em seus cofres.

Vejamos o caso de duas empresas que atuam no mesmo ramo e têm características semelhantes. A primeira consegue justificar, perante seus auditores a utilização do método de depreciação acelerada, contabilizando no balanço toda a depreciação acumulada em um período de cinco anos. A outra companhia decide utilizar a regra normal de depreciação, em dez anos. Qual das duas empresas agregou maior valor? O lucro contábil da companhia A será tudo mais constante menor que o da companhia B, pelo menos durante os próximos cinco anos.

Mas o que há por trás do interesse de utilização da depreciação acelerada? A economia de impostos, já que a tributação incidirá sobre o lucro menor. Em termos de caixa, a companhia B será mais prejudicada, mesmo com o lucro contabilmente maior, pois exatamente por isso pagará mais imposto de renda.

Portanto, se fôssemos utilizar um hipotético método de "lucro descontado", a conclusão errônea seria que a empresa B deveria valer mais que a companhia A, quando o inverso, pela economia de impostos (já que a depreciação é uma despesa puramente contábil), deveria prevalecer.

2. Despesas com Pesquisa e Desenvolvimento

As empresas que investem muito neste item, como as de medicamentos, merecem ser penalizadas? Outro ponto interessante a ser elucidado é que a Contabilidade não permite (a não ser em casos raros) a capitalização de investimentos em Pesquisa e Desenvolvimento, já que não há nenhuma garantia de contrapartida em receita futura.

Pelo conceito de lucro, as empresas que mais investem seriam penalizadas. Devemos reconhecer que esse tipo de investimento também afeta o fluxo de caixa, pois normalmente é feito em dinheiro. Mas fica aqui o alerta, a ser observado mais adiante, como ajuste de fluxo de caixa: as empresas que investem mais tendem a apresentar crescimento potencial maior; a geração de caixa menor no curto prazo deverá ser compensada por um incremento maior nos lucros no longo prazo.

3. Conceitos de receita e de despesa são de competência e não de caixa

A regra da Contabilidade exige que despesas e receitas sejam registradas pelo regime de competência (quando efetivamente o compromisso é contraído) e não de caixa (quando há o desembolso para pagamento). Portanto, se a empresa, em determinado período, realiza uma venda que dobrará o seu faturamento, mas o dinheiro será recebido em prestações de até cinco anos, este montante perderá valor ao longo do tempo. No entanto, a linha de Receita já virá dobrada no ano de competência da venda, não sofrendo nenhum tipo de diminuição pelo hipotético método de "Lucro descontado". Só que a maior parte do dinheiro ainda não entrou no caixa.

O raciocínio inverso também vale para as despesas. As companhias podem ter seu resultado melhorado ou piorado por conta da variação do chamado "Capital de Giro", considerado no método de fluxo de caixa descontado.

4. Despesas com Provisões

As empresas costumam fazer provisões para prevenir-se de fatos que ainda não ocorreram, quando há risco razoável de que aconteçam. Por exemplo: empresas comerciais fazem provisões para devedores duvidosos, prevenindo-se de eventuais calotes de clientes. Com isso, por conservadorismo, jogam no balanço o resultado de um "prejuízo fictício".

Os bancos também fazem provisões para inadimplência de empréstimos. A questão é que estes resultados são inflados ou diminuídos em algum ano pela confirmação ou não das perdas com estas provisões. Dependendo do que vai ocorrer, o caixa efetivo será ou não realmente afetado.

QUANTO O INVESTIDOR RECEBERÁ DE DIVIDENDOS?

A segunda pergunta lógica seria em relação à distribuição do lucro ou do caixa no processo de precificação. O acionista minoritário pode sentir-se tentado a medir o valor da empresa simplesmente fazendo uma projeção dos dividendos que viria a receber (fluxo de dividendos descontado).

Já respondemos a esta pergunta de alguma forma, quando analisamos os indicadores de dividendos. Vale lembrar que a política de dividendos de uma empresa é discricionária e depende basicamente do patamar de crescimento da companhia e da indústria na qual está inserida. Uma empresa de alta tecnologia normalmente tende a distribuir um percentual de lucro inferior ao distribuído por uma companhia de um setor maduro, pois o potencial de oportunidades de investimento normalmente é bem maior no primeiro caso

Uma solução seria projetar dividendos anos a fio, um processo bastante complexo. Teríamos que assumir, por exemplo, um momento em que a companhia poderia estar mudando sua política neste campo (Teoria da Sinalização). Não devemos esquecer que, mesmo uma companhia com um "indicador de *payout*" baixo, pode utilizar o dinheiro gerado no fluxo de caixa para realizar bons investimentos, produzindo retornos e ganhos de capital para o acionista.

Portanto, o que mais importa no processo de precificação é mensurar a capacidade de geração de caixa de uma empresa. O que a empresa vai fazer com o caixa gerado é uma questão mais subjetiva, que dependerá de boa ou má administração.

O PONTO MAIS IMPORTANTE DA *VALUATION* É UMA ESTIMATIVA CONSISTENTE DE TAXA DE CRESCIMENTO E DA TAXA DE DESCONTO

Se formos eleger as duas estimativas mais importantes na arte de precificar, indubitavelmente a taxa de crescimento de lucros embutida e a taxa de desconto, a ser utilizada para calcular quanto valem os fluxos a valor presente, seriam as variáveis eleitas.

A sensibilidade que a alteração destes dois *inputs* gera em um fluxo de caixa descontado pode ser mensurada no exemplo simples apresentado a seguir.

Exemplo:

Uma companhia brasileira do setor de bebidas, já em fase de crescimento (os investimentos já foram amortizados), tem projeção de gerar um fluxo de caixa de R$ 10 milhões em seu próximo ano de operação. De acordo com a estimativa dos analistas, a empresa deve apresentar crescimento médio de 10% anuais, do segundo ao quarto ano, e de 6% anuais, do quinto ao oitavo ano. A taxa de desconto neste período (não vamos entrar ainda no mérito de como esta taxa foi calculada) é de 20% anuais. Do oitavo ano em diante, tanto a taxa de crescimento quanto a taxa de desconto caem para, respectivamente, 3% e 15% anuais.

Utilizando o fluxo de caixa descontado, quanto vale esta empresa hoje?

Inputs / Ano	Ano1	Ano2	Ano3	Ano4	Ano5	Ano6	Ano7	Ano8	Perpetuidade
Taxa de Desconto	20	20	20	20	20	20	20	20	15
Taxa de Crescimento	0	10	10	10	6	6	6	6	3
Fluxo Inicial (R$)	10,000	11,000	12,100	13,310	14,109	14,955	15,852	16,804	17,308
	8,333	7,639	7,002	6,419	5,670	5,008	4,424	3,908	33,543
Valor da companhia (R$ mil)	81,947								

= NPV dos fluxos de caixa futuros:
Ano 1 = 10 MM / (1,20) = 8,333 MM
Ano 2 = 11 MM / (1.20 ^2) = R$ 7,639 MM
Ano 3 = 12,100 MM / (1.20 ^3) = R$ 7,002 MM
Ano 4 = 13,310 MM / (1.20 ^4) = R$ 6,419 MM
Ano 5 = 14,109 MM / (1.20 ^5) = R$ 5,670 MM
Ano 6 = 14,955 MM / (1.20 ^6) = R$ 5,008 MM
Ano 7 = 15,852 MM / (1.20 ^7) = R$ 4,424 MM
Ano 8 = 16,804 MM / (1.20 ^8) = R$ 3,908 MM
Perpetuidade = ((R$ 16,804 MM * 1,03) / ((0,15 – 0,03) * (1.20 ^ 8)) = R$ 33,543 MM

= 8,333 + 7,639 + 7,002 + 6,419 + 5,670 + 5,008 + 4,424 + 3,908 + 33,543 MM
= R$ 81,947 MM

Voltamos a constatar a grande importância da perpetuidade no cálculo do valor de uma empresa. No caso apresentado, do valor de mercado final da empresa de bebidas (R$ 81,947 mil), cerca de 41% advêm do cálculo da perpetuidade, confirmando a média para empresas já estabelecidas.

Mas, afinal, a partir de que ano devemos começar a calcular a perpetuidade?

A pergunta deveria ser colocada de outra forma. Obviamente, toda projeção apresenta alto grau de inferências por parte do analista. Portanto, ele deve questionar até que ano consegue projetar um fluxo de caixa de uma empresa de forma que possa justificá-lo com razoável grau de confiança.

Em nosso exemplo anterior, decidimos que oito anos seria o período máximo que conseguiríamos projetar. Estimamos que um bom analista consiga estimar, em média, os cinco anos seguintes da vida de uma empresa, construindo alguns cenários diferentes que produzirão valores finais para o fluxo de caixa descontado em situações otimistas, médias, conservadoras e pessimistas.

Portanto, deve-se dar muita atenção à perpetuidade de um fluxo de caixa descontado, evitando inconsistências que podem levar à perda de validade do instrumento ("*Trash in, Trash out*").

Sensibilidade na taxa de crescimento do fluxo de caixa

Estimar a taxa de crescimento do fluxo de caixa de uma empresa é um dos fatores mais importantes na arte da precificação. A seguir, dois exemplos que mostram como a alteração da taxa de crescimento mudaria o valor da empresa de bebidas citada anteriormente.

• Caso 1: o crescimento da empresa aumentará 3% anuais do ano 2 ao ano 8

A empresa de bebidas está em plena fase de crescimento. Após extensas negociações com novos mercados emergentes (Índia e China), a empresa consegue fechar ótimos contratos, acelerando o crescimento projetado em cerca de 3% ao ano (13% anualizados do ano 2 ao 4 e 9% anualizados do ano 5 ao 8). O analista decide manter a taxa de desconto e também o período para o cálculo da perpetuidade. Qual seria o novo "valor justo" projetado para a companhia?

Inputs / Ano	Ano1	Ano2	Ano3	Ano4	Ano5	Ano6	Ano7	Ano8	Perpetuidade
Taxa de Desconto	20	20	20	20	20	20	20	20	15
Taxa de Crescimento	0	13	13	13	9	9	9	9	3
Fluxo Inicial (R$)	10,000	11,300	12,769	14,429	15,728	17,143	18,686	20,368	20,979
	8,333	7,847	7,389	6,958	6,321	5,741	5,215	4,737	40,658
Novo Valor da companhia (R$ mil) -1	93,200								
Valor original (R$ mil) - 2	81,947								
Valor 1 - Valor 2	11,253								
Diferença Percentual (1 - 2)	13.7%								

O incremento das taxas de crescimento de geração dos fluxos de caixa resultou em um novo "valor justo" da companhia de R$ 93,200 mil, gerando acréscimo não desprezível da ordem de 13,7%,

• Caso 2: A estimativa de crescimento diminui na perpetuidade, de 3% para 0%

Após diversos estudos, os analistas concluíram que a perspectiva de crescimento da empresa de bebidas é muito baixa depois do ano 8. Acredita-se que novos produtos serão lançados e o mercado para as bebidas que a empresa fabrica deverá encolher bastante. Além do mais, o chefe da área de análise determinou que todos fossem extremamente conservadores na fase de perpetuidade de todas as projeções. Portanto, mantivemos as taxas de crescimento originais dos anos 2 ao 8, tal qual as taxas de desconto, mas assumimos crescimento zero na perpetuidade.

Observamos que a eliminação de crescimento na perpetuidade provocou uma perda de 9,1% no valor final da companhia (R$ 74,457 mil), o que mostra a importância de dar a máxima atenção à variável crescimento também na perpetuidade.

Inputs / Ano	Ano1	Ano2	Ano3	Ano4	Ano5	Ano6	Ano7	Ano8	Perpetuidade
Taxa de Desconto	20	20	20	20	20	20	20	20	15
Taxa de Crescimento	0	13	13	13	6	6	6	6	0
Fluxo Inicial (R$)	10.000	11.000	12.100	13.310	14.109	14.955	15.852	16.804	16.804
	8.333	7.639	7.002	6.419	5.670	5.008	4.424	3.908	26.053
Novo Valor da companhia (R$ mil) -1	74.457								
Valor original (R$ mil) - 2	81.947								
Valor 1 - Valor 2	7.490								
Diferença Percentual (1 - 2)	-9,1%								

SENSIBILIDADE NA TAXA DE DESCONTO DO FLUXO DE CAIXA

Juntamente com a taxa de crescimento, o percentual escolhido para descontar o fluxo de caixa muda substancialmente o resultado do cálculo de precificação de uma empresa. No próximo capítulo, serão detalhadas técnicas para determinar a taxa de desconto. A seguir, apresentamos dois fluxos de caixa para a empresa de bebidas, utilizando taxas de desconto diferentes.

• **Caso 3**: Taxa de desconto sobe dos anos 1 a 8, de 20% ao ano para 25% ao ano

A situação internacional está piorando a cada dia e o analista está prevendo um súbito aumento estrutural do risco-país dos mercados emergentes, incluindo o brasileiro, já a partir deste ano. Assim, opta por trabalhar com uma taxa de desconto mais alta.

Em outras palavras: acreditando nesta tendência, prefere se antecipar para mensurar o quanto valeria a empresa de bebidas em um ambiente mais hostil para o mercado de capitais. Em vez de trabalhar com uma taxa de desconto de 20% anuais, o analista utilizará 25% anuais do ano 1 ao 8, mantendo constante o patamar da perpetuidade.

Inputs / Ano	Ano1	Ano2	Ano3	Ano4	Ano5	Ano6	Ano7	Ano8	Perpetuidade
Taxa de Desconto	25	25	25	25	25	25	25	25	15
Taxa de Crescimento	0	10	10	10	6	6	6	6	3
Fluxo Inicial (R$)	10.000	11.000	12.100	13.310	14.109	14.955	15.852	16.804	17.308
	8.000	7.040	6.195	5.452	4.623	3.920	3.324	2.819	24.198
Novo Valor da companhia (R$ mil) -1	65.572								
Valor original (R$ mil) - 2	81.947								
Valor 1 - Valor 2	-16.375								
Diferença Percentual (1 - 2)	-20,0%								

Podemos agora entender a relação entre taxa de juros (reais, explicaremos mais adiante) e o desempenho da Bolsa. Observamos uma destruição de substanciais 20% do "valor justo" da empresa (que passa a ser de R$ 65,572 mil) quando incrementamos em 5% à taxa de desconto utilizada no fluxo dos anos 1 ao 8.

• Caso 4: Taxa de desconto cai de 15% para 10% na perpetuidade

O analista é um otimista em relação ao futuro do Brasil e acredita que o país, após uma fase de ajustes nos próximos oito anos, poderá sustentar no longo prazo (perpetuidade) uma taxa de juros de 10% anuais a partir do ano 9. Esta crença certamente fará com que o valor implícito da companhia suba.

Uma alteração da magnitude de 5% na perpetuidade gerou um acréscimo no valor da companhia de 29,2% (correspondendo a R$ 23.960 mil). Os exemplos provam como a taxa de desconto deve ser, tal qual a taxa de crescimento, tratada de forma muito especial pelo analista no momento de formulação do fluxo de caixa descontado de uma companhia.

Inputs / Ano	Ano1	Ano2	Ano3	Ano4	Ano5	Ano6	Ano7	Ano8	Perpetuidade
Taxa de Desconto	20	20	20	20	20	20	20	20	10
Taxa de Crescimento	0	10	10	10	6	6	6	6	3
Fluxo Inicial (R$)	10,000	11,000	12,100	13,310	14,109	14,955	15,852	16,804	17,308
	8,000	7,639	7,002	6,419	5,670	5,008	4,424	3,908	57,503

Novo Valor da companhia (R$ mil) -1	105,907
Valor original (R$ mil) - 2	81,947
Valor 1 - Valor 2	23,960
Diferença Percentual (1 - 2)	29.2%

Sensibilidade combinada: taxa de crescimento e taxa de desconto do fluxo

Até agora abusamos da idéia do "tudo mais constante" para fins demonstrativos. Há de se reconhecer que esta proposição não é razoável em um mundo em permanente mutação.

As projeções de crescimento e de risco, tanto para países como para empresas, modificam-se a cada momento, gerando as mudanças de humor no mercado e de opinião de cada analista. A seguir, apresentamos exemplos mais reais de como ocorre a dinâmica de modificação em projeções, utilizando o caso de uma empresa de papel e celulose.

Exemplo:

A celulose é uma *commodity*, cujo preço é fortemente influenciado pelo crescimento mundial. Por isso, o analista observará os ciclos de alta e de baixa do mercado internacional de papel e celulose, de acordo com as expectativas futuras de desempenho global.

No momento, estamos no início de um ciclo de alta, com os bancos centrais reduzindo juros rapidamente para reativar as economias em recessão. O preço da celulose no mercado internacional encontra-se em US$ 300 / tonelada, mas os analistas acreditam que o valor possa dobrar em quatro anos (19% anuais uniformemente, até atingir US$ 600/tonelada). Além disso, a demanda mundial pela *commodity* deve crescer 10%, o que elevará o crescimento do fluxo em cerca de 31% a cada ano (19% x 10%).

A partir do quinto ano, acredita-se que em dois anos o preço da celulose retornará à média histórica de US$ 450 / tonelada (queda de 13% anuais). Este valor da *commodity* será utilizado no cálculo da perpetuidade. Além disso, estima-se queda de 5% ao ano na demanda pela *commodity*, o que totalizaria uma queda no fluxo de caixa de aproximadamente 17% (–13% x –5%). Na perpetuidade, será utilizado o crescimento anual médio mundial observado nos últimos trinta anos, de 2,5% ao ano.

Desconsiderando a existência de custos variáveis, o analista assumirá que os respectivos fluxos de caixa crescerão às taxas citadas, a partir de um fluxo de caixa inicial no ano 1 de R$ 150 milhões. A taxa de desconto utilizada será de 20% ao ano até a perpetuidade, quando cairá para 15% anuais.

Inputs / Ano	Ano1	Ano2	Ano3	Ano4	Ano5	Ano6	Ano7	Perpetuidade
Taxa de Desconto	20	20	20	20	20	20	20	15
Taxa de Crescimento	0	31	31	31	31	-17	-17	2.5
Fluxo Inicial (R$)	150,000	196,500	257,415	337,214	441,750	366,652	304,321	311,930
	125,000	136,458	148,967	162,622	177,529	122,791	84,931	696,430
Valor da companhia (R$ mil)	1,654,729							

• **Caso 1**: Crescimento acelera, mas situação interna no Brasil piora muito

O mundo apresenta uma recuperação bem mais acelerada que a esperada inicialmente. O preço da tonelada de celulose, que segundo estimativas dobraria em quatro anos, deve atingir o mesmo patamar em apenas dois anos (média de 42% de crescimento ao ano) e ali permanecer por mais três anos, com a queda para o preço médio da perpetuidade ocorrendo em apenas um ano (–25%). Em termos de demanda física, estima-se crescimento de 10% nos próximos quatro anos, com queda de 5% nos anos 6 e 7.

Ao mesmo tempo, eclode uma crise interna no Brasil. A empresa exporta 100% da produção. Sua receita não é afetada, mas a percepção de risco do país e o custo de capital sobem fortemente, devendo ficar neste patamar pelo menos nos próximos cinco anos (30% anuais), voltando ao nível atual (20% a.a.) nos anos 6 e 7 e sendo em 15% (a.a.) na perpetuidade. Qual será o efeito líquido no valor de mercado da companhia depois de todos estes eventos?

Inputs / Ano	Ano1	Ano2	Ano3	Ano4	Ano5	Ano6	Ano7	Perpetuidade
Taxa de Desconto	30	30	30	30	30	20	20	15
Taxa de Crescimento	0	56	56	10	10	-5	-29	2.5
Fluxo Inicial (R$)	150,000	234,000	365,000	401,544	441,698	419,613	297,926	305,374
	115,385	138,462	166,154	140,592	118,962	94,178	55,722	456,922

Novo Valor da companhia (R$ mil) - 1	1,286,377
Valor original (R$ mil) - 2	1,654,729
Valor 1 - Valor 2	368,352
Diferença Percentual (1 - 2)	-22.3%

Crescimento nos anos 2 e 3 = 42% (preços) x 10% (demanda) = 56%
Crescimento nos anos 4 e 5 = 10% (somente crescimento da demanda física; preços estáveis)
Crescimento no ano 6 = –5% (somente decréscimo na demanda física; preços estáveis)
Crescimento no ano 7 = –25% (preços) x –5% (demanda) = –29%
Perpetuidade: Preço constante, crescimento de 2,5% ao ano.

A maior percepção de risco de uma empresa brasileira e as conseqüentes dificuldades de rolagem de dívida acabaram pesando mais no valor da empresa do que o boom internacional de preços da celulose. No preço de mercado de R$ 1,286,377 mil, observamos potencial destruição no valor justo inicial da empresa da ordem de 22,3%, o que provavelmente levaria sobretudo analistas internacionais a recomendar companhias de celulose de outros países em detrimento das brasileiras.

Certamente alguém ressaltaria que em um ambiente desfavorável na economia brasileira, o valor do Real se desvalorizaria perante o dólar, o que aumentaria o crescimento do fluxo de caixa da empresa brasileira muito além dos números citados, podendo compensar então o aumento da taxa de desconto. Isto é uma hipótese potencialmente verdadeira, mas não está sendo considerada neste exercício.

• **Caso 2:** Crescimento diminui, o preço médio na celulose na perpetuidade é menor por razões estruturais, mas podemos apostar em uma melhora mais acelerada da economia brasileira e na queda no custo de captação

A situação no mercado de celulose acaba sendo bem menos animadora do que o esperado. Seis meses após a primeira projeção do analista, é descoberta na natureza outra matéria-prima abundante, que pode substituir a celulose em boa parte de suas funções. O estudo científico para a aplicação industrial da nova matéria-prima ainda demorará quatro anos, mas existe grande possibilidade de sucesso.

Com isso, o preço médio de longo prazo da celulose tende a ser muito mais baixo (US$ 250/tonelada). Portanto, prevê-se que a partir do ano 6 o preço despencará para este patamar em dois anos (–35% por ano). O aumento de demanda física permanece em 10% ao ano até o ano 5, mas deve cair com maior força (–15%) a partir do ano 6. Na perpetuidade, as dúvidas sobre o futuro da celulose nos levam a conservadoramente assumir crescimento zero.

Nos anos de 2 a 5, assumimos a mesma premissa de crescimento de preços a 19% ao ano e incremento da demanda na base de 10% anuais.

Por outro lado, as reformas fiscal e tributária caminham aceleradamente no Brasil, deixando a impressão de que as taxas de juros cairão bem mais rápido que o imaginado. A assinatura de acordos bilaterais e multilaterais de comércio ajuda na inserção do Brasil no exterior, aumentando fortemente o comércio e reduzindo a dependência de capitais de curto prazo.

A curva de juros do Brasil começa a apresentar previsão de queda para os próximos anos, afetando o custo de capital da empresa (20% dos anos 1-3, 15% dos anos 4-8 e 10% na perpetuidade). Acredita-se que o país alcançará melhor posição na economia mundial, mudando de patamar de risco.

Inputs / Ano	Ano1	Ano2	Ano3	Ano4	Ano5	Ano6	Ano7	Perpetuidade
Taxa de Desconto	20	20	20	15	15	15	15	10
Taxa de Crescimento	0	31	31	31	31	-45	-45	0
Fluxo Inicial (R$)	150,000	196,500	257,415	337,214	441,750	242,962	133,629	133,629
	125,000	136,458	148,967	169,693	193,302	92,449	44,215	442,147
Novo Valor da companhia (R$ mil) -1	1,352,231							
Valor original (R$ mil) - 2	1,654,729							
Valor 1 - Valor 2	-302,498							
Diferença Percentual (1 - 2)	-18.3%							

Crescimento nos anos 2 a 5 = 19% (preços) x 10% (demanda)= 31%
Crescimento no ano 6 e 7 = – 35% (preços) x –15% (demanda)= –45%
Perpetuidade: Preços constantes, crescimento zero.

Este caso é interessante para demonstrar aos mais céticos, que possivelmente já estavam achando que a taxa de desconto sempre predomina sobre a taxa de crescimento, que nem sempre esta teoria prevalece.

As mudanças estruturais em uma indústria, como ocorreu neste exemplo, podem sobrepujar qualquer melhora no cenário macroeconômico. Afinal, estamos avaliando aqui o potencial de sobrevivência da empresa no longo prazo. Pela prevalência de expectativas pessimistas, a tendência é de que haja destruição de valor ainda maior que os 18,3% apontados pelo modelo.

Quantos estágios devo usar para projetar um fluxo de caixa descontado corretamente?

Outra questão é relativa a quantos períodos (os chamados estágios) de estimativa de fluxo de caixa devemos usar antes de atingir a chamada perpetuidade?

• **Estágio:** Quanto mais nova a empresa, mais longo tende a ser este período. Para facilitar a organização de idéias, divide-se o período de maturação da empresa em um, dois, três ou quatro estágios, de acordo com a característica de cada uma. O período de maturação será função da transição e acomodação do risco e do retorno da empresa.

Toda projeção apresenta alto grau de inferências por parte do analista. Portanto, questione-se até que ano você consegue projetar um fluxo de caixa de uma empresa de forma que possa justificá-lo com razoável grau de confiança.

Nos exemplos anteriores, decidimos que sete anos seria o período máximo que conseguiríamos projetar. Estimamos que um bom analista consiga estimar, em média, os cinco anos seguintes da vida de uma empresa, construindo alguns cenários diferentes que produzirão valores finais para o fluxo de caixa descontado em situações otimistas, médias, conservadoras e pessimistas.

Um estágio – Casos raros em que a empresa já atingiu o seu estágio de maturidade absoluto, seja em termos de estrutura de capital, produtividade e crescimento. Enfim, o fluxo de caixa descontado desse tipo de empresa será exatamente igual ao modelo de perpetuidade.

Dois estágios – A empresa não vivenciará nenhuma mudança extraordinária nos próximos anos, mas ainda sofrerá algumas transformações em sua estrutura de capital e padrões de crescimento e produtividade. Portanto, o ideal é projetar um período de ajuste – no qual a política de dividendos também não será definitiva – até o atingimento do segundo estágio, que seria a perpetuidade. No primeiro estágio espera-se um grau de crescimento diferenciado com investimentos líquidos tanto físico como em capital de giro, também maiores.

Três Estágios – A empresa experimentará ainda uma fase de alto crescimento, passando para outro período de crescimento médio e, finalmente, atingir a perpetuidade. Na transição destes três estágios, a empresa poderá terminar inteiramente diferente de quando começou em todos os aspectos de políticas de financiamento e investimento. Espera-se, do primeiro ao terceiro estágio, uma taxa de crescimento decrescente, assim como os gastos com investimentos líquidos.

Quatro estágios ou mais – Tudo é possível em *valuation*. A criatividade é livre. Mas temos que lembrar que um dos preceitos básicos de precificação constitui-se no fato de que o ganho marginal de se incluir mais variáveis no modelo é decrescente. Mas algumas empresas podem ser realmente complexas, exigindo do analista esforço maior para dividi-la em estágios.

Exemplos:

1 – *Valuation* em um estágio (a própria perpetuidade)

Uma empresa familiar de peças de reposição de ventiladores, com 100% do capital constituído por recursos próprios, completou 90 anos de existência no mês passado. Nos últimos dez anos, a empresa passou por profunda transformação e atualmente, além de estar inserida em uma indústria com baixa capacidade de transformação nos próximos tempos, parece ter atingido o chamado patamar de maturidade. Com os dados a seguir, calcular o valor da companhia.

Para esta companhia, dada a sua condição de plena maturidade, o modelo de um estágio parece ser suficiente para definir o seu valor:

• Fluxo de Caixa no período anterior (t-1) à perpetuidade (FC t-1): R$ 3.5 milhões (informado)

• Taxa de crescimento do fluxo na perpetuidade = potencial de crescimento da economia no longo prazo (g) = informado em 4% a.a.

• Taxa de desconto na perpetuidade (r) = informado em 15% a.a.

= Fórmula para cálculo de valor presente em uma perpetuidade:

$$= \frac{FC_{t-1} \times (1+g)}{(r-g)}$$

= (3.5 MM X (1+0.04)) / (0.15 – 0.04)

= R$ 33.1 MM

2 – *Valuation* em dois estágios

Uma empresa de máquinas de fax já viveu o seu período de glória, mas com a chegada da Internet perdeu bastante espaço no mercado. Nos próximos cinco anos, acredita-se que a companhia ainda crescerá a taxas iguais às estimadas para a economia brasileira (cerca de 2.5% ao ano), mas a partir do sexto ano em diante projeta-se crescimento próximo de zero. Nos próximos cinco anos, estima-se uma taxa de desconto de 18% ao ano, e na perpetuidade a taxa a ser utilizada deve ser de 15% anuais.

Esta companhia atingirá a chamada maturidade em cinco anos. Podemos dizer que se trata de uma companhia em fase de decadência tecnológica, e o seu valor deve ser calculado em um modelo de dois estágios. Neste ponto do livro também começaremos a aprender fórmulas matemáticas (neste exemplo o valor presente de uma anuidade crescente), que facilitará bastante a vida do analista.

- Fluxo de Caixa no período-base de cálculo: informado em R$ 6.3 milhões – FC_{t-1}
- Taxa de crescimento do fluxo nos primeiros cinco anos (n) = potencial de crescimento da economia (g) = informado em 2.5% a.a. = g_{cresc}
- Taxa de crescimento do fluxo na perpetuidade = informado em 0% a.a. = g_{perpet}
- Taxa de desconto nos primeiros cinco anos: informado em 18% a.a. = r_{cresc}
- Taxa de desconto na perpetuidade (r): informado em 15% a.a. -= r_{perpet}

= Fórmula matemática para cálculo de valor presente de uma anuidade crescente – Modelo de Dois Estágios – (Primeiro Estágio)

$$\frac{FC_{t-1} \times (1+g_{cresc}) \times \left(1 - \frac{(1+g_{cresc})^n}{(1+r_{cresc})^n}\right)}{r_{cresc} - g_{cresc}}$$

+ Valor presente de uma perpetuidade
(após uma anuidade crescente):

$$= \frac{FC_{t-1} \times (1+g_{cresc})^n \times (1+g_{perpet})}{(r_{perpet} - g_{perpet}) \times (1+r)^n}$$

A fórmula matemática completa parece, a princípio, bastante complicada, mas facilita bastante os cálculos. A primeira parte (Fórmula matemática para cálculo de valor presente de uma anuidade crescente) utiliza o fluxo de caixa no momento t-1 e as taxas de crescimento e de desconto do período no qual o g é positivo, calculando o valor presente desta parcela.

$$= \frac{6.3 \times (1.025) \times \left(1 - \frac{(1.025)^5}{(1.18)^5}\right)}{0.18 - 0.025} = R\$\ 21.1\ MM$$

Já a segunda parte (Valor presente de uma perpetuidade – a partir do crescimento de um fluxo de caixa dos anos 1 – 5 e depois nenhum incremento a partir do ano 6) já é por nós conhecida, diferindo aqui pelo fato de estar colocada a partir do sexto ano. Achamos o valor do fluxo de caixa e da perpetuidade no sexto ano e trazemos o FCD para o ano zero:

$$= \frac{6.3 \times (1.025)^5 \times (1)}{(0.15 - 0) \times (1.18)^5} = R\$\ 20.8\ MM$$

Portanto, o valor da companhia será:
Valor na fase de crescimento (R$ 21.1 MM) + Valor na perpetuidade (R$ 20.8 MM) = R$ 41.9 MM, em outras palavras, o valor da companhia advém quase que eqüitativamente da fase de crescimento e da perpetuidade.

3 – *Valuation* em três estágios

Uma empresa de informática lançou em 1999 no mercado uma linha de *chips* que proporciona o dobro da velocidade ao computador em relação aos já existentes no mercado. A empresa teve três anos consecutivos de fluxo de caixa negativo oriundo dos altos investimentos necessários para instalar duas fábricas. A partir do ano em que entraremos, porém, o fluxo de caixa já estará positivo em R$ 40 milhões. Espera-se:

- Crescimento do fluxo da ordem de 30% ao ano nos próximos cinco anos. A partir do sexto ano até o décimo, o crescimento cai para 12%, e, na perpetuidade, para 3% anuais.
- As taxas de desconto projetadas são, respectivamente, 21%, 16% e 13% anuais para cada estágio.

= Fórmula para cálculo de valor presente de uma anuidade crescente – Modelo de Três Estágios
(Primeiro Estágio – Alto crescimento)

$$\frac{FC_{t-1} \times (1+g_{\text{alto cresc}}) \times \left(1 - \frac{(1+g_{\text{alto cresc}})^n}{(1+r_{\text{alto cresc}})^n}\right)}{r_{\text{alto cresc}} - g_{\text{alto cresc}}}$$

= Fórmula para cálculo de valor presente de uma anuidade crescente – Modelo de Três Estágios – (Segundo Estágio – Crescimento Intermediário)

$$\frac{FC_{t-1} \times (1+g_{\text{alto cresc}})^{n \text{ alto cresc}} \times (1+g_{\text{cresc}}) \times \left(1 - \frac{(1+g_{\text{cresc}})^n}{(1+r_{\text{cresc}})^n}\right)}{(r_{\text{cresc}} - g_{\text{cresc}}) \times (1+r)^{n \text{ alto cresc}}}$$

+ Valor presente de uma perpetuidade
(após uma anuidade crescente):

$$= \frac{FC_{t-1} \times (1+g_{\text{altocresc}})^{n \text{ alto cresc}} \times (1+g_{\text{cresc}})^{n \text{ cresc}} (1+g_{\text{perpet}})}{(r_{\text{perpet}} - g_{\text{perpet}}) \times (1+r)^{n \text{ alto cresc}} \times (1+r)^{n \text{ cresc}}}$$

Primeiro Estágio – Alto Crescimento – Próximos cinco anos

$$= \frac{40 \text{ MM} \times (1.30) \times \left(1 - \frac{(1.30)^5}{(1.21)^5}\right)}{0.21 - 0.30} = \text{R\$ 249.3 MM}$$

Reparemos que mesmo com a taxa de crescimento sendo maior que a taxa de desconto, a fórmula funciona, já que o fator do numerador torna-se também negativo.

Segundo Estágio – Crescimento Intermediário – Cinco anos subsequentes

$$= \frac{40 \text{ MM} \times (1.30)^5 \times (1.12) \times \left(1 - \frac{(1.12)^5}{(1.16)^5}\right)}{(0.16 - 0.12) \times (1+21)^5} = R\$ \ 258.0 \text{ MM}$$

Perpetuidade (Terceiro Estágio) – Do décimo ano em diante

$$= \frac{40 \text{ MM} \times (1.30)^5 \times (1.12)^5 \times (1.03)}{(0.13 - 0.03) \times (1.21)^5 \times (1.16)^5} = R\$ \ 494.9 \text{ MM}$$

Primeiro Estágio + Segundo Estágio + Perpetuidade = Valor total da companhia

R$ 249,3 MM	+	R$ 258,0 MM	+	R$ 494,9 MM	=	R$ 1.002,2 MM
24,9%	+	25,7%	+	49,4%	=	100%

Do valor total estimado para a companhia, 24,9% vêm do primeiro estágio (alto crescimento), 25,7% são relativos ao segundo estágio (crescimento normal) e 49,4% originam-se da perpetuidade, confirmando a alta importância deste segmento. Por que, no nosso cálculo, não consideramos os fluxos de negativos do período de investimento inicial? A resposta está no conceito de "custo afundado" (em inglês, sunk cost). A teoria de valuation só considera, para efeitos de precificação, os eventos estimados a partir do início de nossa projeção. Em outras palavras, o passado só importa quando há reflexos nos resultados futuros. Um exemplo típico é a contração de dívidas X pagamento de juros em algum ponto adiante do tempo.

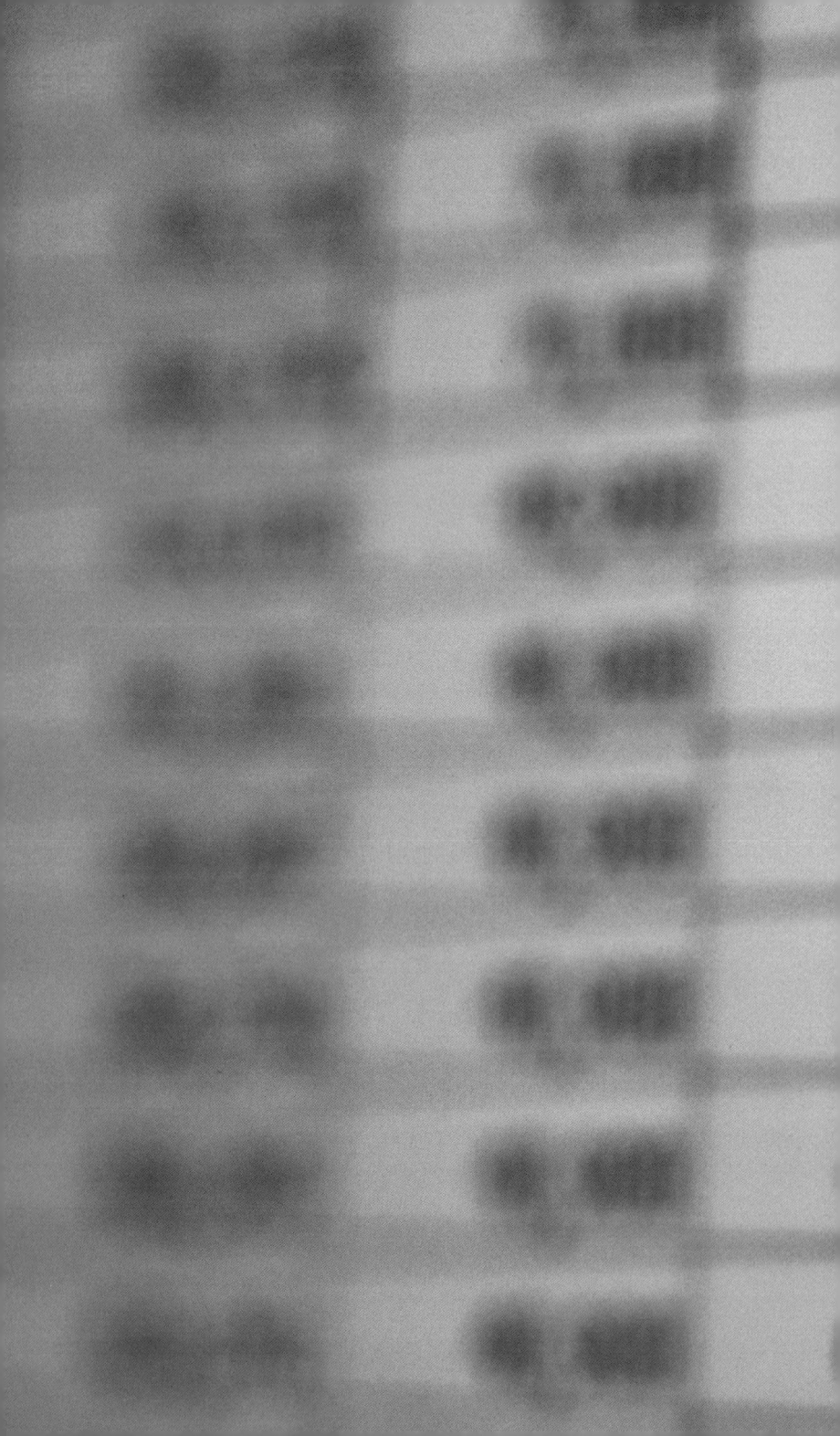

Capítulo 5

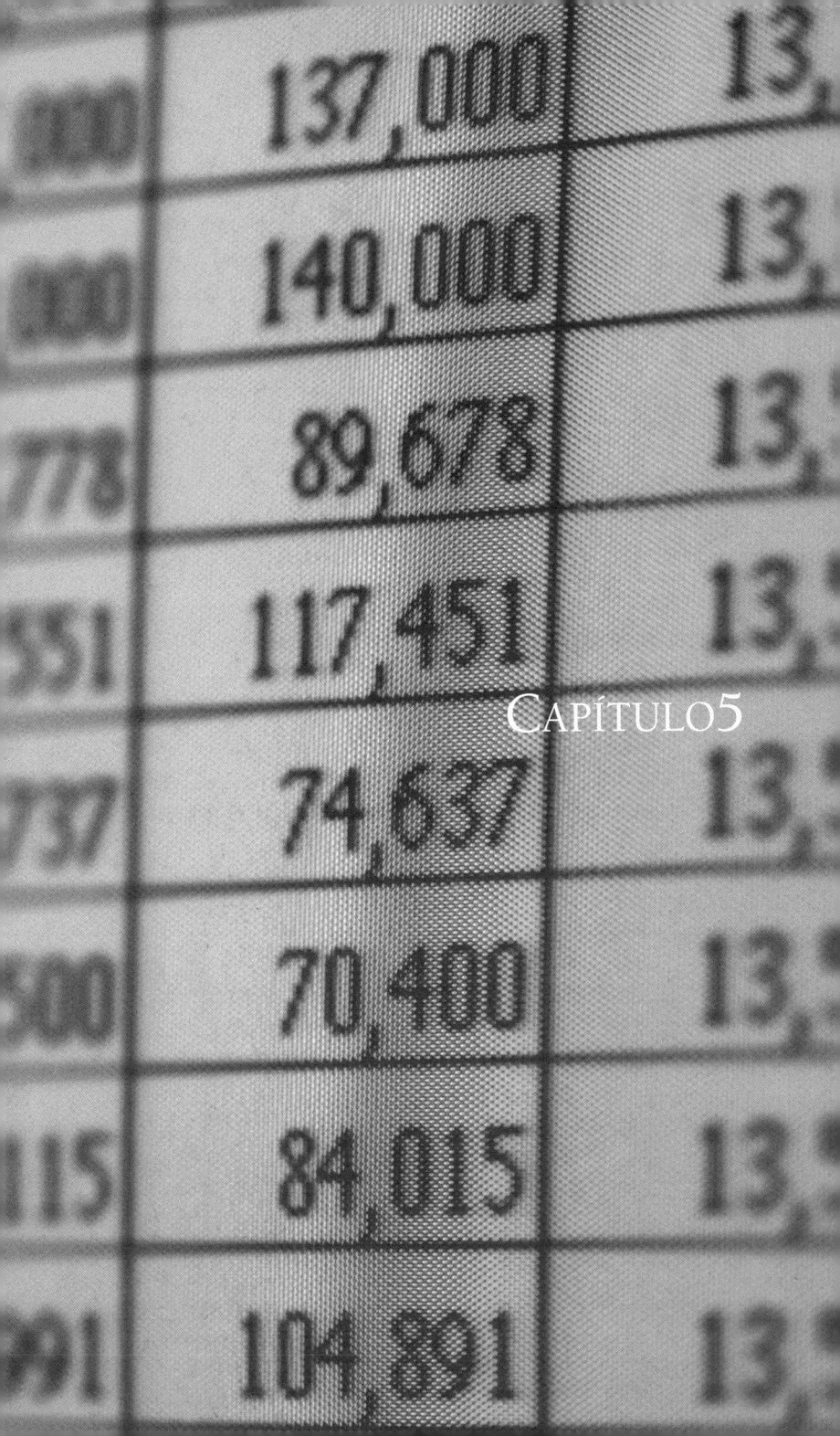

Taxa de Desconto, um toque de arte na Valuation

A MÃO DO ANALISTA FAZ A DIFERENÇA

O cálculo da taxa de desconto provavelmente é a parte mais intrigante e fascinante da análise do valor justo de uma ação. Intrigante por envolver variáveis que interagem entre si. Fascinante porque, definitivamente, nunca existe uma resposta cientificamente correta. A taxa de desconto é o lado mais artístico da análise de empresas e gestão de recursos.

Podemos buscar um bom exemplo na história recente do Brasil pré-eleições presidenciais de 2002, quando a taxa de risco do país, em dólar, disparou para mais de 25% (contra uma taxa básica norte-americana ao redor de 1% anuais). Se um analista usasse essa taxa de desconto para fluxos em dólar, seja para o acionista ou a firma, encontraria um valor presente bastante diminuto.

Naquele momento, os analistas tiveram um dilema claro: como mensurar a provável queda de patamar da taxa de risco para níveis históricos, entre 10% e 12%? Certamente, o mercado de ações iria antecipar a melhora, sem esperar a taxa efetivamente chegar a 11% ou 12%. Em outras palavras: o *"timing"* é o ponto essencial do desafio de determinar uma taxa de desconto.

O senso comum normalmente associa o conceito de risco a aspectos negativos. A expressão "aversão ao risco" é utilizada para investidores que não desejam se expor à volatilidade dos mercados. Porém, o risco é inerente à vida de qualquer pessoa ou investidor e não pode ser evitado integralmente. Por que não enxergar risco como sinônimo de oportunidade, sobretudo se o analista souber se antecipar à mudança do nível de volatilidade dos mercados?

Antecipar-se aos movimentos da taxa de desconto é papel fundamental do analista. Se ele tiver evidências claras de que há probabilidade de a taxa subir nos próximos dias, por mudança na percepção do risco-país ou do risco específico de uma empresa, existe uma clara oportunidade de recomendação de venda de uma ação. Por outro lado, se a projeção for de declínio da taxa de desconto vigente – ou pelo menos a utilizada como padrão pelo mercado –, cabe ao especialista aconselhar a compra do papel antes que o resto do mercado corra na mesma direção. Esta é a síntese da função do analista de ações.

Há três regras básicas para estimar taxas de desconto de forma eficiente, que serão detalhadas a seguir.

REGRAS BÁSICAS PARA A ESTIMATIVA DE TAXAS DE DESCONTO

1. Moeda-referência

A mesma expressão monetária usada no fluxo de caixa deve ser replicada na taxa de desconto. Se estivermos estimando fluxo de caixa em reais (R$), a taxa de desconto deve ser projetada também em reais (R$).

Dada a globalização e a crescente demanda por comparações entre diferentes empresas, em diversas indústrias e países, os analistas de ações normalmente calculam todos os parâmetros em uma moeda de referência, que normalmente é o dólar norte-americano.

Na prática, todos os fluxos de caixa de empresas brasileiras são calculados em reais e convertidos para dólar pela estimativa da paridade no ano em questão. Portanto, as taxas de desconto normalmente já são calculadas em dólares. No fim, chega-se a um valor justo por ação em dólar que é transformado em reais, de acordo com a taxa de conversão do dia.

2. Nominal x Real

Sobretudo durante o período inflacionário vivido no Brasil nos anos 80, os analistas freqüentemente debatiam se deveriam calcular suas projeções em valores nominais ou reais (sem considerar a inflação). Para resolver o problema, os fluxos de caixa descontados passaram a ser projetados em dólar, bem antes da globalização que foi um fenômeno dos anos 90.

Usar fluxos de caixa e taxas de desconto em dólar é uma forma implícita de buscar eliminar efeitos inflacionários. Mas é perfeitamente plausível formular fluxos de caixa e taxas de desconto levando em conta os efeitos inflacionários.

O importante é manter a coerência: ao optar por fluxos de caixa levando em conta a inflação, a taxa de desconto deve também seguir o mesmo caminho. Se somente trabalharmos com variáveis reais, tanto numerador (fluxos de caixa) quanto denominador (taxa de desconto) devem seguir o mesmo caminho.

3. Firma x Firma, Acionista x Acionista

Recorremos novamente à expressão "consistência" para reforçar a seguinte idéia: se a escolha do modelo de precificação recair sobre o fluxo de caixa para a firma, a taxa de desconto a ser utilizada seria o WACC (custo médio ponderado de capital). No caso de opção pela metodologia de fluxo de caixa para o acionista, o custo de capital próprio deverá ser sempre o eleito. Os conceitos de fluxo de caixa para o acionista e para a firma serão explorados, com mais detalhes, no Capítulo 6. Por enquanto, fiquemos com o entendimento de que fluxo de caixa para a firma refere-se ao capital total da empresa, que é o somatório de recursos próprios e de terceiros (a referência é o lucro operacional após impostos). Já o fluxo de caixa para o acionista é aquele relativo somente ao capital próprio (a referência é o lucro líquido).

Taxa de desconto para os acionistas: o famoso modelo Capital Asset Pricing Model (CAPM)

O *Capital Asset Pricing Model (CAPM)* é o principal modelo utilizado para cálculo da taxa de desconto para o acionista. Há quatro principais hipóteses assumidas pelo modelo CAPM:
a) Inexistência de custos de transação.
b) Total liquidez de compra e venda nos mercados.
c) Simetria de informações no mercado.
d) Possibilidade de diversificação (eliminação) total do risco específico da ação em um portfólio.

Certamente, devido aos quatro fatores assumidos pelo CAPM, o modelo poderia ser questionado no mundo real. A presunção de que só existe um risco a ser monitorado no longo prazo – o chamado risco de mercado, representado pelo índice Beta (ß), como veremos a seguir –, poderia levar os investidores a pensar em descartar o CAPM antes mesmo de entendê-lo. As outras hipóteses também não ajudam muito em uma crença inicial no modelo.

De fato, existem formas mais complexas para mensurar a taxa de desconto, que levam em conta fatores particulares relativos a determinadas empresas e indústrias em regressões múltiplas.

Pela tradição em usar-se o CAPM como modelo principal para a estimativa da taxa de desconto para o acionista, conclui-se que a relação custo/benefício de adotar algo mais complexo é desfavorável. É preciso levar em conta que as regressões baseiam-se em fatos passados, podendo distorcer qualquer projeção futura.

Assim, veremos que é mais aconselhável partir de um modelo simples como o CAPM e depois tentar rebuscá-lo com o ajuste posterior do fator ß e/ou a soma de algum outro risco relevante mensurado particularmente. A outra opção – utilizar um modelo multifator baseado em inferências passadas – certamente será mais cara, trabalhosa e não necessariamente terá os resultados marginais positivos equivalentes.

Portanto, métodos difíceis de acreditar a princípio – regressões simples e ß como bons previsores de risco e retorno exigido – vão nos ajudar a entender melhor o mundo de Finanças de forma surpreendente.

A Fórmula do Capital Asset Pricing Model (CAPM)

Intuitivamente, qual a expectativa de retorno de um investidor quando aplica em qualquer ativo de risco? Ele deseja certamente receber, no mínimo, a rentabilidade que auferiria em um investimento com risco próximo de zero, mais um "prêmio" – exatamente pelo fato de estar se arriscando. A magnitude deste adicional, ou "prêmio", seria proporcional ao tamanho do risco.

Quanto maior o risco, maior o prêmio exigido

Por exemplo: se eu compro uma ação de uma grande empresa de um setor como o elétrico, com o desenho previamente conhecido (não necessariamente no Brasil) e tarifas reguladas, o meu prêmio de risco exigido será menor do que em uma aquisição de um papel de uma companhia emergente no segmento de tecnologia avançada.

Em termos gerais, o retorno exigido pelo investidor em um mercado de ações é maior do que no mercado de renda fixa. Portanto, pelo CAPM:

$$\text{Retorno exigido}_{ativo} = R_F + ß (R_M - R_F)$$

O retorno exigido por um investidor de qualquer ativo (Retorno exigido ativo) tem como base mínima chamado ativo livre de risco (R_F – em inglês, *risk free rate*) mais um percentual (ß) da diferença histórica entre o retorno do mercado de ações e o ativo livre de risco ($R_M - R_F$).

Exemplo:

Suponhamos que um investidor brasileiro exija, para investir em ações, retorno em Reais (R$) de, no mínimo, 10% acima da renda fixa no longo prazo. Em setembro/2006, os títulos públicos mais longos emitidos no Brasil tinham vencimento em 2030 e eram indexados a índices de inflação ao atacado (IGP-M). A remuneração do papel (NTN-C), naquela época, era de IGP-M + 8,0% ao ano.

Considerando que os índices de inflação de atacado e varejo convirjam para 4% anuais no longo prazo, os juros projetados para o título seriam, em média, de 12,0% anuais. O ß da empresa cuja ação foi oferecida para o investidor era de 0,8 (em relação ao Ibovespa). O retorno exigido pelo futuro acionista, para comprar a ação, seria de:

$R_F = 12,0\%$ anuais
$(R_M - R_F) = 10\%$ (número informado)
$ß = 0,8$

Portanto, o retorno exigido pelo acionista, segundo o modelo CAPM, seria:

Retorno exigido $_{ativo}$ = 12,0% + (0,8 x 10%) = 20,0% anuais em média

Alguns pontos devem ficar claros:

• Esta é uma visão de longo prazo do acionista. Não significa que ele tenha que auferir 20,0% exatos, mas uma média ao redor deste patamar. Se fosse em dois anos, por exemplo, poderia ser 0% no primeiro ano e 44% em outro (média geométrica de 20,0%).

• Quanto maior o retorno exigido pelo acionista (que será a taxa de desconto utilizada para o fluxo de caixa da empresa), menor será o preço que o investidor admitirá pagar pela ação hoje. Se o risco da empresa for muito alto, isto estará refletido no retorno exigido. Consequentemente o investidor só comprará a ação se o seu preço estiver embutindo todo este potencial de rentabilidade

• Suponhamos que o retorno exigido no longo prazo seja de 22,5% anuais e esta taxa de desconto, quando empregada no fluxo de caixa para o acionista, embuta um preço "justo" para a ação de R$ 40. Em mercado, a ação está sendo negociada a R$ 47 (17,5% acima do valor considerado "justo"). Se o investidor aceitar pagar este preço, estará implicitamente aceitando receber menos que os 20,0% de seu retorno exigido calculado.

• Todos estes cálculos são subjetivos e muito dinâmicos ao longo do tempo, sendo dependentes também do grau de aversão ao risco de cada investidor. Aí reside exatamente a beleza e o charme da taxa de desconto, cujo cálculo pode ser decisivo para diferenciar o bom do mediano analista.

Ativo livre de risco, será que isso existe?

O primeiro conceito a ser esclarecido é o de ativo livre de risco. É possível um investimento qualquer não apresentar pelo menos algum tipo de perigo? É fácil identificar claros riscos em investimentos em imóveis, ações, dólar, entre outros. Portanto, a primeira pista: certamente o ativo livre de risco pertence à família de renda fixa. Dentro dessa categoria, existem basicamente dois sub-riscos:
- Taxa de juros
- Inadimplência

O primeiro sub-risco surgiria em momentos de flutuações de taxa de juros. Em outras palavras, esta categoria é afetada de alguma forma (preços se alteram no mercado secundário) quando há alteração no patamar de taxa de juros da economia.

Exemplo:

Um banco emitiu um CDB prefixado de prazo de um ano para um cliente, pagando a taxa de 25% ao ano, exatamente o correspondente ao nível de juros espelhado no mercado futuro naquela manhã. O valor aplicado seria de R$ 100 mil, com recebimento de R$ 125 mil ao fim de um ano.

Suponhamos que este título possua liquidez total no mercado. Em outras palavras: o cliente pode resgatar o dinheiro a qualquer tempo, seja por recompra do próprio banco ou venda no mercado secundário.

Digamos que ao fim daquele mesmo dia da aplicação o cliente tenha uma emergência e precise do dinheiro de volta. Desprezando todos os gastos com impostos (como CPMF, por exemplo) e admitindo que o banco – ou o mercado secundário – sempre oferecerá o que tiver espelhado na curva futura de juros, qual seria o preço pago nestes três casos:

Caso 1 – A curva de juros de um ano continua em 25%(sem alteração).

Neste caso, a recompra poderia ser dada por:

R$ 125 mil / 1,25 = R$ 100 mil originais

Caso 2 – O Banco Central surpreende, convoca uma reunião extraordinária do COPOM e resolve reduzir a taxa SELIC em 2%. A curva de juros apresenta deslocamento paralelo e as taxas de um ano caem para 23%.

Neste caso, a recompra poderia ser dada por:

R$ 125 mil / 1,23 = R$ 101.626,01 – O investidor lucraria na operação R$ 1.626,01. Se este CDB representasse a cota de um fundo, a variação da mesma no dia seria de 1,62% (sem considerar a taxa de administração).

Caso 3 – Há deflagração de uma guerra de grandes proporções internacionais. O dólar dispara no mercado brasileiro e a curva de juros sobe 1%, refletindo o medo das conseqüências no Brasil (taxa de um ano vai a 26%).

Neste caso, a recompra poderia ser dada por:

R$ 125 mil / 1,26 = R$ 99.206,34 – O investidor perderia R$ 793,65 na operação. Se este CDB representasse a cota de um fundo, a variação da mesma no dia seria negativa em 0,79%.

Portanto, está claro que em papéis prefixados há risco embutido de variação de taxa de juros. Esse mesmo problema não é verificado em papéis pós-fixados, que estarão sempre acompanhando a flutuação do mercado.

O segundo sub-risco está associado ao emissor do título. Teoricamente, o Governo, por ser emissor de moeda, possui risco (pelo menos técnico) muito baixo de não honrar dívidas no mercado local. Se a sua moeda for conversível, esta improbabilidade transfere-se também para operações no mercado externo.

Já os emissores privados dependerão sempre do resultado de suas operações para pagar dívidas, pois não podem fabricar dinheiro, prerrogativa única do Banco Central de cada país.

Por definição, o emissor público tem menor possibilidade de inadimplência que uma empresa privada. Muitas vezes, porém, o mundo de Finanças desafia regras. O melhor exemplo, para títulos públicos no Brasil, foi o ano de 2002. Mesmo denominados em reais e com característica pós-fixada (sem risco de oscilação de taxa de juros), as Letras Financeiras do Tesouro (LFTs) emitidas pela União sofreram com a forte desconfiança de que o Governo seguinte poderia dar calote na dívida.

Os papéis começaram a ser negociados com deságio crescente. Em dado momento, um investidor que comprasse um papel com menos de quatro meses para o vencimento poderia chegar à remuneração máxima de quase 115% da taxa SELIC, o equivalente, na época, à emissão de um CDB de um banco da pior categoria. Enquanto isto, os títulos privados passaram a ser muito procurados, na falsa impressão de que eram mais seguros. O resultado é que os CDBs de bancos de primeira linha passaram a oferecer aos investidores em torno de apenas 90% da taxa SELIC, já que a demanda era explosiva. Portanto, ficou demonstrado empiricamente que, se a LFT não corre o risco de taxa de juros, certamente não está isenta do risco do emissor, no caso o Governo.

O episódio demonstra que, em momentos de histeria coletiva, as regras de Finanças aparentemente pouco valem, mas podem representar ótimas oportunidades (e normalmente únicas) para ganhar dinheiro. É necessário ter sangue frio nos momentos de irracionalidade.

Como instrumento teórico, porém, devemos definir como ativo livre de risco, no caso brasileiro, uma LFT ao par (ágio=deságio=0), cuja remuneração será ajustada de acordo com a oscilação da taxa SELIC. Porém, em termos práticos, necessitamos de uma taxa prefixada para conhecer a expectativa do mercado quanto ao nível de juros projetados para o futuro. Para isto, temos três opções:

1. **Letras do Tesouro Nacional (LTN)** – Normalmente os prazos são mais curtos, não sendo muito úteis para projeções mais longas.

2. **Mercado Futuro de DI** – Normalmente, encontram-se vértices mais longos para prefixação, podendo-se então espelhar uma taxa prefixada com maior previsão.

3. **Nota do Tesouro Nacional B e C** – As NTN-B (atrelada ao IPCA) e a NTN-C (atrelada ao IGP-M) são os papéis, que na prática, conseguem medir a taxa livre de risco de maior prazo da economia brasileira, pelo menos naquele momento. A taxa embutida no título possui um componente pós e um outro prefixado. Exemplo: IPCA +8,2% a.a. com vencimento em 2030 – significa que o Tesouro irá pagar as amortizações e os cupons correspondentes indexados à variação do

IPCA + 8,2% ao ano. Em outras palavras, se estimarmos o IPCA a 4% anuais, o retorno embutido no papel será de 12,2% ao ano até 2030.

No caso norte-americano ou em fluxos de empresas brasileiras transformados em dólar, é muito comum a utilização das taxas de títulos de longo prazo norte-americanos como os *Treasury Notes* (Títulos do Tesouro dos EUA com prazo de emissão de até dez anos). Cabe ressaltar que antes era comum usar-se títulos de 30 anos (*Treasury Bonds*), mas esta prática ficou menos usual com a decisão do Tesouro norte-americano em suspender desde 1991 a emissão deste tipo de papel. Pode-se também usar uma taxa para cada ano, levando em conta a remuneração dos chamados *Treasury Bills*, títulos de até um ano. Em condições normais, e sempre dentro da lógica de buscar a melhor relação custo-benefício, a opção pela utilização de uma só taxa para o ativo livre de risco parece ser a mais apropriada, pelo menos para o período pré-perpetuidade.

Na última parte deste capítulo, voltaremos ao tema ativo livre de risco, indicando práticas para a formação de taxa de desconto.

Beta, muito mais do que um coeficiente angular

O Beta (ß) formalmente é o coeficiente angular de uma regressão linear, que visa única e exclusivamente explicar a variação de determinado ativo em função da variação de outro ativo.

Para as ações negociadas no Brasil, o ß informado pelas consultorias de análise econômica reflete o histórico de variação do papel em relação ao Ibovespa, que é o principal índice de mercado brasileiro, reunindo as ações mais negociadas da Bolsa de Valores de SP. Mas o ß também pode ser calculado em relação a outros índices, como o IBX (índice composto por 100 ações definidas pelo critério misto de valor de mercado e liquidez) e o IBX 50 (critério idêntico ao anterior, só que relativo a 50 ações).

De forma simplificada, um papel com ß inferior a 1 tende ser menos sensível às variações de mercado. Em outras palavras: seu histórico mostra que esta ação costuma sofrer desvalorização menor do que a do Ibovespa quando este está em queda. Já um papel com ß superior a 1 tende a ser mais sensível às variações do mercado, se desvalorizando mais do que o Ibovespa quando este cai e com valorização maior quando o índice está em alta.

É bom ressaltar que o ß reflete a sensibilidade histórica da ação em determinado período. Não necessariamente este comportamento se repetirá com exatidão no futuro.

Reforçando uma das hipóteses básicas do CAPM, o modelo considera que podemos anular (diversificar) os riscos existentes entre os diversos ativos que possuirmos em nosso portfólio.

Por exemplo: se tivermos uma aplicação prefixada, confiando em uma economia de taxas de juros declinantes, podemos compensar parcialmente este risco com um investimento em dólares. Se o cenário for o oposto do que o investidor imaginava – ou seja, em vez de um país tranqüilo, com queda na taxa de juros, assistirmos a uma alta da inflação com elevação da taxa SELIC –, provavelmente as aplicações em dólar serão vencedoras.

É a velha teoria resumida na frase: "Não colocar todos os ovos na mesma cesta". No limite, com investimentos em diversos ativos, podemos trazer o chamado risco diversificável a um valor muito próximo de zero.

Com base ainda no exemplo acima, suponhamos que a situação no país fique tão complicada que um Governo populista resolva confiscar 30% das aplicações financeiras como um "imposto social". Contra este risco, simplesmente não existe defesa, todas as aplicações tendem a sofrer. O risco não diversificável afeta todos os ativos da economia em maior ou menor grau e normalmente é oriundo de um fator extraordinário, externo ou interno. O confisco do início do Governo Collor no Brasil (Plano Collor I) pode ser destacado como um exemplo relativamente recente deste tipo de risco. No âmbito internacional, o ataque ao World Trade Center em setembro/2001 também ilustra de forma rica este tipo de evento.

O ß nada mais é do que a tentativa matemática (talvez a mais simples e, por isto, a mais engenhosa) de replicar o risco não-diversificável de uma economia. Teoricamente, um indicador de Bolsa mais amplo deveria representar, com o maior grau de fidelidade possível, a composição da economia de um país. Infelizmente no Brasil os índices do mercado acionário são extremamente concentrados, sobretudo nos setores de telecomunicações, elétrico, petróleo (leia-se Petrobras) e bancos, o que torna o cálculo do ß mais imperfeito.

Atualmente, observa-se menor concentração nos diversos índices bursáteis brasileiros, sobretudo após um aumento de participação de empresas ligadas ao setor de commodities. Porém, no ano de 2000, a situação era menos favorável, o que pode ser constatado no destaque escrito na época:

Destaque: "Procura-se um índice de Bolsa"

O Brasil vai bem, a Bolsa sobe. O país está em crise, a Bolsa cai. Teoricamente, esta lógica está no subconsciente dos investidores e contém a idéia de que índices de Bolsa representam fidedignamente os importantes setores e empresas da economia. Infelizmente, a conexão natural entre bem-estar econômico e desempenho da Bolsa não é plenamente confiável em nosso país.

O índice mais popular, o Ibovespa, que tem como critério de formação a liquidez das ações (quanto maior a negociação, maior a participação), caracteriza-se pela extrema concentração. Das 47 empresas presentes na carteira, 10 representam mais de 50%. O segmento de telecomunicações responde, isoladamente, por mais de 40% do total. Se, por exemplo, o mercado decepcionar-se com um reajuste de tarifas de telefonia inferior ao esperado, as ações deste setor sofrerão e, por extensão, o Ibovespa, independente se o resto da economia vai bem ou mal.

Alguns investidores qualificados têm paulatinamente migrado para o IBX, outro índice calculado pela Bolsa paulista. Para os fundos de pensão, com perfil de longo prazo, não faz sentido ficar refém indireto do setor de telecomunicações. Além da liquidez, o IBX agrega o conceito de valor de mercado (quanto maior o valor da empresa, maior a participação). O efeito prático, porém, é que as dez companhias mais relevantes também somam um valor superior à metade do total. A diferença é que o maior segmento, o de telecomunicações, responde por menos de 30% do índice, sendo bem mais expressiva a presença de ações chamadas de segunda linha (menor liquidez).

Apesar de ser uma alternativa, o IBX não resolve o problema. A principal contradição reside no fato de que algumas empresas, apesar de grandes, sofrem de um mal crônico que assola importantes companhias abertas brasileiras: o alto grau de concentração de ações em poder dos controladores e que, portanto, não fazem parte do chamado *free float* (ações disponíveis para negociação). A solução seguida pelos índices MSCI (série publicada mundialmente pelo banco Morgan Stanley) resolve este problema usando exatamente o critério do *free float* (intermediário de liquidez e valor de mercado) para ponderação.

Outra sugestão de fácil execução seria o cálculo mais abrangente de índices setoriais. Atualmente, só temos à disposição o IEE (também calculado pela Bovespa), formado por participações igualitárias de ações de energia elétrica. Outros índices setoriais seriam importantes para orientar o investidor acerca de segmentos com boas e más performances. No ano 2000, por exemplo, a despeito de assistirmos quedas médias do Ibovespa (–10,7%) e do IBX (–0.8%), não seria interessante, por exemplo, saber que os índices setoriais (ponderados por *free float*) de varejo (+26,2%) e construção civil (+19,8%) subiram pela expectativa de recuperação da atividade interna e o de aviação valorizou-se 49,1% "puxados" por Embraer e Varig?

O mercado de capitais brasileiro continua preparando-se para decolar e sustentar o crescimento brasileiro. A existência de um mercado secundário de ações forte e mais rico em informações é parte imprescindível deste processo. Talvez ainda demorem alguns anos para que o Jornal Nacional apresente outros parâmetros que não o Ibovespa, mas a criação de outros índices com maior representatividade na economia contribuiria sobremaneira para o reaculturamento do investidor brasileiro às bolsas.

Descrevendo na linguagem estatística de uma regressão linear simples: Y = d + ßX

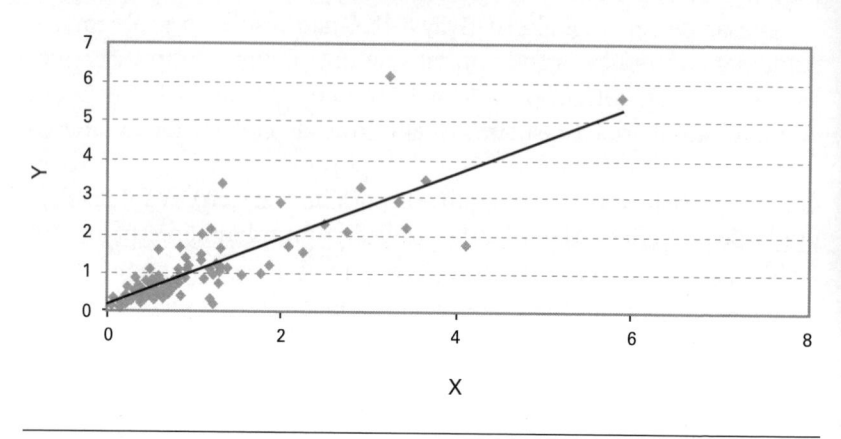

Regressão Linear

[Gráfico de dispersão mostrando regressão linear com eixo Y de 0 a 7 e eixo X de 0 a 8]

Fonte: Autor

- X – Variação do índice de Bolsa – Variável explicativa.
- Y – Variação do preço da ação – Variável a ser explicada.
- d – Intercepto da regressão linear no eixo y.
- ß – Coeficiente angular da regressão, mostrando se x variar de um certo percentual, o quanto irá oscilar y; representa sensibilidade; se um ß = 0.9, por exemplo, para cada variação de 10% no índice bursátil (para cima ou para baixo), a ação deverá, respectivamente, subir ou cair 9%.
- R^2 – Mostra em quanto a variável explicativa (x) ajuda a justificar a variável a ser explicada; representa aderência; se o R^2 de uma regressão for de 70%, significa que a variação do índice de Bolsa explica a mudança do preço da ação neste percentual. Apenas 30% das oscilações advêm do chamado risco-específico, exclusivo da empresa.

É importante ressaltar que o R^2 (Coeficiente de Determinação) é um fator relevante para definir a utilidade do ß na regressão. Se for muito baixo, significa que a variável explicativa X escolhida (no caso, o risco de mercado refletido em um índice de Bolsa) é fraco para entender os movimentos de Y (preço da ação). Portanto, neste caso, o peso dos fatores específicos será mais relevante, com a regressão linear e o ß perdendo força.

QUAL O PRAZO IDEAL PARA CÁLCULO DO BETA?

Outra imperfeição do modelo CAPM que utiliza ß históricos reside exatamente no fato de que as empresas mudam ao longo do tempo. Quem pode afirmar que nos próximos trinta anos a Brasil Telecom continuará restrita à telefonia? Será que a companhia pode partir para uma diversificação ou, exatamente ao contrário, rumo a uma especialização extrema em algum segmento?

Portanto, calcular ß muito longos pode trazer estes problemas. Existe até o risco mais grave de a empresa ter se modificado fundamentalmente nos últimos seis meses, por exemplo. Se calcularmos um ß com dez anos de observações, as modificações mais recentes tendem a se diluir muito.

Também devemos tomar cuidado com os momentos em que aparentemente a companhia está mudando o padrão de risco. O perigo é que em um segundo momento ela pode recuar para o ponto original.

Por exemplo: na época da bolha da Internet (1997-2000), várias empresas, como as do setor de telecomunicações, mais Globocabo, Lightpar, entre outras, eram consideradas proxies para o segmento de tecnologia, que alcançou patamares incompatíveis de valor associado aos respectivos papéis. A partir do ano 2000, com o estouro da bolha, as respectivas companhias voltaram a ser analisadas como em tempos normais, nas suas atividades originais.

Nada impede que usemos ß diferentes para estágios diversos. Como regra geral, no longo prazo, o ß tende a convergir para os arredores de 1, já que, em um período maior, os fatores negativos e positivos tendem a se compensar, restando um acompanhamento mais próximo ao mercado.

Outra variável resultante de uma regressão linear a ser observada é o desvio-padrão do ß. Se, por exemplo, o ß de uma regressão com 95% de confiança chega 1,2 com 0,5 de desvio-padrão, significa que podemos estatisticamente ter uma valor do ß entre:
1,2 − (1,96 * 0,5) e 1,2 + (1,96 * 0,5)
Ou seja, o ß pode ser qualquer número entre 0,22 e 2,18, o que torna o cálculo muito pouco confiável.

Entendendo o papel do α (alpha) na regressão linear e no CAPM

Se acreditarmos na validade do Capital Asset Pricing Model, podemos facilmente entender o significado do α (alpha) na regressão linear. Se considerarmos que:

$$\text{Retorno exigido}_{ativo} = R_F + ß(R_M - R_F)$$

e,

$$\text{Retorno exigido}_{ativo} = \alpha + ß(R_M)$$

então,

$$R_F + ß(R_M - R_F) = \alpha + ß(R_M)$$
$$\alpha = R_F - ßR_F$$
$$\alpha = (1 - ß)R_F$$

incluindo:
- Se $\alpha = (1 - ß)R_F$, o retorno da ação foi exatamente o esperado pelo modelo CAPM.
- Se $\alpha > (1 - ß)R_F$, o retorno da ação foi superior ao esperado pelo modelo CAPM.
- Se $\alpha < (1 - ß)R_F$, o retorno da ação foi inferior ao esperado pelo modelo CAPM.

Exemplo:
Ao realizar a regressão linear da variação de uma ação de uma empresa elétrica contra o IBX, encontramos os seguintes parâmetros:
α = 5,5%
ß = 0.6
R_F = 20%
R^2 = 75%

COMO VOCÊ CLASSIFICARIA A PERFORMANCE DA AÇÃO EM RELAÇÃO AO PROJETADO PELO CAPM?
Inicialmente, podemos afirmar que o ß é confiável, já que a regressão linear mensal em um período de cinco anos mostra que 75% da variação da ação de energia elétrica pode ser explicada pelas oscilações do IBX. Apesar de estar longe da perfeição, o índice aqui é considerado como representativo da economia como um todo.

$$5,5\% < (1-0.6) \times 20\%$$
$$5,5\% < 8\%$$

O α de 5,5% mostrou-se, pelo cálculo, inferior ao nível mínimo de 8% de rentabilidade apontado pelo modelo CAPM. Portanto, podemos afirmar que o desempenho da ação de energia elétrica foi insatisfatório nestes últimos cinco anos e acabou sendo pior do que o inicialmente exigido pelo investidor.

AJUSTANDO O BETA PARA A REALIDADE:
O "BOTTOM-UP BETA"

Um problema encontrado na modelagem de risco quando se utiliza os chamados Betas estatísticos, é o fato de o índice ser calculado com base em variáveis passadas. Isso torna a regressão ainda menos confiável para empresas ou indústrias em constante mutação – o que atualmente pode ser considerado regra, não exceção.

Há vários índices de Bolsa no Brasil. Embora o Ibovespa seja o mais antigo e considerado nosso índice de mercado mais importante, não há consenso entre os analistas sobre qual o índice que melhor espelha o comportamento do mercado de ações brasileiro.

No Brasil, não há um índice pulverizado que represente com fidelidade o mercado como, por exemplo, o SP500 da Bolsa de Nova York. Mesmo que houvesse, o ajuste do ß é sempre interessante, no sentido de adaptá-lo a fatores particulares de cada indústria e empresa, minimizando as distorções inerentes ao cálculo estatístico.

Intuitivamente, oscilações no mercado provocadas por fatores sistemáticos tendem a produzir efeitos diferentes em cada setor, de acordo com suas características. Por exemplo: uma expectativa de alta de taxa de juros para o próximo período provocará efeito mais forte em setores sensíveis a crédito, como o eletroeletrônico e alavancados, como o elétrico, do que em segmentos considerados mais tradicionais, como mineração. Em termos gerais, quatro características básicas tendem a agrupar empresas em grupos de ß semelhantes:

- Quanto maior a "ciclicalidade" da companhia, maior o ß.
- Quanto maior a alavancagem operacional (em inglês, *operating leverage*) – maior o ß.

O conceito de alavancagem operacional é essencial para entender que, quanto maior a relação entre custos fixos e custos variáveis em uma companhia, maior será o salto – para cima ou para baixo – no lucro de uma empresa em fases de prosperidade ou recessão.

Empresas cíclicas são aquelas que tipicamente têm suas vendas concentradas em certos períodos, normalmente determinados for fatores externos. Não é a empresa que estabelece quando quer vender, mas sim as condições externas de mercado para o seu produto.

Há empresas que vendem mais no verão. Por exemplo: sorvetes. Há companhias em que a ciclicalidade se dá por anos, normalmente correlacionados ao desempenho da atividade econômica. É o caso de algumas *commodities*, como a celulose. Os gestores desse tipo de empresas devem ser muito cuidadosos no controle do nível de alavancagem operacional, já que elas não desejam arcar com custos fixos altos em momentos de recessão.

Uma medida interessante para controlar a alavancagem operacional é mensurar, nos períodos de alta ou de baixa, a relação entre a variação do lucro operacional e a variação das receitas. Se o lucro operacional cair ou subir muito mais que as receitas em ciclos de baixa ou de alta, a alavancagem operacional deve ser diminuída.

Características de ciclicalidade e alavancagem operacional, portanto, são fatores de risco que tendem a definir a magnitude do ß de uma companhia.

- Quanto maior a alavancagem financeira (em inglês, *financial leverage*), maior o ß (maior o risco).

Um custo fixo bastante indesejável da alavancagem financeira é o juro da dívida. Portanto, empresas em setores cíclicos normalmente apresentam uma relação entre endividamento e capital próprio mais baixa. Empresas muito alavancadas financeiramente costumam demonstrar maior volatilidade em seus lucros, o que é um fator de risco.

- Quanto maior a "diferenciação" do produto, maior o ß.

Comparemos o caso de uma empresa totalmente especializada em um tipo de parafuso para CPUs de computadores e uma *holding* que possui participações em dez diferentes segmentos da economia, com muito pouca correlação entre eles. Em qualquer evento macroeconômico – um plano econômico – ou microeconômico – a invenção de um novo tipo de computador –, qual das empresas tende a ser mais vulnerável? A menos diversificada, obviamente.

Dentro da velha teoria de "não colocar todos os ovos em um só cesto", quanto mais investido você estiver em diferentes indústrias, menor o risco de tomar um choque (positivo ou negativo) se algum evento acontecer. Participando em dez negócios com pouca correlação entre si, diversifica-se o risco. Em qualquer situação, uma empresa vai perder, outra ganhará e a terceira, talvez, não terá seu desempenho afetado positiva ou negativamente. A performance de um negócio tenderá a compensar a performance de outro.

Para empresas que fabricam produtos totalmente diferenciados, não existe o escudo protetor da diversificação. A oscilação de resultados tende a ser muito maior, o que representa um fator de risco.

O "Bottom-up (em inglês, de baixo para cima) ß"

No caso do mercado brasileiro, destrinchar o ß torna-se especialmente importante por duas razões. Inicialmente, os índices do mercado brasileiro (IBX e, especialmente, o Ibovespa) são muito concentrados, tornando o cálculo do ß estatístico mais questionável. Além disso, mercados emergentes, em geral, são mais voláteis, fazendo com que a variação do preço dos ativos seja mais intensa e trazendo mais ruído ao cálculo do ß estatístico.

Suponhamos que um analista tenha feito a regressão das ações de Perdigão e Sadia contra o IBX e encontrado, respectivamente, os valores de 0.5 e 1.2 para os seus ß. Em três indicadores de magnitude do ß – ciclicalidade, diferenciação e alavancagem operacional – essas companhias parecem bem semelhantes, como ocorre em qualquer outro setor. O que as diferenciará será a estrutura de capital de cada uma que também não é muito diferente neste exemplo. Então, por que o ß é tão diferente?

O cálculo do ß estatístico individual contém ruídos importantes, a começar pela utilização de *benchmarks* (parâmetros de mercado) imperfeitos. Mas, utilizando a lógica estatística, é preciso lembrar que, por definição, o desvio-padrão de uma média é bem menor que a média dos desvios-padrão individuais, atenuando sobremaneira as imperfeições já exploradas de regressões lineares citadas.

$$\text{Desvio-padrão de uma média} = \frac{\text{Desvio-padrão médio das observações}}{\sqrt{n}}$$

sendo "n" o número de observações.

Exemplo:

Calculamos o ß individual de cinco empresas distribuidoras de energia elétrica fictícias contra o IBX, a partir de observações diárias em um período de três anos (756 observações). Além disso, apresentamos o valor de mercado de cada companhia e a relação individual D/E em valores de mercado.

Antes de prosseguir com o exemplo, apresentaremos a teoria do *bot-*

Empresa / Dados	D/E em valores de Mercado	Valor de Mercado (R$ MM)	Betas Estatísticos
Cia. Distribuição do Sudeste	2.7	3.500	1.2
Cia. Distribuição do Sul	0.5	1.700	0.5
Cia. Distribuição do Nordeste	3.6	1.600	1.5
Cia. Distribuição do Norte	3.0	450	0.7
Cia. Distribuição do Centro-Oeste	0.9	850	0.1
Beta Desalavancado da Indústria	0.38		
Alíquota de Imposto de Renda	30.0%		

Fonte: Autor

tom-up ß que tem como princípio o fato de que empresas dentro do mesmo setor tendem a ter os seus ß diferenciados pela alavancagem financeira. A fórmula é:

$$ß = ß_d \times (1 + ((D/E) \times (1-t)))$$

onde
ß = ß da empresa
$ß_d$ = ß desalavancado (em inglês, unlevered), como se a empresa não tivesse dívida
D/E = Dívida / Equity em valores de mercado
t = alíquota de imposto de renda que propiciará o benefício fiscal do serviço da dívida.

Portanto, para calcular o *bottom-up* ß das empresas de distribuição de energia elétrica apresentadas, devemos seguir os seguintes passos:

1 – Calcular o ß Médio das empresas de distribuição de energia elétrica (ponderado pelo valor de mercado, para garantir representatividade às maiores companhias).

No exemplo apresentado sobre companhias de distribuição de energia, calcularemos ß setorial através da média ponderada pelo valor de mercado dos ßs individuais. Observe que o denominador utilizado na fórmula corresponde à soma de valor de mercado das cinco empresas. Usando o conceito de média ponderada:

β indústria = $\dfrac{((1.2 \times 3.500) + (0.5 \times 1.700) + (1.5 \times 1.600) + (0.7 \times 450) + (0.1 \times 850))}{8.100}$

β indústria = 0.97

2 – Calcular o D/E médio da indústria e achar o ß desalavancado desta de acordo com a fórmula proposta. A ponderação pelo valor de mercado será naturalmente respeitada. É como se somássemos todas as dívidas do setor e dividíssemos pelo valor de mercado total.

No exemplo abaixo, calcularemos a relação D/E da indústria, através da ponderação dos indicadores D/E individuais de cada empresa ponderados pelos respectivos valores de mercado.

D/E indústria = $\dfrac{((2.7 \times 3.500) + (0.5 \times 1.700) + (3.6 \times 1.600) + (3.0 \times 450) + (0.9 \times 850))}{8.100}$

D/E indústria = 2.24

Achando o ß desalavancado da indústria (β d indústria) :
β indústria = 0.97
D/E indústria = 2.24
t = 30%
β d indústria =??

Relembrando:

$\beta = \beta_d \times (1 + ((D/E) \times (1-t)))$
$0.97 = \beta$ d indústria $\times (1+ ((2.24) \times (1-0.30)))$
β d indústria = 0.38

Portanto, se não existisse alavancagem financeira na indústria, o ß seria de 0,38. A alavancagem, medida por D/E em valores de mercado, eleva o ß da indústria para 0.97.

3 – Após chegar ao ß indústria, alavancá-lo o mesmo para cada companhia de acordo com seu respectivo D/E. Se a estrutura de capital da empresa for modificada (vide seção estrutura de capital), podemos calcular ß diferentes para os anos de projeção 1, 2, 3, etc...

No fim do processo, comparemos o quadro que mostra a alavancagem financeira de cada empresa, seu ß estatístico e o novo ß calculado pelo método *bottom-up*.

Empresa / Dados	D/E em valores de Mercado	Bottom-up Betas	Betas Estatísticos
Cia. Distribuição do Sudeste	2.7	1.1	1.2
Cia. Distribuição do Sul	0.5	0.5	0.5
Cia. Distribuição do Nordeste	3.6	1.3	1.5
Cia. Distribuição do Norte	3.0	1.2	0.7
Cia. Distribuição do Centro-Oeste	0.9	0.6	0.1
Beta Desalavancado da Indústria	0.38		
Alíquota de Imposto de Renda	30.0%		

Fonte: Autor

Notamos que o método corrigiu algumas incoerências, sobretudo em relação à Cia. Distribuição do Norte e Cia. de Distribuição do Centro-Oeste. A primeira, por exemplo, apresentava o segundo maior grau de alavancagem da indústria e um ß não compatível. A ação empresa do Centro-Oeste teoricamente não mostrava, através de seu ß estatístico (apenas 0.1) praticamente nenhuma sensibilidade às variações do IBX.

Imperfeições nos cálculos estatísticos são muito comuns em dois casos:

1) **A liquidez da ação é baixa**: o fato de ser pouco negociada faz com que haja pregões onde a falta de transações prejudique a mensuração correta dos coeficientes de correlação e determinação (R^2) e do ß.

2) **O *benchmark* (variável explicativa) é imperfeito**: este é um grande problema no caso brasileiro. Estamos visando medir o risco de mercado através do ß e, se o índice bursátil é muito concentrado em poucos setores, corremos o risco de buscar correlação da variação do preço do ativo em questão com o retorno de apenas alguns segmentos (e não da economia como um todo).

Conforme já explicado, consideramos que o cálculo do ß em relação ao IBX é mais recomendável do que a escolha do Ibovespa, devido à concentração setorial e por empresa menor no primeiro índice. Além disso, como o IBX, além do critério de liquidez utilizado pelo Ibovespa como principal para definir composição, agrega também o valor de mercado como parâmetro-base.Em outras palavras, tanto o tamanho da empresa quanto a disponibilidade de compra e venda das ações são levados em conta.A seguir, destacamos os ß estatísticos em

SETOR	BETA_ind	D/E	BETA_desalav
Telecomunicações	1,06	0,44	0,81
Petróleo e Gas	1,04	0,21	0,91
Energia Elétrica	0,98	0,37	0,78
Siderurgia & Metalurgia	0,84	0,40	0,66
Mineração	0,78	0,14	0,71
Construção	0,75	0,06	0,72
Veiculos e peças	0,75	0,24	0,64
Alimentos e Bebidas	0,73	0,16	0,65
Transportes	0,66	0,09	0,62
Papel e Celulose	0,66	0,53	0,48
Varejo	0,66	0,17	0,59
Química	0,58	0,70	0,39
Têxtil	0,45	0,11	0,42
Máquinas Industriais	0,22	0,25	0,19

relação ao IBX e os ß do tipo *bottom-up* de grandes empresas e setores no Brasil (levando-se em consideração o período 2002-2006 e alíquota de IR = 30%).

Ação	BETA (IBX)	Bottom-up BETA	dif%
Embratel Part	1,38	1,14	-17,1%
Eletrobras	1,31	1,09	-16,7%
Usiminas	1,29	1,13	-12,8%
Telemar-Tele NL Par	1,26	0,79	-37,0%
Tim Participacoes	1,24	1,08	-13,0%
Net	1,23	1,12	-8,7%
Brasil T Par	1,22	0,76	-37,7%
Eletropaulo Metropo	1,21	0,87	-28,3%
Cemig	1,20	0,93	-22,5%
Copel	1,18	0,96	-18,3%
Telemig Celul Part	1,15	1,05	-9,0%
Brasil Telecom	1,14	0,67	-41,0%
Bradespar*	1,14	1,14	0,0%
Acesita	1,04	0,91	-12,2%
Petrobras	1,04	0,91	-12,8%
Vivo Part*	1,04	0,76	-27,2%
Gerdau	1,03	0,80	-22,1%
Light	1,03	0,49	-52,6%
Sid Nacional	1,00	0,70	-29,7%
Celesc	0,99	0,90	-9,5%
Itausa	0,97	0,95	-1,6%
Sabesp	0,97	0,57	-40,8%
Transmissao Paulist*	0,93	0,93	0,0%
Braskem	0,92	0,47	-49,1%
Ipiranga Pet	0,89	0,70	-20,8%
Comgas	0,87	0,73	-16,0%
Telemar Norte Leste*	0,87	0,58	-33,5%
Embraer	0,86	0,74	-13,8%
Klabin	0,85	0,60	-29,1%
Gerdau Met	0,83	0,45	-45,6%
Telesp	0,81	0,76	-5,9%
Loj Americanas	0,80	0,70	-12,9%
Vale Rio Doce	0,78	0,71	-8,9%
Rossi Resid*	0,75	0,72	-4,1%
Ambev	0,73	0,68	-7,3%
Tractebel	0,72	0,67	-7,4%
Unipar	0,69	0,39	-43,9%
Pão de Açucar	0,67	0,53	-21,5%
Sadia	0,67	0,40	-40,6%
Souza Cruz	0,67	0,63	-5,7%
Votorantim C P	0,67	0,49	-27,5%
CCR Rodovias*	0,67	0,59	-11,6%
Gol*	0,67	0,65	-3,3%
Confab	0,66	0,64	-3,2%
CPFL Energia*	0,66	0,52	-21,3%
TAM*	0,64	0,61	-4,3%
Plascar	0,62	0,59	-4,9%
Suzano Papel	0,62	0,36	-41,9%
Dasa*	0,61	0,56	-8,6%
Suzano Petroquim*	0,61	0,22	-63,5%
Aracruz	0,60	0,49	-18,2%
Natura*	0,58	0,57	-1,2%
Duratex	0,56	0,48	-13,6%
Coteminas	0,54	0,36	-33,7%
M&G Poliest	0,54	0,48	-10,9%
Ampla Energ	0,53	0,40	-23,9%
Coelce	0,53	0,43	-19,2%
Ipiranga Ref	0,53	0,32	-39,6%
Porto Seguro*	0,52	0,52	0,0%
Magnesita	0,51	0,42	-18,6%
Paranapanema	0,48	0,23	-52,2%
Bombril	0,46	0,40	-13,8%

Ação	BETA (IBX)	Bottom-up BETA	dif%
Fosfertil	0,46	0,40	-13,5%
Guararapes*	0,46	0,46	0,0%
Randon Part	0,45	0,39	-13,5%
AES Elpa*	0,45	0,21	-53,7%
AES Tiete*	0,45	0,38	-15,9%
Grendene*	0,43	0,40	-6,8%
Copesul	0,40	0,38	-5,5%
Alpargatas	0,39	0,38	-3,6%
F Cataguazes	0,37	0,17	-53,7%
Ipiranga Dist	0,37	0,21	-43,3%
Ultrapar*	0,36	0,27	-25,5%
Marcopolo	0,34	0,25	-27,2%
Metal Leve	0,33	0,29	-12,5%
Arcelor BR	0,32	0,29	-8,6%
Itautec	0,30	0,24	-19,7%
Iochp-Maxion	0,27	0,23	-14,9%
Eternit	0,25	0,25	-1,4%
Aços Villares*	0,24	0,18	-24,9%
Weg	0,22	0,19	-14,8%
Celpe*	0,21	0,13	-37,3%

Fonte: Economática, elaborado pelo autor
* Beta referente a um período inferior a 5 anos por conta da inexistência de histórico.

O PRÊMIO DE RISCO PARA A COMPRA DE AÇÕES – CAPM

Retorno exigido $_{ativo}$ = R_F + ß (R_M – R_F)

O último segmento que falta ser analisado no CAPM é o chamado prêmio de risco (R_M – R_F), que exprime o quanto o investidor exige de diferencial sobre o chamado ativo livre de risco. Observações empíricas atestam que dois fatores determinarão o tamanho médio do prêmio de risco:

• Percepção de risco total do mercado (aumenta o prêmio de risco): A percepção sobre volatilidade política, econômica e social de um país interferirá em quanto um mercado de ações, por exemplo, deve superar o de renda fixa, em média, para tornar o investidor satisfeito. O tamanho do juro real (diferença entre a taxa nominal e a inflação) é importante indicador para medir o apetite que este investidor teria para aplicar o dinheiro em ativos que não apresentam garantia de retorno, como no caso das ações.

• Oportunidades de investimento no país (aumenta o prêmio de risco): Quanto maior a quantidade de atrativas oportunidades de investimento maior deverá ser a magnitude do prêmio de risco. Quando há poucas oportunidades de ganho, os investidores tendem a ser menos exigentes.

Normalmente, para mensurar empiricamente o chamado prêmio de risco, simplesmente faz-se uma conta de retornos anuais de Bolsa *versus* as rentabilidades anuais em renda fixa. O resultado é a média histórica de prêmios de risco. Quanto maior o prazo, teoricamente maior a segurança do cálculo.

No caso da Bolsa norte-americana, calculando o prêmio de risco para prazos diferentes, chegamos à seguinte tabela, que mostra as médias aritméticas e geométricas entre o retorno histórico do S&P e do T-bond – título de trinta anos do Tesouro dos EUA.

Período	Aritmética	Geométrica
1928-2005	6,47%	4,80%
1955-2005	5,62%	4,71%
1965-2005	4,08%	3,21%
1975-2005	5,72%	5,06%
1985-2005	4,69%	3,90%
1995-2005	5,15%	3,76%

Fonte: Bloomberg, elaborado pelo autor

O uso da média geométrica, por considerar que os retornos possuem correlação entre si, é mais apropriado do que a utilização da média aritmética para o cálculo do prêmio de risco justo.

Se o analista considera que o retorno dos ativos em um ano é completamente independente da rentabilidade deste mesmo ativo no ano seguinte, que use a média aritmética. No mundo de aplicações financeiras, porém, é lógico considerar que a atitude do investidor em um determinado período tem íntima relação com que ele ganhou ou perdeu no período imediatamente anterior. Portanto, não há como as rentabilidades dos ativos não apresentarem correlação entre si através dos tempos, o que nos sugere optar pela média geométrica.

Observando a tabela, para os últimos 77 anos, o prêmio de risco justo para o longo prazo é de 4,8% ao ano. Este é o retorno adicional básico, acima da renda fixa tradicional, que o investidor norte-americano exige para aplicar em ações.

Nos últimos anos, percebe-se uma queda nos prêmios de risco. Porém, devemos tomar cuidado para não nos deixar influenciar por tendências de curto prazo.

A discussão tornou-se muito interessante na segunda metade da década de 1990, quando os papéis de empresas de Internet começaram a disparar e o debate recaiu exatamente sobre a questão do prêmio de risco. Os otimistas alegavam que os parâmetros de históricos do processo de *valuation* haviam mudado e que, em função das "excepcionais oportunidades" de investimento existentes naquele bravo mundo novo, os prêmios de risco exigidos pelos aplicadores haviam caído brutalmente. A afirmação caminhava exatamente na direção contrária do que a teoria prega: quanto maior a oferta de oportunidades, mais o investidor será seletivo em sua escolha, elevando o prêmio de risco. Foi uma verdadeira corrida pelo ouro, que acabou resultando no estouro da bolha da Nasdaq, no ano 2000.

Se fizéssemos a conta inversa, para quanto os prêmios de risco teriam que cair para justificar os exorbitantes preços praticados nas ações de Internet? Naquela época, a resposta era de 1 a 1,5% a.a, o que derrubaria as taxas de desconto e justificaria o aparente exagero nas cotações. O prêmio de risco calculado historicamente nos EUA girava em torno de 5,5% anuais, percentual semelhante ao do Japão e Reino Unido. Mas, naquele momento, tudo levava a crer que um nível bem mais baixo seria aceito.

Mas não há como negar que, dado que não há muita flexibilidade nas questões do ativo livre de risco e ß, a explicação da queda momentânea do prêmio de risco exigido era atraente. Porém, o desfecho negativo da história mostra que devemos sempre estudar com maior profundidade as mudanças estruturais no campo de Finanças. O empirismo puro não nos serve. O grande erro dos otimistas, porém, foi projetar que a mudança não era algo absolutamente conjuntural e que, cessada a "febre", os prêmios iriam voltar para regiões mais aceitáveis.

Para os fluxos de caixa descontados em Reais (R$) de empresas brasileiras normalmente recomenda-se um prêmio de risco em torno de 8,5% a.a.. Para países europeus continentais (Alemanha, França, Suíça, entre outros), os investidores costumam exigir um diferencial de retorno de mercado e ativo livre de risco um pouco menor, em torno de 4,5%. Já para o fluxo em dólares (EUA), preferimos continuar usando 5,5% anuais.

TAXA DE JUROS SOBRE O CAPITAL PRÓPRIO: UMA VANTAGEM TRIBUTÁRIA À BRASILEIRA

Nos livros internacionais normalmente consultados para o estudo da teoria da taxa de desconto, há sempre uma primeira regra: o custo da dívida normalmente é menor do que o custo sobre o capital próprio e uma das razões principais é o benefício fiscal que os juros carregam.

Em outras palavras: as empresas, ao contrair dívidas, podem abater integralmente os juros da base tributável, enquanto quem lança ações não pode fazê-lo. Com isso, o custo da dívida torna-se, "de partida", de 30 a 35% mais barato que o custo de lançamento de ações, de acordo com o nível de tributação em cada país.

No Brasil esta vantagem tributária do custo da dívida sobre o do capital próprio é relativamente um pouco menor. Com o objetivo de remunerar o capital dos sócios com a mesma lógica que a lei permitia para capital de terceiros (juros), nossa legislação prevê a dedutibilidade dos chamados juros sobre o capital próprio.

O sistema utiliza a Taxa de Juros de Longo Prazo (TJLP), criada no fim de 1994 para servir como custo básico para financiamentos do BNDES. A TJLP é aplicada sobre o Patrimônio Líquido contábil da empresa, excetuando-se as reservas de reavaliação ainda não realizadas. O limite da dedutibilidade será equivalente a 50% do lucro líquido contábil do próprio período-base ou da soma dos saldos dos lucros acumulados e reservas de lucros.

Os juros sobre capital próprio reduzem a base do imposto a pagar. Desde sua criação, a relação média entre a TJLP o custo de capital próprio no Brasil é de algo em torno de 37%. Portanto, o benefício fiscal será equivalente a apenas 37% do total dedutível em impostos. Por exemplo: se a alíquota de imposto sobre lucro for igual a 30%, o benefício fiscal do capital próprio será de 11,1%. No caso brasileiro, a alíquota atual dos juros sobre capital próprio é de 15%.

Exemplo:

Uma empresa de cosméticos resolve abrir o capital e lança no mercado 20 milhões de ações ao preço de R$ 5 cada. Naquele momento, a taxa de juros mais longa no mercado brasileiro, de cinco anos, estava em 25% ao ano. O *bottom-up* ß da empresa é 0.9, o prêmio de risco para o mercado brasileiro é de 8,5% ao ano e os impostos sobre os lucros no Brasil somam 30%. Qual o custo sobre o capital próprio a ser usado por esta empresa?

A empresa poderá deduzir a base tributária através dos juros sobre o capital próprio, que serão calculados pela fórmula – Alíquota vigente da TJLP X Patrimônio Líquido. Levando-se em conta a relação histórica TJLP / Custo do capital do acionista = 37%, temos pelo CAPM:

$$\text{Retorno exigido ativo} = R_F + \beta (R_M - R_F)$$

$R_F = 25\%$ a.a.
$\beta = 0.9$
$(R_M - R_F) = 8,5\%$ a.a.
$t = 30\%$

TJLP / custo sobre capital próprio = 0.37

Se a lei permitisse a dedução integral do custo do capital do acionista da base tributária, poderíamos usar os 30% como alíquota sobre o patrimônio líquido. Mas como só é possível utilizar a TJLP, esta vantagem tributária cairá para: 30% x 0.37 = 11.1%. No caso da alíquota atual de 15%, a vantagem tributária seria de apenas 5,5% (15% x 0,37).

Portanto:

Retorno exigido $_{ativo}$ = (25% + 0.9 (8.5%)) X (1-0.111) = 29%
Retorno exigido $_{ativo}$ (alíquota de 15%) = (25% + 0,9 (8,5%)) x (1-0,055) = 30,9%

O benefício fiscal dos juros sobre o capital próprio permitiu que o custo para o acionista caísse de 32,7% para 29,0% (alíquota de 30%) ou 30,9% (alíquota de 15%). Se os juros sobre o capital próprio fossem calculados pela estimativa de seu verdadeiro custo, em vez de pela TJLP, o retorno exigido cairia ainda mais, para 22,9% (alíquota de 30%) ou 27,8% (alíquota de 15%) anuais.

No caso brasileiro, podemos reescrever a notação do custo do capital próprio da seguinte forma:

Retorno exigido $_{ativo}$ = (R_F + ß (R_M – R_F)) x (1- 0.37 t)

A TAXA DE DESCONTO PARA O ACIONISTA NA PRÁTICA

No Brasil criou-se o hábito de montar fluxo de caixa descontado em dólar (US$). Este costume foi adquirido nos tempos de alta inflação, bem antes do fenômeno da globalização.

Para um fluxo de dez anos, por exemplo, utiliza-se como ativo livre de risco a taxa do título do Tesouro norte-americano de dez anos. A esta taxa, soma-se o chamado risco-Brasil, medido normalmente pelo retorno do Global 40 (o principal título da dívida externa brasileira), ou por algum índice que mensure risco como EMBI Brasil (*Emerging Markets Bond Index – Brazil*) medido pelo banco JP Morgan Chase.

Esclarecendo: se um título brasileiro soberano de prazo médio de

dez anos estiver projetando um *yield to maturity* (taxa implícita até o vencimento) de 8% anuais e o papel de dez anos dos EUA embutindo 5% ao ano, o risco-Brasil, naquele momento, estará em torno de 300 pontos-base – 3% – sobre o título do Tesouro norte-americano. Portanto, a taxa do ativo livre de risco de um fluxo de caixa de uma empresa brasileira deve ser de 8% a.a. em dólares:
- taxa implícita do título brasileiro de dez anos emitido em dólares =
- taxa implícita da *Treasury Note* de dez anos (5% anuais) + Risco-Brasil (3% ao ano).

O ß utilizado normalmente é o estatístico – medido contra o *benchmark* que se assemelhe mais à realidade do investidor em questão –, com algum tipo de ajuste. Recomendamos fortemente o uso do chamado *bottom-up* ß. A escolha do universo de empresas comparáveis deve ser feita de acordo com o leque de possibilidades do investidor.

Se, por exemplo, estivermos assessorando um investidor global, a regressão deve ser feita em relação a um índice de ações também global. Já a amostra para o cálculo do *bottom-up* ß deve reunir as principais empresas daquele setor no mundo.

É importante frisar que o chamado prêmio de risco utilizado em um fluxo de caixa descontado para uma empresa brasileira em dólar deve ser igual ao norte-americano (5.5% a.a.). A princípio, parece estranha esta indicação, já que o bom senso inicial indicaria um valor maior. Mas é bom lembrar que, se escolhêssemos os cerca de 8-9% anuais apontados para o caso de utilização do fluxo de caixa descontado em reais, estaríamos penalizando a companhia duas vezes, pois o Risco Brasil, já somado ao ativo livre de risco, de certa forma já embute este adicional.

Na perpetuidade, usamos a taxa do T-bond (título de trinta anos) como base para o custo do acionista que julgamos ser uma média no longo prazo. Somamos o Risco-Brasil dentro do mesmo critério de expectativas e projetamos o ß para a relação D/E esperada no momento de equilíbrio da companhia no futuro. Cabe ressaltar que na perpetuidade, diferentemente dos anos normais de projeção, o analista tem, sempre usando o bom senso, a discricionariedade de estimar a taxa de juros livre de risco. Esta liberdade se dá pela inexistência de um parâmetro tradicional (título soberano perpétuo, sem opção de resgate antecipado), que serviria como base.

DURANTE OS PRIMEIROS DEZ ANOS, UTILIZAMOS UMA SÓ TAXA DE DESCONTO PARA O ACIONISTA OU VÁRIAS DIFERENTES?

Taxa de desconto

O trabalho do analista é tentar se antecipar aos movimentos de mercado. Porém, é necessário alertar que uma taxa implícita de 8% a.a. em um Global 40 já reflete a remuneração média de toda a estrutura a termo de taxas de juros do papel.

Se, por exemplo, um título de dez anos oferecer carência de amortização nos primeiros cinco anos e juros crescentes a partir do terceiro ano, uma taxa implícita de, por exemplo, 10% anuais já estará refletindo integralmente este fluxo. Isto não significa que o investidor estará recebendo 10% anuais uniformemente durante todo o período de dez anos. Trata-se apenas de um valor médio de retorno.

Não parece razoável usar a famosa "escadinha" de taxa de desconto com base na presunção de que, por exemplo, o risco-Brasil baixará gradativamente 100 pontos-base por ano. Por outro lado, o mercado certamente não esperará isso acontecer para começar a comprar. O analista deve conhecer a sensibilidade do valor justo projetado para o ativo, de acordo com a taxa de desconto vigente.

Por exemplo: assumindo que 700 pontos-base do Global 40 sobre o título do Tesouro norte-americano seja um ponto de equilíbrio aceitável para se utilizar na projeção de longo prazo, apresentamos um exercício teórico de sensibilidade do Ibovespa realizado no último trimestre de 2002, no auge da crise pré-eleitoral, para a Presidência do Brasil. Chamamos este cálculo de "*bottom-up* Ibovespa". Ou seja: projetamos o potencial de alta ou de baixa para cada ação do índice e, a partir de sua ponderação, calculamos o potencial de alta ou de baixa também do Ibovespa.

Risco Brasil - Spread sobre Treasury Notes	IBovespa "justo" em US$
400	8991
600	7662
800	6528
1000	5563
1200	4740
1400	4040
1600	3493
1800	2934
2000	2500

Fonte: Autor

À época, o Ibovespa estava em torno de 2.700 pontos em dólar, com o risco-Brasil medido pelo Global 40 estacionado em 2.000 pontos – base acima do título do Tesouro americano do mesmo prazo médio (em inglês, *spread over Treasury*).

Obedecendo ao nosso teste de sensibilidade, o Ibovespa deveria estar flutuando ao redor dos 2.500 pontos em dólar, o que implicaria, na verdade, um potencial de queda para as ações de 8%. Enfim, o que parecia muito barato na realidade estava ainda relativamente caro, se acreditássemos na regressão. Naquele momento, ouvíamos de todos os analistas a seguinte afirmação: "A Bolsa está historicamente barata a 2.700 pontos em dólar". Será que esta afirmação estava correta? Depende do ponto de vista. Mantido aquele patamar de risco (2.000 pontos-base) embutido no Global 40, concluiríamos que o Ibovespa estava sendo negociado bem próximo ao seu valor justo. Aliás, até um pouco acima do nível esperado.

A pergunta que deveria ser feita era outra: "Será que os 2.000 pontos-base se sustentariam ao longo do tempo?". Se o analista achasse que não, certamente necessitaria do quadro de sensibilidade de patamar do Ibovespa em relação ao risco-Brasil apresentado para formular as suas projeções.

O que acabou ocorrendo foi que a o risco-Brasil despencou 4% (400 pontos-base) nos dois meses seguintes e a Bolsa subiu para 3.500 pontos em dólar (alta de 30%), muito próximo ao nível justo, embutido para 1.600 pontos de *spread over Treasury*.

Uma outra forma de tentativa de mensuração do valor justo do Ibovespa em dólares é construir uma regressão simples entre o risco-Brasil e o índice. Espera-se que, como em qualquer relação risco-retorno, quanto o risco-Brasil, menor o valor esperado para o Ibovespa em dólares (deve ser designado na moeda norte-americana, já que os títulos da dívida externa são assim negociados). E vice-versa, enfim, trata-se de uma relação inversa com alto poder explicativo (R^2 entre 70% e 80%). Como qualquer relação, a regressão não é estática no tempo, tendo os seus parâmetros dinamicamente sendo modificados.

É interessante ressaltar que os *gaps* normais entre o valor justo do Ibovespa e o risco-Brasil oscilam historicamente entre –20% e 20%. Qualquer movimento fora deste range merece observação. Acompanhemos o gráfico de longo prazo desta correlação, com especial atenção para o *gap* de cerca observado 70% em março/03. Em outras palavras, naquele momento, se acreditássemos na relação, teríamos ou que comprar a Bolsa (em US$), ou acreditar que o risco Brasil iria piorar muito e justificar o status da correlação. A conclusão é que o Ibovespa em US$ subiu mais de 100% em dólar naquele ano e o *gap*, no começo de 2004, já estava praticamente fechado.

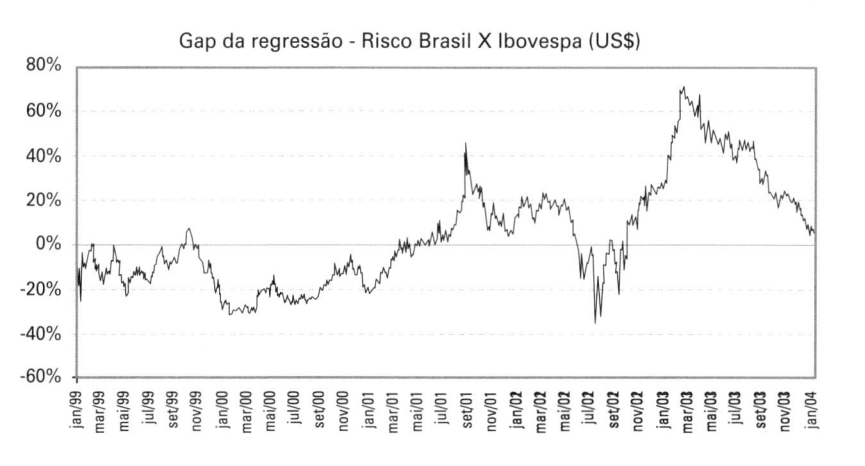

Gap da regressão - Risco Brasil X Ibovespa (US$)

Fonte: Autor

Conclusão: o analista não só pode, como deve embutir em suas projeções quedas/altas nas taxas de desconto. Deve-se, portanto, também projetar o ß futuro da empresa. Está demonstrado que uma alteração na estrutura de capital de uma firma irá influenciar o ß desta. Intuitivamente, quanto mais alavancada for uma empresa, mais arriscada ela irá parecer do ponto de vista do investidor, que elevará o retorno exigido para comprar sua ação. No entanto, no caso da taxa livre de risco e do prêmio de risco, devemos trabalhar os níveis correntemente observados no primeiro caso e com o patamar histórico no segundo parâmetro. Ficamos então com a projeção da estrutura de capital, do beta e do custo de capital de terceiros (os dois últimos a partir da nova relação dívida / valor de mercado sugerida). Qualquer estimativa de mudança de tributação deve ser considerada. Na perpetuidade, usando o bom senso (sem o otimismo ou pessimismo exagerado), podemos estimar também o ativo livre de risco e o prêmio de risco que devem vigorar no longo prazo.

BETAS DIFERENTES PARA DIFERENTES INVESTIDORES

Neste segmento procuramos desmistificar a idéia de que, se todos os investidores tiverem o mesmo nível de informações de uma empresa, esta deveria ter necessariamente um único "valor justo". Lembremos, porém, que uma firma, tal qual um quadro de um pintor famoso, um carro ou uma maçã, pode assumir valores diversos, de acordo com o perfil de quem compra sua ação.

Essas diferenças podem se refletir tanto no fluxo de caixa como na taxa de desconto, dependendo do grau de sinergia que a empresa a ser adquirida irá agregar ao portfólio do investidor. Quanto maior a sinergia, seja no risco ou no retorno, maior o preço potencial a ser pago pelo comprador.

DESTAQUE: UMA EMPRESA PODE TER DOIS VALORES DIFERENTES?
Alguns casos comprovam que uma empresa pode receber avaliações muito diferentes. No leilão de privatização do Banespa, o vencedor (Santander) ofereceu praticamente o dobro do ofertado pelos princi-

países concorrentes. O Citigroup pagou pelo banco mexicano Banacci quantia 40% superior ao valor de mercado. A Vale do Rio Doce dispendeu quantia considerada alta pelo controle da empresa Samitri, em um negócio privado.

Alguns analistas insistem em chegar a um só valor justo para uma ação, indicando posição de compra ou venda e simplificando demais a questão. Digamos que três investidores de portfólio diferentes (participação minoritária) estejam interessados em comprar uma mesma ação no setor de papel e celulose. O investidor A é estrangeiro, com aplicações em diversos setores e em várias partes do mundo. O B é um típico investidor local, que só aplica em ações brasileiras distribuídas em diversos setores. O C é um investidor especializado em ações de papel e celulose do mercado brasileiro. Qual deles estará disposto a pagar mais por uma ação da Aracruz, VCP, Klabin ou Suzano (assumindo igual grau de informações disponíveis)?

O investidor A, ao comprar qualquer um dos papéis citados, estaria diluindo o risco de sua carteira, incluindo ações de um país, setor ou empresa diferentes. O B seria duplamente beneficiado pela diversificação dos riscos setor e empresa. Já o C diversificaria pouco a carteira: estaria apenas incluindo ação de mais uma empresa em seu portfólio setorial.

Cada investidor estaria disposto a pagar preço diferente pela ação, em função do efeito total redutor de risco que a mesma geraria em cada carteira. O investidor A provavelmente pagaria um valor superior pelo papel que o oferecido pelos investidores B e C.

O mesmo raciocínio pode ser aplicado à operação de aquisição de controle de uma companhia. Ao analisar a aquisição, cada empresa projeta diferentes sinergias operacionais e efeitos na taxa de desconto de toda a operação após a aquisição.

A Samitri tem um valor completamente diferente para Vale e para uma *holding* que tenha negócios em vários setores, mas ainda não tem uma mineradora. Para a Vale, o maior ganho será em sinergia operacional. Para a *holding* imaginária, o benefício é a diversificação do portfólio (taxa de desconto).

Qual será a empresa capaz de fazer a melhor oferta? A que conseguir maior agregação de valor em todo o negócio, com a empresa adquirida incluída. A geração de valor continua sendo o nome do jogo. Empresas têm valores diferentes, dependendo do comprador.

O cálculo do ß definitivamente deve ser ajustado de acordo com tipo de investidor para o qual a análise está sendo feita. O analista pode trabalhar em um banco norte-americano em Nova York, avaliando oportunidades para investidores globais, em uma corretora brasileira operando com aplicadores locais ou mesmo em um fundo de investimento especializado em um só setor.

Suponhamos que a Aracruz, famosa empresa no setor de papel e celulose, estivesse à venda e que há quatro investidores potencialmente interessados. Eis seus perfis:

A – Investidor estrangeiro de portfólio, com aplicações em diversos setores nos Estados Unidos e em empresas estrangeiras com ADR's negociados em NY.

B – Investidor brasileiro de portfólio, com aplicações diversificadas em ações de vários setores da economia nacional.

C – Investidor estrangeiro de portfólio, especializado no setor de papel e celulose em diversos pontos do mundo.

D – Consórcio de duas grandes empresas de papel e celulose, brasileira e norte-americana, que irão integrar a Aracruz a suas respectivas plantas, tendo ganhos de economia de escala e corte de custos.

Qual dos quatro investidores, partindo da hipótese de que todos tivessem exatamente a mesma projeção para o fluxo de caixa futuro da Aracruz, poderia fazer melhor oferta?

Inicialmente, separemos o grupo formado pelos três primeiros investidores de portfólio do quarto potencial comprador, um consórcio operacional de duas grandes empresas.

No primeiro grupo, a avaliação da empresa levará em conta, basicamente, a taxa de desconto e o *benchmark* escolhido por cada um, associado ao conceito de diversificação de portfólio:

• O investidor A tem uma carteira diversificada por setores e países. Provavelmente, vê o mundo (custo de oportunidade) com os olhos do índice S&P500, da Bolsa de NY, que concentra todos os seus investimentos.

• O investidor B possui uma carteira diversificada em vários setores da economia brasileira. Apesar de não ter o benefício da diversificação-país, o investidor nacional não está concentrado em um só setor, tendo provavelmente, como *benchmark*, o Ibovespa ou o IBX, apesar das imperfeições dos dois índices.

• O investidor C só aplica em papel e celulose, em diferentes locais do mundo. Apesar do benefício da diversificação-país, ele não terá a vantagem dos ganhos de diversificação setorial, que amenizariam os períodos de ciclos positivos e negativos do preço do produto. Certamente utiliza como benchmark um índice setorial de celulose, como o MSCI Pulp and Paper.

O risco do investimento, como ensina a boa teoria de finanças, é tanto maior quanto menor for a diversificação do investidor. Se o ß quantifica o risco, e supondo alavancagem igual, com mesmo custo, para os três investidores, temos:

Investidor A $\longrightarrow$ SP 500 (ou MSCI World); R^2_1; $ß_1$
Investidor B $\longrightarrow$ IBX (ou MSCI Brazil); R^2_2; $ß_2$
Investidor C $\longrightarrow$ MSCI Pulp & Paper; R^2_3; $ß_3$

Em uma quantidade razoável de observações, a seguinte relação tende a acontecer:

$R^2_1 < R^2_2 < R^2_3$ e $ß_1 < ß_2 < ß_3$. Portanto, o custo de capital próprio, tudo mais constante – o ativo livre de risco (R_F) e o prêmio de risco ($R_M - R_F$) – será menor para o investidor diversificado setorial e nacionalmente e maior para o investidor concentrado em um só setor. A volatilidade natural dos lucros durante os ciclos não poderá ser amortizada por nenhum outro investimento em outro setor.

Um potencial comprador operacional (investidor D) levaria teoricamente vantagem muito grande sobre os outros três investidores de portfólio. Comparamos no primeiro grupo somente as diferenças na taxa de desconto, já que aqueles investidores teoricamente não possuem o controle de nenhuma outra empresa no ramo de papel e celulose para fortalecer o fluxo de caixa. Em outras palavras: os três investidores do primeiro grupo poderão comprar ações da Aracruz, mas a companhia manterá basicamente a posição de mercado tem hoje, enfim, não há sinergias operacionais a serem exploradas.

No caso do consórcio, existe a possibilidade da companhia ter ganhos de escala, integração de produção, corte de custos, entre outros pontos de sinergia. Isso certamente incrementará o fluxo de caixa. Embora a compra da Aracruz contribua muito pouco para reduzir o risco da carteira do investidor operacional D, os prováveis ganhos de fluxo de caixa – além da questão estratégica, de difícil mensuração – serão capazes de colocá-lo como o favorito para um potencial aquisição de controle.

Um movimento interessante seria o consórcio (investidor D) procurar o investidor A (diversificado setorialmente e globalmente) e incentivá-lo a entrar no negócio como acionista minoritário. Obviamente o investidor A teria que exigir do D parte dos ganhos de sinergia do novo grupo de empresas de papel e celulose formado com a compra da Aracruz. Seria a combinação ideal de redução de taxa de desconto (denominador) e sinergia operacional (numerador).

É importante esclarecer por que, às vezes, consideramos exorbitantes os preços pagos por investidores internacionais por nossas empresas, sobretudo em leilões de privatização. A conta de cada investidor simplesmente será diferente, tendo a mesma empresa valores estimados diferentes, de acordo com o potencial comprador.

Taxa de Desconto para a firma (WACC)

Para as empresas que possuem probabilidade material de mudança em sua estrutura de capital, recomenda-se a utilização do fluxo de caixa para a firma descontado pelo custo médio ponderado de capital (ponderação entre o WACC e o custo de capital próprio, de acordo com as respectivas proporções).

Custo de Capital (WACC)

$$WACC = \frac{\text{Valor de Mercado}}{(\text{Valor de Mercado} + \text{NPV da dívida})} \times \text{Custo de Capital próprio}$$

$$+ \frac{\text{NPV da dívida}}{(\text{Valor de Mercado} + \text{NPV da dívida})} \times \text{Custo da Dívida (1-t)}$$

onde:
- Valor de Mercado: valor para o acionista; número de ações x preço da ação.
- NPV da dívida: o valor presente de toda a dívida, se ela fosse paga hoje; no Brasil, dado que o mercado secundário de dívida, sobretudo privada, é bastante ilíquido, normalmente utiliza-se o valor contábil como *proxy*.
- (Valor de Mercado + NPV da dívida) = Valor da firma.
- Custo do Capital Próprio: custo de emissão de ações – CAPM.
- Custo da dívida (1-t): custo da dívida, descontado o ganho tributário (t – alíquota média de imposto de renda).

O custo médio ponderado de capital é utilizado para descontar o fluxo de caixa livre para a firma (FCFF). É importante ressaltar que não se deve usar o custo de face da dívida, mas o custo do endividamento se o mesmo fosse emitido naquele momento. O mercado está sempre olhando para frente.

Quando o ABN Amro, banco holandês, comprou o brasileiro Banco Real, no segundo semestre de 1998, teve seu *rating* rebaixado pelas principais agências internacionais. Sua dívida, com cupom fixo, permaneceu exatamente no mesmo patamar. Porém, os próximos lançamentos seriam penalizados. O mercado acionário, por sua vez, descontou o aumento do risco imediatamente do preço do papel. Todos os analistas embutiram em seus fluxos de caixa futuros uma taxa maior de desconto, por conta do aumento do risco.

As ações do banco, que já vinham perdendo valor após a crise da Rússia (julho e agosto de 1998), sofreram outro impacto negativo quando do anúncio da aquisição do Banco Real (outubro/98 – por que comprar um ativo em um mercado emergente naquele momento?). Apesar da penalização inicial das ações por parte do mercado, a compra mostrou-se altamente lucrativa para o banco holandês.

Fonte: bloomberg

Exemplo: suponhamos que uma empresa estrangeira possua os seguintes dados:
- Valor de Mercado: R$ 500 milhões
- NPV da dívida = Valor contábil refletido em balanço: R$ 300 milhões
- (Valor de Mercado + NPV da dívida) = Valor da firma = R$ 800 milhões
- Custo do Capital Próprio: 20%
- Custo da dívida (1-t) : Custo médio da dívida bruta: 15% a.a., descontada a vantagem tributária (IR = 27%) ➔ 15% x (1-0.27) = 10.95%

Qual o custo médio ponderado de capital para esta empresa?
= (500 / 800 x 20%) + (300 / 800 x 10.95%) = 12.50 + 4.11 = 16.61%

Pelo menos no ano 1 este é o custo médio ponderado de capital que deve ser usado para a empresa em questão.

EMPIRICAMENTE, DEMONSTROU-SE QUE O MERCADO SEMPRE ESTÁ OBSERVANDO O VALOR ATUAL DA DÍVIDA. MAS QUAL A RELAÇÃO ENTRE O POTENCIAL NOVO CUSTO DA DÍVIDA E O VALOR PRESENTE DA DÍVIDA?

- **Custo da Dívida e Estoque da Dívida:**

Para buscar coerência com as questões de valores de mercado em relação aos custos projetados para a dívida, nos concentremos no caso em que uma empresa tem o seu rating rebaixado por agências de crédito internacionais por conta de uma redução, por exemplo, das perspectivas futuras de receita (crise de mercado).

1 – *Rating* é rebaixado por crise do mercado específico da empresa.
2 – Aumento imediato do custo da dívida futura a ser lançada, devido à pior percepção de risco.
3 – Suponhamos que o custo da dívida seja todo prefixado.
4 – Queda imediata do valor presente de toda a atual dívida prefixada (ver exemplo a seguir).
5 – Enfim, se sobe o custo da dívida, conseqüentemente cai o valor presente do estoque desta dívida; traduzindo, um agente de mercado possui alguma dívida a receber a futuro de uma empresa; se o *rating* desta companhia se deteriora, este credor aceitará recomprar esta dívida hoje por um valor menor do que o de face (montante de emissão da dívida).

Exemplo:

Uma empresa de material de construção norte-americana (negociada na Bolsa de NY) tem dívida atual (debêntures) de US$ 100 milhões por nove anos, com pagamento anual de 10% de juros (US$ 10 milhões) e ressarcimento integral do principal somente no fim do período (chama-se isto de operação *bullet*). Assume-se liquidez completa para as debêntures no mercado secundário de dívida.

Um ano se passa e a taxa de juros cobrada pelo mercado para a empresa continua a mesma (10% anuais). Possivelmente, o papel estará sendo negociado a um valor de aproximadamente US$ 100 milhões, desconsiderando-se *spreads* de negociação e custos de transação.

É sempre bom lembrar que, para qualquer empresa, a taxa de juros a ser cobrada é composta pela taxa de juros livre de risco – títulos do Governo com expectativa de recebimento garantido por definição – mais spread de risco, normalmente determinado pelo *rating* da empresa.

Digamos que a empresa sofra ao final deste primeiro ano um *downgrade de rating*, a nova taxa de juros a ser cobrada, caso a empresa viesse a mercado, seja de 15% anuais. A quanto passaria a ser negociada a dívida no mercado secundário?

É preciso lembrar que, passado o primeiro ano, ainda há oito anos de pagamento de juros pela frente:
- Pagamentos de US$ 10 milhões do ano 2 ao 9
- Pagamento do principal (US$ 100 milhões) no ano 9
- Taxa de desconto do fluxo: 15% a .a.

Valor presente da dívida:

Na situação original – cada pagamento de juros (US$ 10 milhões) trazido a valor presente por 10% ao ano + R$ 100 milhões do principal trazidos a valor presente por 10% ao ano = R$ 100 milhões.

Na nova situação – depois da taxa de emissão ter subido para 15% ao ano ao final do período 1: cada pagamento de juros (US$ 10 milhões) trazido a valor presente por 15% ao ano + R$ 100 milhões do principal trazidos a valor presente por 15% ao ano = R$ 77.563,39 (22,43% de desconto em relação ao valor de face).

O impacto do *downgrade* e elevação de taxa de captação, seja pelo risco país ou pelo risco específico de uma empresa, na estrutura de capital (NPV da dívida/(NPV da dívida + Valor de mercado)) deve ser imediatamente mensurado. O mercado provavelmente penalizará a cotação das ações também, jogando o valor de mercado para baixo.

DEVEMOS USAR VALORES DE MERCADO OU VALORES CONTÁBEIS?

Em precificação de ativos, deve-se sempre usar valores de mercado, evitando dados contábeis que possam ser manipulados. O senso comum indica que valores contábeis são sempre mais conservadores do que valores de mercado. Como toda frase feita, devemos sempre buscar seu lado racional. Imagine empresas em que a relação entre Preço e Valor Patrimonial é maior que 1.

Exemplo:

1 – Preço/ação = 200; Valor Patrimonial/ação = 100; portanto: P/VPA = 2
2 – Digamos que o valor da dívida contábil seja igual ao valor de mercado deste passivo (100)
3 – Custo da dívida após impostos = 10%
4 – Custo de capital para o acionista = 20%.

Em seguida, comparamos o quanto seria o custo médio ponderado do capital, usando valores contábeis e preços de mercado:

Utilizando valores contábeis da dívida e do patrimônio:

$$WACC_{Contábil} = \frac{(100 \times 0{,}10)}{(100 + 100)} + \frac{(100 \times 0{,}20)}{(100 + 100)} = 15\%$$

Usando valores de mercado da dívida e das ações:

$$WACC_{Valor\ de\ Mercado} = \frac{(100 \times 0{,}10)}{(100 + 200)} + \frac{(200 \times 0{,}20)}{(100 + 200)} = 16{,}67\%$$

A utilização do valor de mercado é muito mais conservadora (maior WACC) do que o uso de valores contábeis, já que o custo de capital da empresa no primeiro método, acabou gerando uma taxa de desconto maior (16,67% contra 15%).

Em outras palavras; descontando o fluxo de caixa para a firma, chegaríamos a um valor presente inferior usando o método baseado em valores de mercado em relação a números contábeis, desmistificando a lenda.

Por que quando aumentamos o endividamento, o custo de capital próprio também aumenta?

O efeito transmissor da maior alavancagem financeira no custo do capital próprio ocorre via elevação do ß.

$$ß = ß_d \times (1 + ((D/E) \times (1-t)))$$

Se há elevação da relação D/E, certamente o ß da empresa será afetado, fazendo subir, tudo mais constante, o custo de capital próprio. Intuitivamente, quanto mais alavancada for a empresa, dado um aumento na proporção de custos fixos, maior será meu retorno exigido como investidor de ações.

Normalmente, no mercado de crédito, o custo de captação é determinado pelo *rating* da empresa. Quanto pior o *rating* da empresa, teoricamente mais será o custo de captação.

Um exemplo para esclarecer os efeitos de um aumento da participação da dívida no capital total das empresas:

Uma empresa do setor de eletrodomésticos apresenta um ß de 0,5 com alavancagem (D/E) = 50% (na média do segmento), dívida em valores de mercado: R$ 50MM e valor de mercado das ações: R$ 100MM. O imposto efetivo é de 30%.

Consideremos que o chamado ativo livre de risco no Brasil estivesse pagando 20% anuais. Estimava-se o prêmio de risco no Brasil em 8.5%.

A seguir, apresentamos a tabela de uma agência de *rating* que hipoteticamente guia o mercado em termos de definição do percentual de risco acima da taxa básica de juros para as empresas:

Agência de Rating:
Nível – Rating   *Spread* acima do Ativo livre de risco
AAA   1% ⟶ Nível mínimo de risco

AAA−	1,25%
AA+	1,75%
AA	2%
AA−	2,25%
A+	2,75%
A	3%
A−	3,25%
BBB	4%
BBB−	4,25%

* Estas estimativas de spread variam de acordo com o momento de mercado.

Teoricamente, o custo de captação de todas as empresas, tudo mais constante (característica da emissão), será sempre igual à remuneração do ativo livre de risco + um *spread* de acordo com a qualidade de crédito da empresa. Suponhamos que, para efeito de *rating*, a companhia esteja no nível AAA−. O Diretor Financeiro, para custear projetos de investimentos, resolve dobrar o valor da dívida para R$ 100 milhões (captação de R$ 50 milhões via debêntures). Com o novo endividamento, os índices de solvência caem em um primeiro momento e a agência de rating derruba a nota da companhia para AA−. Na prática, isto significa que a empresa só conseguirá emitir dívida agora com um *spread* de 2,25% (225 pontos-base) acima do título do Governo de mesmo prazo, contra *spread* anterior de 1,25%.

Portanto, na situação pré-endividamento:
Valor da Dívida: R$ 50 milhões
Valor de Mercado das ações: R$ 100 milhões
Relação D/E = 50/100 = 0.5
Relação: D / (D + E) = 50/150 = 0.33
Custo do Capital Próprio (sempre considerando o benefício fiscal calculado a partir do fator 0.37 − relação histórica entre a TJLP e o custo de capital próprio sobre a tributação vigente - alíquota efetiva para juros sobre o capital próprio de 30%): (20% + 0,5 x 8,5%) x ((1-(0.30 x 0,37))) = 21,56%
Custo do Capital de Terceiros: (20% + 1,25%) x (1-0.30) = 14,88%

$$WACC = \frac{(100)}{100+50} \times 21,56\% + \frac{(50)}{100+50} \times 14,88\% = 19,33\%$$

A situação pós-endividamento:
Valor da Dívida t₀: R$ 100 milhões
Valor de Mercado t₀: R$ 100 milhões
Relação D/E t₀ = 100/100 = 1
Relação: D / (D + E) t₀ = 100/200 = 0.5

Custo do Capital Próprio t₀: deve-se lembrar que um aumento do endividamento na estrutura de capital afeta automaticamente o ß, elevando também o custo de capital próprio. Para isto, inicialmente calculamos o ß desalavancado ß$_d$ da empresa do segmento de eletrodomésticos:

$$ß = ß_d \times (1 + ((D/E) \times (1-t)))$$

$0.5 = ß_d \times (1+ ((0.5) \times (1-0.30)))$
O ß desalavancado da empresa (ß$_d$) = 0.37
Portanto, com a nova relação D/E = 1, "realavancamos" o ß:
$ß = 0.37 \times (1+ ((1) \times (1-0.30)))$
O ß da empresa após a alavancagem (ß) = 0.63 (quanto maior a alavancagem, tudo mais constante, maior o ß e o custo de capital próprio da companhia).

Então, o Custo do Capital Próprio t₀ = (20% + 0.63 x 8.5) x ((1-(0.30 X 0.37))) =
22,54%, portanto superior aos 21,56% pré-alavancagem.

Com a piora do *rating* (de AAA⁻ para A⁻), o Custo do Capital de Terceiros t₀: = (20% + 2,25%) x (1-0.30) = 15,58%, portanto superior aos 14,88% pré-alavancagem:

$$WACC = \frac{(100)}{100 + 100} \times 22,54\% + \frac{(100)}{100 + 100} \times 15,58\% = 19,06\%$$

Note que, apesar da elevação, tanto do custo do capital próprio quanto do custo de capital de terceiros, o custo médio ponderado do capital caiu de 19,33% para 19,06%. Em outras palavras, o Diretor Financeiro provavelmente conseguirá alavancar o fluxo de caixa da empresa com novos projetos e ainda diminuir o custo médio ponderado do capital próprio. Enfim, é muito provável que a decisão financeira gere valor para os acionistas.

Observação importante: Neste exercício, assumimos uma hipótese que certamente não será verdadeira no mundo real. Quando aumentamos o custo do capital próprio e da dívida, também estaremos modificando os valores de mercado do endividamento em estoque, além do valor de mercado das ações. Com o aumento da alavancagem, a relação Valor de Mercado da Dívida / Valor de Mercado das ações certamente não se modificará linearmente. Por isto utilizamos a notação t0 para demonstrar qual seria a reação de cada variável imediatamente após a alavancagem, sem considerar os efeitos secundários nos respectivos valores de mercado.

SE O CUSTO DA DÍVIDA NORMALMENTE SERÁ MENOR DO QUE O CUSTO DO LANÇAMENTO DE AÇÕES, POR QUE AS COMPANHIAS NÃO SÃO SÓ COMPOSTAS POR DÍVIDA?

No mundo real, há um limite no endividamento das empresas. Inicialmente há a *questão das limitações naturais do crédito*. Em outras palavras, uma situação é construirmos um fluxo de caixa descontado teórico que suporte prejuízos contábeis e fluxos de caixa negativos no decorrer de vários períodos. Outra coisa é sabermos se o mercado estará disposto a financiar esta situação e por quanto tempo. Na realidade, o crédito é limitado para uma economia como um todo e mais ainda para uma companhia específica.

Se, por exemplo, uma empresa requer um empréstimo de cinco anos e com isso aumenta a sua alavancagem, as agências de *rating* não estarão interessadas nos fluxos de caixa após esta data. Fatores importantes, como a perpetuidade, um dos centros de atenção dos analistas de ações, serão ignorados. O que importa é a capacidade de pagamento da companhia nos próximos cinco anos, não só da dívida nova, mas também do estoque remanescente. A questão é puramente de crédito e não do cálculo puro e simples da agregação de valor econômico da companhia.

Como já citamos antes, há vários exemplos de empresas estrangeiras de grande porte que investem pesado em mercados emergentes e são penalizadas pelo mercado a partir da expectativa de rebaixamento de nota de crédito por agências de *rating*. Isto ocorre apesar de a teoria apontar que houve, na verdade, diversificação do risco de fluxo de caixa com o novo investimento, já que o comportamento de mercados emergentes tende a ser bem diferente das oscilações observadas em países desenvolvidos.

Outra razão é de ordem prática e tem a ver com a participação da dívida e do valor de mercado das ações e seus efeitos nos respectivos custos. É o que estudaremos no Capítulo 7, na teoria de estrutura de capital ótima.

Capítulo 6

Fluxo de Caixa para o Acionista x Fluxo de Caixa para a firma

O CONCEITO DE FIRMA

Neste capítulo vamos introduzir novas terminologias. A ênfase em explicitá-las, em português e em inglês, decorre do fato de que mesmo no dia-a-dia do mercado brasileiro as duas formas são indiscriminadamente utilizadas.

O primeiro conceito a ser compreendido é o de firma, que contempla os principais possuidores de interesses (inglês: *stakeholders*) em uma companhia: os credores (inglês: *debtholders*) e os acionistas (inglês: *stockholders*). Em outras palavras, os credores e acionistas investem seu capital em uma companhia esperando receber as respectivas remunerações: juros (pré ou pós-fixados), no caso dos credores, e dividendos e/ou ganhos de capital, no caso dos acionistas.

Em um Demonstrativo de Resultados, é fácil perceber o que pertence aos credores e acionistas e o que representa pura remuneração do acionista. A empresa produz um resultado operacional, que até este momento pertence ao credor e ao acionista; paga juros, remunerando o credor; e gera lucro líquido para o acionista após o pagamento de impostos. Parece estranho dizer que o resultado operacional pertence ao credor e acionista, mas é preciso lembrar dois pontos importantes:

1. O capital que gerou o lucro operacional a partir da receita originou-se parte de recursos próprios e parte oriunda de terceiros.

2. No limite, os credores podem até abrir mão de receber juros e de tornarem-se acionistas da empresa. O caso mais clássico é o de possuidores de debêntures conversíveis em ações.

Costuma-se denotar o valor da firma ou da empresa (inglês: *firm value* ou *enterprise value*) como pertencente a acionistas e credores. Já as nomeações do valor da companhia ou valor de mercado (inglês: *company value* ou *market value*) são atribuídas ao direito exclusivo do acionista.

Sempre que nos referirmos à **firma ou empresa**, estaremos tratando de um montante pertencente tanto a acionistas quanto aos credores. Quando estivermos nos referindo a interesses somente dos acionistas, a referência será feita à expressão **companhia**.

FLUXO DE CAIXA PARA O ACIONISTA (FCFE) X FLUXO DE CAIXA PARA A FIRMA (FCFF)

O Fluxo de Caixa para o Acionista contempla apenas o que sobra do fluxo de caixa da empresa para ser distribuído para os acionistas, após o pagamento de juros para os credores. Estamos nos referindo à companhia e à expressão norte-americana *Equity*. A tradução para Fluxo de Caixa para o Acionista é *Free Cash Flow to the Equity* (FCFE). Toda a vez que nos referirmos a FCFE, estaremos nos referindo àquele fluxo de caixa da companhia. A expressão *Equity* também é inteiramente ligada ao acionista.

O FCFE deve ser sempre descontado pelo chamado custo de capital próprio (em inglês, *cost of equity*), para chegarmos ao valor da companhia para o acionista, que nada mais é, no jargão do mercado, que o valor de mercado (*market value*). Este valor, dividido pelo número total emitido de ações, determinará o preço da ação, que normalmente é expresso em lote unitário ou de mil.

Usaremos bastante o conceito de consistência daqui por diante para evitar alguns erros graves que às vezes aceitamos sem perceber. Não é incomum encontrar um fluxo de caixa da companhia sendo descontado por uma taxa de desconto da firma, ou vice-versa. A velha questão de misturar "bananas com maçãs" vem novamente à baila.

Já Fluxo de Caixa para a Firma abrange todo o fluxo de caixa da empresa a ser distribuído para os credores (*debtholders*) e acionistas (*stockholders*), sob a forma de juros e dividendos. A tradução para o inglês é Free Cash Flow to the Firm (FCFF), se referindo então aos possuidores de "interesses" (*stakeholders*) – detentores de dívidas e de capital na empresa.

Mantendo a consistência exigida, o FCFF deve ser descontado pela média ponderada do custo de capital próprio e de terceiros (inglês, *cost of capital*), para chegarmos ao valor da empresa ou da firma (*enterprise value ou firme value* = valor de mercado para o acionista + dívida total).

Como estamos calculando números para a mesma empresa, espera-se que encontremos o mesmo valor de mercado em ambas as formas de cálculo:

• Fluxo de Caixa descontado para o acionista = Valor de mercado da companhia.

• Fluxo de Caixa descontado para a empresa ou firma = Valor de mercado da Companhia + Dívida Total; logo Fluxo de Caixa descontado para a empresa ou firma – Dívida Total = Valor de Mercado da Companhia.

Fluxo de Caixa livre de quê?

Uma pergunta inicial seria: por que o conceito de Fluxo de Caixa Livre para o Acionista ou Firma? Afinal, existe algum Fluxo de Caixa "não livre ou preso"?

Há um debate, em nossa opinião estéril, sobre a diferença entre Fluxo de Caixa Livre (*Free Cash Flow*), Fluxo de Caixa (*Cash Flow*), ou Fluxo de Caixa Gerado (*Generated Cash Flow*) na bibliografia mundial sobre *valuation*. Alguns autores introduziram o conceito de investimento discricionário (em inglês, *o discretionary investment*), sendo que o Fluxo de Caixa Livre só incluiria aqueles investimentos necessários à manutenção da atividade operacional da empresa. Conforme Stern & Stewart afirmam em seu livro, virou uma questão semântica que pouco importa do ponto de vista prático. Em outras palavras: o fluxo de caixa, seja para a firma ou para o acionista, deve abranger o que sobra para os acionistas e credores (FCFF) ou somente para os acionistas (FCFE), depois de investimentos (seja em capital físico ou capital de giro).

Quanto à inclusão ou não de dividendos no cálculo, reforçamos tratar-se da remuneração do custo do capital próprio, não devendo ser levado em conta no fluxo de caixa descontado, sendo o pagamento discricionário e portanto dependente da estratégia do controlador. Porém, qualquer evento obrigatório que esteja predeterminado, ou por lei ou pelos estatutos da empresa (por exemplo, dividendo mínimo obrigatório, partes estatutárias e partes beneficiárias), deve ser incluído como parte do fluxo de caixa, já que o seu dispêndio já é certo, não dependendo de decisão da administração.

ABRINDO O FLUXO DE CAIXA PARA O ACIONISTA (FCFE)

Comecemos a trabalhar na montagem dos fluxos de caixa. Relembrando o conceito inicial, todo lucro estampado em balanço precisa ser ajustado para vislumbrarmos o real movimento de caixa de uma companhia, por duas razões básicas:

• Pelas regras contábeis, há registros que não representam movimento de caixa. Em outras palavras: em termos de reflexo real no caixa da firma, o lucro contábil pode estar muito acima ou muito abaixo, daí a necessidade dos ajustes. O caso mais evidente é o da variação do capital de giro. A contabilidade exige que o valor de vendas e compras seja registrado no período em que efetivamente as operações ocorrem, apesar desses valores, na prática, poderem ser recebidos ou pagos a

> **É bastante comum encontrar erros de analistas que penalizam o valor de companhia ao considerar que todo o investimento será bancado por capital próprio. Na maioria dos casos, isto foge à realidade.**

prazo. O cálculo da variação de capital de giro ajusta esta distorção no fluxo de caixa.

- Há movimentos de caixa em uma empresa que simplesmente não são registrados em demonstrativo de resultados. Um exemplo são os investimentos / desinvestimentos em capital físico, cuja contabilização ocorre no ativo permanente e outras contas do passivo e ativo, de acordo com a forma de pagamento ou recebimento. No caso de negociação por preço distinto do valor contábil, somente os chamados "ágio/deságio" ou ganhos de capital são os itens relacionados que vão efetivamente para o demonstrativo de resultados. Mesmo assim, na maioria das vezes isso se materializa em parcelas (amortização, o equivalente à depreciação de equipamentos).

Partindo do lucro líquido contábil – ou seja, já foram pagos juros aos credores – calculemos o fluxo de caixa para o acionista. No caso do FCFE, o conhecimento da estrutura de capital torna-se muito importante.

$$£ \text{ (Participação do capital próprio no capital total da firma)} = \frac{\text{Valor de mercado da companhia}}{\text{(Valor de mercado da dívida + Valor de mercado da companhia)}}$$

Exemplo:
Valor de mercado em Bolsa: R$ 400 milhões
Valor de mercado da dívida financeira (por falta de um mercado secundário, usamos o valor contábil por aproximação) = R$ 600 milhões
£ (participação do capital próprio no capital total da empresa)
= 400 / (600 + 400) = 0,4
Um £ = 0,4 significa que 40% da firma é composta por capital próprio e 60% por capital de terceiros. É importante ressaltar que, ao contrário do estudo tradicional de Finanças Corporativas (que usa valores patrimoniais), reforçamos a recomendação sobre a a utilização de valores de mercado tanto para dívida quanto para o valor das ações como já comentado anteriormente.

Não considerar a estrutura de capital (£) no cálculo do valor de mercado de uma companhia a partir do FCFE resultará em uma subestimação perigosa. Traduzindo: estaríamos estimando valor menor do que a companhia realmente vale. Se não considerarmos que parte do investimento embutido no fluxo será financiada por capitais de terceiros (dívida), estaremos sendo extremamente conservadores (para não dizer errados tecnicamente) no cálculo do valor de mercado da companhia (valor presente do FCFE). Tal fator deverá ser aplicado sobre os investimentos em capital físico e de giro.

No caso do FCFE, é fundamental conhecer não só a estrutura de capital vigente, mas registrar todos os eventos ocorridos durante o período – Pagamento/Emissão de principal de dívida, Emissão/Recompra/Cancelamento de ações, enfim, tudo que envolve o *mix* entre capital próprio e de terceiros que financiará o crescimento da firma (operações que não passam pelo Demonstrativo de Resultados).

Partindo da projeção do Lucro Líquido no fim do período em questão, o FCFE $_{t+1}$ no próximo ano será:

+ Lucro Líquido $_{t+1}$
– (£) x (Investimentos físicos – Depreciação = Investimento Líquido) $_{t+1}$
– (£) x (Δ Capital de Giro) $_{t+1}$
+ Todos os itens sem efeito-caixa no Demonstrativo de Resultados, além da depreciação (Exemplo: amortização de Diferido e variação nas provisões)
+ Δ Capital $_{t+1}$
– Cancelamento de Capital $_{t+1}$
+ Emissão de novas dívidas $_{t+1}$
– Pagamento de Principal $_{t+1}$
– Partes Estatutárias e Beneficiárias $_{t+1}$
= **FCFE** $_{t+1}$

Portanto, no fluxo de caixa para o acionista, introduzimos o conceito de investimento líquido = investimentos físicos a serem realizados no período – depreciação (parcela que não representa caixa "devolvida do lucro líquido"). Reforcemos que o efeito em termos de benefício de IR advindo da depreciação já está embutido no lucro líquido (que por definição é expresso após o pagamento de impostos).

Além disso, o cálculo da variação de capital de giro no período "corrige", para efeitos de fluxo de caixa, a potencial distorção causada pelo fato de as regras contábeis exigirem o reconhecimento de receitas e despesas pelo regime de competência.

Enfatizando: tanto no caso do investimento líquido quanto na variação de capital de giro, só devemos registrar, para efeitos de fluxo de caixa para acionistas (FCFE), a parte financiada por capital próprio (£). Os demais pontos são as variações na estrutura de capital da firma no período, itens sem efeito-caixa que influenciaram no lucro e as despesas obrigatórias (dispêndio de caixa) exigidos por lei ou estatuto e que não passam pelo Demonstrativo de Resultados.

Exemplo:

Uma companhia química lucrou, em 2006, R$ 75 milhões em sua operação no Brasil. Espera-se crescimento constante do lucro em 8% ao ano nos próximos dez anos e em 3% anuais daí em diante.

A receita anual líquida da empresa, de R$ 500 milhões em 2006, deve crescer, respectivamente, à taxa de 5% entre os anos 1-10 e 3% anuais na perpetuidade. O aumento de capital de giro necessário para as operações é constante em 8% do faturamento

Há investimentos previstos de R$ 100 milhões no próximo ano (2007) para a construção de uma nova planta, com despesas de depreciação de R$ 20 milhões. A partir daquele ano, todos os investimentos antigos e novos, inclusive os previstos para os próximos nove anos, estarão totalmente depreciados à base de R$ 15 milhões por ano. Há investimentos físicos de R$ 25 milhões/ano, e a maior parte do crescimento será possível graças à utilização de capacidade ociosa e melhora de produtividade. Na perpetuidade, a empresa mantém-se com um investimento líquido de R$ 33 milhões anuais.

A estrutura de capital da empresa é formada por 60% de capital próprio e 40% de capital de terceiros (£ = 0.6) e deve sofrer poucas alterações nos próximos anos. Apesar da fase de crescimento, a empresa é obrigada por estatuto a distribuir 25% de seus lucros anualmente sob a rubrica de partes estatutárias (participação de 10% para diretores + 15% para empregados).

As taxas de desconto para o acionista indicadas para esta empresa são, respectivamente, 18% e 14% anuais entre os anos 1-10 e na perpetuidade.

A companhia possui 10 milhões de ações, entre preferenciais e ordinárias. Qual o valor de mercado justo por ação hoje? Dado que em mercado elas estão sendo negociadas a R$ 25, qual seria o potencial de alta ou de baixa (inglês, *upside* ou *downside*)?

(R$ milhões) / Ano	Ano 0	Ano 1	Ano 2	Ano 3	Ano 4	Ano 5	Ano 6	Ano 7	Ano 8	Ano 9	Ano 10	Perpetuidade
Lucro Líquido	75	81	87	94	102	110	119	129	139	150	162	167
Investimentos Físicos (1)		100	25	25	25	25	25	25	25	25	25	
Depreciação (2)		20	15	15	15	15	15	15	15	15	15	
Investimento Líquido (1-2)*£		48	6	6	6	6	6	6	6	6	6	20
Var. Capital de Giro (8% da Receita)* £	25	26	28	29	31	32	34	35	37	39	40	
Partes Estatutárias (25% do lucro)		20	22	24	26	28	30	32	35	37	40	42
Valor de mercado (R$ milhões)	273											
Número de ações (milhões)	10											
Valor "justo" da Ação (R$)	27.34											
Valor Atual da Ação (R$)	25.00											
Potencial de alta	9.4%											
Dado para a projeção												
Receita Líquida (R$ milhões)	500	525	551	579	608	638	670	704	739	776	814	839
Crescimento da Receita (% anual)		5	5	5	5	5	5	5	5	5	5	3
Crescimento do Lucro (% anual)		8	8	8	8	8	8	8	8	8	8	3
Cap. Próprio / (Cap. Próp.+ Cap. Terc)-£=0.6		0.6	0.6	0.6	0.6	0.6	0.6	0.6	0.6	0.6	0.6	0.6
Taxa de Desconto para o acionista (% ano)		18	18	18	18	18	18	18	18	18	18	14

Lucro Líquido – Crescimento de 8% anuais nos anos 1-10; incremento de 3% na perpetuidade. Exemplo: No ano 4, o valor do lucro líquido será: 75 MM x (1.08^4) = R$ 102 MM.

Investimentos Físicos Líquidos – Devem ser sempre ponderados pelo fator £ = 0.6, que representa o percentual de participação do capital próprio no capital total da companhia.

Exemplo: No ano 5, o valor dos investimento físico líquido = R$ 25 MM (investimento físico bruto) – 15 MM = R$ 10 MM; como somente 60% deste montante será financiado por capitais próprios, o número relevante para o fluxo de caixa para o acionista no ano 5 será R$ 10 MM x 0.6 = R$ 6 MM.

Variação de Capital de Giro – Outra fonte de financiamento do crescimento da empresa (o crédito a clientes em geral sendo superior ao financiamento recebido de fornecedores). Representa 8% do faturamento anual, que cresce à taxa de 5% anuais entre os anos 1 e 10 e ao ritmo de 3% ao ano a partir da perpetuidade. Assim como os investimentos físicos, o chamado investimento em capital de giro deve ser sempre ponderado pelo fator £ = 0.6. Portanto, no ano 9, por exemplo, a variação do capital de giro será:

0.6 (fator £) x 0.08 (percentual da receita "investida em capital de giro") x R$ 500 MM x (1.05^9) – valor estimado da receita nesse ano = R$ 37 MM

Partes Estatutárias: O estatuto da empresa destina 25% dos lucros obrigatoriamente para diretores (10%) e empregados (15%). Exemplo: no ano 8, para um lucro projetado de R$ 139 MM, temos a seguinte projeção de partes estatutárias

R$ 75 MM x (1.08^8) – valor projetado para o lucro líquido nesse ano x 0.25 = R$ 35 MM

Fluxo de Caixa na perpetuidade – A base da perpetuidade é o ano 10. Projetando o crescimento do lucro líquido, chega-se, neste estágio, a:

R$ 75 MM x (1.08^{10}) x (1.03) = R$ 167MM

O investimento físico líquido nesta fase é dado pelo seguinte cálculo:

R$ 33 MM x 0.6 (fator £) = R$ 20 MM

O investimento em capital de giro nesta fase é dado pelo seguinte cálculo:

0.6 (fator £) x 0.08 (percentual da receita "investida em capital de giro") x R$ 500 MM x (1.05^{10}) x (1.03) – valor estimado da receita nesse ano = R$ 40 MM

As partes estatutárias serão iguais a:

R$ 75 MM x (1.08^{10}) x (1.03) – valor projetado para o lucro líquido nesse ano x 0.25 = R$ 42 MM

O Fluxo de Caixa para o acionista que servirá como base na perpetuidade será:

R$ 167 (lucro líquido) – 20 (investimentos líquidos em capital físico financiados por capital próprio) – 40 (investimentos em capital de giro financiados por capital próprio) – 42 (pagamento de partes estatutárias) = R$ 65 MM

Para calcular o valor presente da perpetuidade (com crescimento de 3% anuais e levando-se em consideração taxas de desconto de 18% entre os anos 1 e 10 e 14% na perpetuidade), temos:

Valor da perpetuidade : 65 / (0.14-0.03) = R$ 591 MM;

Valor presente da perpetuidade: 591 / (1.18^{10}) = R$ 113 MM

Como não se observou nenhum pagamento/contração de dívida ou emissão/recompra de ações, a relação entre capital próprio e capital total manteve-se basicamente a mesma.

Considerando nossas projeções, o valor justo de mercado da companhia seria de R$ 273 milhões, com o preço da ação a R$ 27.34. O potencial de alta da ação, portanto, seria de 9.4% .

Obs: No Brasil, a lei obriga o pagamento de 25% do lucro a título de dividendos obrigatórios. Apesar da compulsoriedade, é importante perceber que os recursos vão para o bolso do acionista, não devendo, portanto, ser considerado ônus de fluxo de caixa. Como há desembolso efetivo, o correto seria a subtração do valor do fluxo de caixa; no final, porém, ao FCFE deve se somar o fluxo de caixa descontado de dividendos. Na prática, portanto, é mais usual simplesmente desconsiderar o pagamento de dividendos (obrigatórios ou não) no processo de valuation.

O prejuízo da obrigatoriedade dos dividendos reside, na prática, em uma maior dificuldade (e custos) arcada pela empresa na definição de sua estrutura de capital.

SE AS PROJEÇÕES ESTIVEREM CORRETAS, A AÇÃO SUBIRÁ EM QUANTO TEMPO?

Estas perguntas devem ser prontamente esclarecidas, já que também alguns analistas difundem conceitos errados sobre o tema. Inicialmente, existe uma taxa de desconto (estudada no Capítulo 5) que determina o "retorno mínimo exigido pelo acionista", em função do grau de risco da companhia analisada.

No caso da companhia química do exemplo anterior, o analista julgou que, em função do risco-país e do risco-empresa, os patamares de 18% nos primeiros dez anos e 14% na perpetuidade seriam retornos aceitáveis para o investimento.

Portanto, os 9,4% encontrados de *upside* na ação são adicionais às taxas de desconto que deverão representar o retorno mínimo exigido ano a ano. Se tivéssemos encontrado um potencial de retorno da ação igual a zero, significaria que os acionistas receberiam anualmente exatamente o retorno mínimo exigido inicialmente (média ponderada das taxas de desconto), o que teoricamente já justificaria o investimento.

Normalmente, as famosas recomendações de "Compra", "Manutenção", "Acumulação" ou "Venda" ficam muito mais a critério das regras internas de cada instituição. Se o resultado da precificação apontasse para um potencial negativo de retorno da ação, a conclusão seria de que nem o retorno mínimo exigido pelo investidor estaria sendo alcançado àquele preço. Este, portanto, seria normalmente um típico caso de recomendação de venda.

O tempo de materialização deste retorno é também imprevisível e sujeito a uma avaliação muito subjetiva por parte dos analistas. Normalmente eles determinam um objetivo de preço da ação para um ano muito mais por conveniência comercial do que por rigor científico.

O que um processo de *valuation* competente indica são as regiões em que se deve começar a comprar e a vender a ação. Cabe lembrar que o objetivo de qualquer *valuation* não é acertar o ponto exato de "*upside* ou *downside*", já que o número de hipóteses que devemos elaborar para chegar à alguma conclusão é tão grande que, se tivermos uma boa confiança de que o potencial de alta desta ação encontra-se, por exemplo, entre 5% e 15%, já terá sido um grande resultado.

Dado o atual preço de mercado da ação, qual é o retorno médio anual que o investidor pode esperar?

A chamada taxa interna de retorno é aquela que, descontando os fluxos de caixa projetados, consegue fazer com que o somatório dos mesmos iguale o valor presente previamente estimado.

Costumamos dizer que a taxa interna de retorno é aquela que "zera" o fluxo de caixa. No exercício em que calculamos o valor de mercado justo para a empresa química (R$ 273 milhões), podemos exemplificar melhor o conceito de taxa interna de retorno.

Colocando em cada ano o valor do fluxo de caixa projetado (incluindo o valor da perpetuidade) e determinando como valor presente os R$ 273 milhões que calculamos como "valor de mercado justo" para empresa, a taxa interna de retorno conseguida pelo acionista seria igual ao retorno mínimo exigido, de 18% anuais médios para o investimento em ações desta companhia, conforme já era esperado. Cabe lembrar que os 14% exigidos na perpetuidade já estão embutidos no valor do fluxo de caixa calculado para o ano 10.

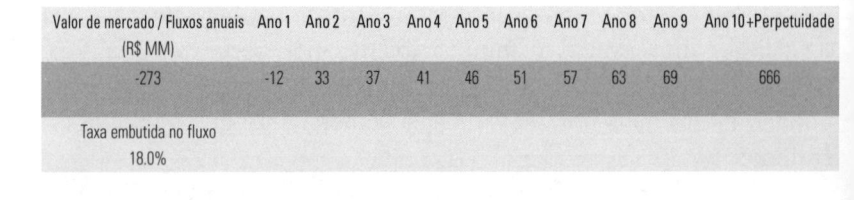

Valor de mercado / Fluxos anuais (R$ MM)	Ano 1	Ano 2	Ano 3	Ano 4	Ano 5	Ano 6	Ano 7	Ano 8	Ano 9	Ano 10+Perpetuidade
-273	-12	33	37	41	46	51	57	63	69	666
Taxa embutida no fluxo 18.0%										

Fonte: Autor

Complementando: dado o preço atual da ação (R$ 25, que representa um valor de mercado de R$ 250 milhões), qual o retorno médio embutido no meu fluxo de caixa descontado?

Valor de mercado / Fluxos anuais (R$ MM)	Ano 1	Ano 2	Ano 3	Ano 4	Ano 5	Ano 6	Ano 7	Ano 8	Ano 9	Ano 10+Perpetuidade
-250	-12	33	37	41	46	51	57	63	69	666
Taxa embutida no fluxo 19,4%										

Fonte: Autor

Observamos agora que o retorno anual médio esperado cresceu para 19,4%, o que reflete o potencial *upside* da ação em 9,4%. Em termos gerais, pode-se dizer que o mercado está precificando a ação de forma relativamente justa, próximo ao retorno exigido, de acordo com os nossos parâmetros. No entanto, o patamar de 19,4% de retorno esperado anual (taxa interna de retorno) entre os anos 1-10 é superior ao nível de 18% (retorno mínimo exigido), justificando o investimento nas ações da companhia.

Ressalte-se novamente que este processo é muito dinâmico, já que fatos novos ocorrem todo dia na empresa, na indústria, no país e no mundo. Isso faz com que as variáveis, tanto do numerador (projeção de fluxo de caixa) quanto do denominador (taxa de desconto), sejam objeto de discussão permanente e alvos de potenciais mudanças.

VANTAGENS E DESVANTAGENS DO USO DO FLUXO DE CAIXA DESCONTADO E DA TAXA INTERNA DE RETORNO

Há uma grande discussão no meio acadêmico sobre as limitações dos métodos de valor presente e da taxa interna de retorno. Quando devemos usar uma metodologia ou outra?

Vamos supor três projetos – A, B e C – mutuamente excludentes (só podemos investir em um), realizados somente com capital próprio, sobre os quais temos que fazer a nossa opção. Os valores dos desembolsos estão em milhares de reais (R$):

Ano	Projeto A	Projeto B	Projeto C
0	-5.000	-10	-100.000
1	-4.000	50	60.000
2	20.000	100	95.000
Fluxo de caixa para o acionista descontando a 20% ao ano	5.556	101	15.972
Taxa Interna de Retorno	64%	553%	32%

Projeto A: Exige o investimento, na saída e no primeiro ano, de R$ 5 milhões e R$ 4 milhões, respectivamente. Um forte retorno de R$ 20 milhões ocorre no segundo ano, quando o projeto se encerra. O custo de oportunidade para o acionista é de 20% ao ano. O valor presente do projeto atinge R$ 5,56 milhões e a taxa interna de retorno é de 64% ao ano.

Projeto B: Exige o investimento de R$ 10 mil logo na entrada. No primeiro e segundo anos, observam-se retornos de R$ 50 mil e R$ 100 mil, respectivamente, quando o projeto se encerra. O custo de oportunidade para o acionista é de 20% ao ano. O valor presente do projeto atinge R$ 101 mil e a taxa interna de retorno o impressionante patamar de 553% anuais.

Projeto C: Exige o investimento de R$ 100 milhões no momento D0. No primeiro e segundo anos, observam-se retornos de R$ 60 milhões e R$ 95 milhões, respectivamente, quando o projeto se encerra. O custo de oportunidade para o acionista é de 20% ao ano. O valor presente do projeto atinge R$ 15,97 milhões e a taxa interna de retorno é de 32% anuais.

Qual o projeto a ser escolhido (sempre lembrando que apenas um pode ser o eleito)?

A primeira resposta instintiva seria a escolha da opção C, de maior valor presente.

E se adicionássemos a seguinte informação: O investidor só tem disponível R$ 6 milhões para investimentos?

A escolha passaria a recair na opção A, de maior valor presente dentro das possibilidades iniciais de investimento.

E se o investidor estivesse focado em rentabilidade pura e simples do projeto, não importando o valor do investimento inicial?

A escolha recairia sobre o projeto B, de maior taxa interna de retorno.

Quais são as principais questões que devem ser analisadas quando optamos por um dos dois métodos?

Valor presente (Fluxo de caixa descontado) – Método preferencial a princípio, mas desconsidera questões óbvias como a existência de limitação de capital disponível. Priorizar os projetos de maior valor presente simplesmente pode ser impossível devido à inexistência de recursos para cobrir o investimento inicial. Não havendo problemas neste campo, orientar-se sempre por este método.

Taxa interna de retorno – O grande problema conceitual da taxa interna de retorno é que ela admite que os fluxos de caixa podem ser reinvestidos na prática à qualquer valor. Por exemplo, no caso B, admite-se implicitamente que na vida real o fluxo de caixa no ano 1 (R$ 50 mil) pode ser reinvestido à taxa de 553% ao ano, o que torna o método questionável.

Para a solução deste problema foi criada a metodologia da taxa interna de retorno modificada, que consiste em "levar" os fluxos intermediários pela taxa de juros básica da economia para o último ponto da série. A partir daí, calcula-se a taxa interna de retorno modificada. Exemplificamos com o projeto B, supondo que a taxa de juros básica da economia (ativo livre de risco) esteja em 15% anuais:

• Fluxo de caixa no momento inicial: – R$ 10 mil
• Fluxo de caixa no ano 1, levando para o ano 2: R$ 50 mil x (1,15) = R$ 57,5 mil
• Fluxo de Caixa no ano 2: R$ 100 mil

Portanto, a taxa interna de retorno modificada seria:

(100 + 57,5) / 10) = 15.75, ou 1.475% acumulados no período de dois anos.

No cálculo acima, levamos todos os fluxos intermediários para o último ano da série (no caso ano 2) e encontramos a taxa embutida no investimento.

Para encontrar a taxa interna de retorno modificada, descapitalizamos pelo número de anos (2):

$((15,75)^{1/2} -1) * 100 = 297\%$ ao ano (bem menor que os 553% calculados inicialmente, porém trata-se de um número mais confiável). É difícil sustentar altas taxas de retorno durante muitos períodos sem a entrada de concorrência.

O método da taxa interna de retorno modificada resolve a restrição quanto à hipótese de reinvestimento a qualquer nível, que às vezes torna a taxa interna de retorno calculada da forma simplificada uma metodologia pouco aplicável ao mundo real.

ABRINDO O FLUXO DE CAIXA PARA O ACIONISTA (FCFE)

Após estudar o Fluxo de Caixa para o Acionista (FCFE), com o objetivo de mensurar a riqueza do possuidor das ações, passamos ao conceito de Fluxo de Caixa para a Firma (FCFF). O objetivo é calcular o quanto vale a empresa tanto para os acionistas quanto para os credores. **Em outras palavras: antes de qualquer remuneração, seja de capital próprio ou de terceiros (juros ou dividendos), estabelecemos que:**

Valor da firma (empresa) = Valor de Mercado + Valor da dívida financeira total

Do capital próprio ou dos recursos de terceiros sairão os montantes a serem utilizados para financiar as atividades da empresa. No caso do Fluxo de caixa livre para a firma (inglês – FCFF – *Free Cash Flow to the Firm*), os movimentos relativos à estrutura de capital como contração/pagamento de dívidas, além do lançamento/recompra de ações, não são levados em consideração, dentro do conceito de empresa.

Em outras palavras: todos os investimentos serão feitos com o dinheiro da firma como um todo (credores + acionistas), perdendo sentido a utilização do fator £ (participação do capital próprio no capital total da empresa) para qualquer tipo de investimento.

A diferença inicial dos fluxos de caixa para o acionista e firma reside exatamente no seu ponto de partida. Enquanto a primeira categoria baseia-se no lucro líquido, no segundo caso partimos do lucro antes dos juros e depois dos impostos (EBIT (1-t) – em inglês, *Earnings Before Interest and Taxes minus Taxes*). Esta estranha notação, sobretudo quanto a impostos, só é mais utilizada porque é de mais fácil visualização no Demonstrativo de Resultados do que a expressão correspondente "EBI" (lucro líquido antes do pagamento de juros).

Iniciaremos o cálculo do Fluxo de caixa para a firma a partir do lucro operacional da empresa (por definição antes do resultado financeiro), descontados os impostos que serão pagos.

Insistindo no nosso conceito de consistência, o FCFF só pode ser descontado pelo chamado custo de capital, ou a média ponderada entre o custo do capital próprio e o custo da dívida. Em inglês, a expressão é conhecida como *Weighted Average Cost of Capital* (WACC), conforme estudado no Capítulo 5.

Fluxos de empresa (firma) só podem ser descontados por taxas de desconto relativas à empresa (firma). Depois de calculado, chegamos ao valor da firma ou da empresa (inglês – *firm ou enterprise value*). Subtraindo-se deste montante o valor da dívida financeira total, chegamos ao valor de mercado (*market value*). Portanto, o Fluxo de caixa livre para a firma pode ser assim descrito:

+ Lucro operacional depois da depreciação e dos impostos – EBIT (1-t) – Lembrar que a depreciação representa apenas uma vantagem fiscal para a reposição do ativo permanente, não podendo ser consideradas desembolso de caixa.

– (Investimento Físico – Depreciação = Investimento Líquido)

– (Δ Capital de giro)

+ Todos os itens sem efeito-caixa no Demonstrativo de Resultados, além da depreciação (Exemplo: amortização de Diferido e variação nas provisões)

– Partes Beneficiárias e Partes Estatutárias

= FCFF $_{t+1}$ **(Fluxo de caixa livre projetado para a firma)**

Observe-se que neste caso, a estrutura de capital da empresa (recursos próprios x de terceiros) pouco importa para a projeção do fluxo de caixa, já que o lucro operacional "pertence" tanto ao acionista quanto ao credor, já que nenhum montante foi distribuído até este ponto do Demonstrativo de Resultados.

Um questionamento muito comum é o seguinte:

SE O FLUXO DE CAIXA PARA A FIRMA NÃO CONSIDERA EM SEU CÁLCULO OS JUROS E MUDANÇAS NA ESTRUTURA DE CAPITAL, ESTA QUESTÃO NÃO SERÁ LEVADA EM CONTA NO FLUXO DE CAIXA DESCONTADO?

Esta impressão inicial é inteiramente falsa. Tanto uma mudança na remuneração da dívida (juros), quanto o aumento ou diminuição do principal (alteração na estrutura de capital) estarão refletidos nas modificações observadas no custo de capital projetado (denominador do fluxo de caixa descontado). Por isto, reforçamos a importância fundamental do trabalho sobre a taxa de desconto.

A seguir apresentamos um exemplo sobre FCFF, tornando este ponto mais claro:

Exemplo:

Uma recém-criada empresa de equipamentos de telecomunicações faz pesados investimentos em construção de fábricas e logística de distribuição nos primeiros três anos de existência (R$ 70 milhões por ano). Todo este investimento inicial é depreciado em dez anos (R$ 21 milhões anuais). A firma realiza novos investimentos líquidos, da ordem de R$ 25 milhões do quarto ano até o décimo ano. Na perpetuidade, são necessários R$ 10 milhões anuais de investimento líquido para a manutenção das operações e colaboração para o crescimento igual à atividade econômica.

Como a maioria das novas empresas, no início a base mais relevante do capital é própria (£ = 0.9, ou seja, 90% da firma foi levantada com capital próprio). Porém, à medida que o tempo vai passando, a empresa começa a ficar mais conhecida, conseguindo acesso mais fácil à empréstimos. É normal que no início de suas atividades (considerando constante a remuneração do ativo livre de risco), mesmo com algum aumento de alavancagem, tanto o custo de capital de terceiros como o custo de capital próprio decaíam. Isto se justifica pelo fato de ser comum para o acionista e o credor a cobrança de um "prêmio de risco" pela inexistência de um histórico da companhia.

No caso específico da empresa que ilustra o exemplo, o tempo de carência positivo termina no sexto ano. Uma situação normal, que ocorre com a maioria das companhias começa a ser observada a partir do sétimo ano. Usualmente, uma elevação da alavancagem leva a piora da condição de crédito, o que resulta em incremento no custo de captação de terceiros. Conforme já estudamos, com a empresa ficando mais "arriscada", automaticamente sobe o retorno exigido pelo acionista, espelhado em um ß maior.

Ano	Cap. Próprio	Cap. Terceiros	Custo Cap. Próprio*	Custo Cap. Terceiros*	WACC
1	90.0%	10.0%	25.0%	16.0%	24.1%
2	90.0%	10.0%	24.0%	15.5%	23.2%
3	80.0%	20.0%	23.0%	15.0%	21.4%
4	80.0%	20.0%	21.0%	14.5%	19.7%
5	70.0%	30.0%	20.5%	14.0%	18.6%
6	70.0%	30.0%	20.0%	13.5%	18.1%
7	60.0%	40.0%	20.5%	14.0%	17.9%
8	50.0%	50.0%	21.0%	14.5%	17.8%
9	45.0%	55.0%	22.0%	16.0%	18.7%
10	40.0%	60.0%	23.0%	17.0%	19.4%
Perpetuidade	50.0%	50.0%	17.0%	12.0%	14.5%

*Líquido de I.R e
Juros s/Capital Próprio

Fonte: Autor

Observamos que até o oitavo ano, com a estrutura de capital formada por 50% de capital próprio e 50% de capital de terceiros, há uma situação declinante de custo médio ponderado de capital, atingindo o seu valor mínimo (17,8%). Porém, no nono e no décimo anos, um erro estratégico que aumentou ainda mais a alavancagem resultou em incremento do custo médio ponderado de capital.

Na perpetuidade, então, a empresa resolve recuar através de um programa de capitalização, retornando ao equilíbrio equivalente entre capital próprio e de terceiros (o custo projetado é bem menor, porque pelo menos no longo prazo espera-se que as taxas de juros no Brasil caiam para níveis bem abaixo dos atuais).

No exemplo, já introduzimos a discussão sobre estrutura ótima de capital a ser desenvolvida no Capítulo 7. O importante é demonstrar que a mudança da estrutura de capital (balanceamento entre capital próprio e de terceiros) de uma firma ao longo do tempo pode produzir taxas de desconto diversas ano a ano, crescentes ou decrescentes.

A política de financiamento de uma empresa é muito importante e pode gerar crescimento ou até induzir falência, no caso de ser bem ou mal conduzida. A princípio, entendamos que as taxas projetadas sempre devem ser líquidas dos benefícios fiscais (juros sobre capital próprio e IR sobre encargos financeiros) e que a sua variação vai depender de todos os fatores já citados anteriormente, desde a situação da empresa até o ambiente de investimentos mundial, passando pelas dimensões da indústria e do país.

Para calcular o fluxo de caixa para a firma (FCFF), foi informado que o lucro operacional depois do imposto de renda é negativo no primeiro ano em R$ 10 milhões. No segundo ano, este já será positivo em R$ 30 milhões. Há crescimento rápido de 40% anuais até o ano 5, caindo para 25% entre os anos 6 e 8, e 15% entre nos períodos 9 e 10. Na perpetuidade, a taxa de crescimento do EBIT(1-t) cai para 3% ao ano.

A Receita Líquida no primeiro ano é de R$ 90 milhões. Observa-se crescimento de 25% e 15% entre os anos 2 e 5 e 6 e 10, respectivamente. Na perpetuidade, o faturamento cresce à mesma taxa do lucro operacional após impostos. A variação de capital de giro corresponde a 7% da receita operacional líquida em todos os anos. O valor contábil total da dívida contraída inicialmente foi de R$ 45 milhões. Qual o valor da firma? Qual o valor de mercado da companhia? Dado que a empresa possui 20 milhões de ações lançadas, qual o valor justo por ação e o potencial de alta/baixa de acordo com os preços atuais de mercado, levando-se em conta que o valor unitário negociado por ação é de R$ 20,00?

(R$ milhões) / Ano	Ano 1	Ano 2	Ano 3	Ano 4	Ano 5	Ano 6	Ano 7	Ano 8	Ano 9	Ano 10	Perpetuidade
Receita Líquida (R$ milhões)	90	113	141	176	220	253	291	334	384	442	455
Lucro Op. após impostos EBIT (1-t)	-10	30	42	59	82	103	129	161	185	213	219
Investimentos Físicos	70	70	70	25	25	25	25	25	25	25	
Depreciação (2)	21	21	21	21	21	21	21	21	21	21	
Investimento Líquido (1-2)	49	49	49	4	4	4	4	4	4	4	10
Var. Capital de Giro (7% da Receita)	6	8	10	12	15	18	20	23	27	31	32
Fluxo de Caixa para a Firma (FCFF)	-65	-27	-17	42	63	81	104	133	154	178	177
	-53	-18	-9	19	24	26	28	31	30	29	251

Valor da Firma	360
Valor da Dívida	45
Valor de mercado	315
Número de ações (milhões)	20
Valor "justo" da Ação (R$)	15.73
Valor Atual da Ação (R$)	20.00
Potencial upside/downside	-21.3%

	Ano 1	Ano 2	Ano 3	Ano 4	Ano 5	Ano 6	Ano 7	Ano 8	Ano 9	Ano 10	Perpetuidade
Margem Operacional (após impostos)	-11.1%	26.7%	29.9%	33.5%	37.5%	40.7%	44.3%	48.1%	48.1%	48.1%	48.1%
Dado para a projeção											
Receita Líquida (R$ milhões)	90	113	141	176	220	253	291	334	384	442	455
Crescimento da Receita (% anual)	0	25	25	25	25	15	15	15	15	15	3
Crescimento do EBIT (1-t) (% anual)	0	0	40	40	40	25	25	25	15	15	3
Taxa de desconto para a firma (% ano)	24.1	23.2	21.4	19.7	18.6	18.1	17.9	17.8	18.7	19.4	14.5

Fonte: Autor

Para cálculo do Fluxo de caixa para a firma no ano 1 teríamos:
Lucro Operacional após impostos (– R$ 10 MM) – Investimentos

Líquidos (R$ 49 MM) – Variação da necessidade de capital de giro (R$ 6 MM) = –R$ 65 MM.

Trazido a valor presente pelo custo médio ponderado de capital (24,1%), quando o a estrutura de capital ainda era, no primeiro ano, 90% capital próprio e apenas 10% de capital de terceiros, temos:

= – 65 MM / 1.241 = – R$ 53 MM

O fluxo no ano 2 segue a mesma lógica:

Lucro Operacional após impostos (+R$ 30 MM) – Investimentos Líquidos (R$ 49 MM) – Variação da necessidade de capital de giro (R$ 8 MM) = –R$ 27 MM.

Deve-se trazer o Fluxo de caixa para a firma no ano 2 pelo custo médio ponderado de capital do ano 2 (23,2%) multiplicado pelo custo médio ponderado de capital do ano 1 (24,1%).

= – 27 MM / (1.241 x 1.232) = – R$ 18 MM

Nos demais fluxos, a regra é a mesma: Sempre trazer a valor presente (pelo custo médio ponderado de capital acumulado) o Fluxo de caixa da firma em determinado ano.

Na perpetuidade (base no ano 10), com crescimento de 3% ao ano, utiliza-se a fórmula do valor presente de uma perpetuidade crescente:

FCFF perpetuidade / (custo médio ponderado de capital – taxa de crescimento) /100

= 177 / (0,145 – 0,03) = R$ 1.540 MM, que devem ser trazidos a valor presente pelo custo médio ponderado do capital entre o ano 1 e 10).

= R$ 1.540 bilhões / (1,241 x 1,232 x 1,214 x 1,197 x 1,186 x 1,181 x 1,179 x 1,178 x 1,187 x 1,194) = R$ 251 MM

O somatório de todos os cálculos de valor presente a cada ano:

Valor da Firma justo = (– 53 – 18 – 9 + 19 + 24 + 26 + 28 + 31 + 30 + 29 + 251) = R$ 360 MM

Valor de Mercado justo = Valor da Firma – Valor da Dívida hoje: 360 – 45 = R$ 315 MM

Valor por ação justo: Valor de Mercado / Número de ações emitidas = 315 / 20 = R$ 15.73

Dado que a ação está sendo negociada atualmente a R$ 20, na verdade teríamos aqui uma recomendação de venda. Em outras palavras, a ação parece sobrevalorizada e deveria cair 21,3% ((15.735 / 20) –1) para chegar ao "valor justo".

Confirma-se a necessidade de cuidado especial com o cálculo da perpetuidade, sobretudo em empresas nascentes na *valuation*. É importante notar que nos três primeiros anos de fluxos negativos a geração de caixa não foi suficiente para cobrir investimentos físicos líquido e em capital de giro. Neste caso particular, a "contribuição" da perpetuidade para o valor final da firma atingiu cerca de 70%.

O que faltou checar? Será que a estrutura de capital informada inicialmente estava correta? De R$ 360 milhões do valor da firma, R$ 315 milhões (87,5%) correspondiam ao valor de mercado e os restantes R$ 45 milhões (12,5%) referiam-se ao montante da dívida. Cabe lembrar que a estrutura de capital inicial informada era de 90% investidos em capital próprio e 10% em capital de terceiros. A pequena discrepância pode ser assim analisada:

1 – Trata-se de diferença desprezível, sempre lembrando que o processo de valuation ótimo é aquele equilibra coerência nas hipóteses assumidas e o uma constante busca no grau de simplificação de projeção. Porém, nunca é demais rechecar com a empresa o seu plano futuro de alteração na estrutura de capital. Por exercício teórico de segurança, vamos rodar novamente todo o exercício com a estrutura de capital nova encontrada para o primeiro ano, mantendo a evolução futura constante. O valor justo da ação aumentaria insignificantes R$ 0,03.

2 – Devemos lembrar, por exemplo, que estamos usando o valor contábil da dívida por falta de um mercado secundário de maior liquidez. Se tivéssemos assumido o valor de mercado da dívida em R$ 33 milhões, por exemplo, voltaríamos à estrutura de capital inicialmente informada (90% – capital próprio e 10% – capital de terceiros). Porém, isto representaria um desconto de 26,7% em relação ao valor contábil de R$ 45 milhões, o que só poderia ser verdade em situações realmente adversas.

Como foi observado grande diferencial entre o valor justo calculado da ação e o preço de mercado, logo vem a seguinte pergunta à cabeça de qualquer analista: **Onde foi que eu errei?** Será que não estou vendo algum valor escondido na companhia? Será que as taxas de crescimento estão subavaliadas e as taxas de desconto (WACC) muito acima do que deveriam ser? Não vale a pena checar de novo com a companhia o cronograma de investimentos?

A questão da eficiência do mercado não é tema central deste livro, mas acreditem que esta "figura eminente" erra muito. O caso mais recente foi a chamada "Bolha da Internet" (1997-2000). Durante quase três anos os preços espelhados no mercado eram simplesmente impossíveis de justificar por qualquer teoria, naquela época alcunhada pejorativamente de "tradicional".

Novas teses foram desenvolvidas no chamado "Bravo Mundo Novo", que pregavam o fim dos ciclos econômicos, eternos aumentos de produtividade, níveis de crescimento estratosféricos projetados para muitos anos e/ou uma queda estrutural do custo de capital das empresas. O final da história todos conhecem. Grandes prejuízos, com um memorável ajuste de preços

No caso da companhia de equipamentos de telecomunicações do último exemplo, se a taxa de crescimento do EBIT (1-t) fosse alterada, qual seria o patamar para que o atual preço da ação (R$ 20, que traduz um valor de mercado de R$ 400 milhões) fosse considerado razoável?

• Hipótese 1 – Mantém-se o crescimento na perpetuidade de 3%, tanto para receita quanto para o lucro operacional depois de impostos. O crescimento do EBIT (1-t) entre os períodos 3 e 10 teria que ser ao redor de 2,8% maior em cada ano, o que é um aumento muito forte de produtividade, elevando a já interessante margem operacional após impostos de 48% para impressionantes 57% na perpetuidade.

• Hipótese 2 – Aumentando o crescimento na perpetuidade de 3% para 4%, tanto para receita quanto para o lucro operacional depois de impostos. É uma hipótese otimista, como veremos no capítulo sobre taxas de crescimento. O crescimento do EBIT (1-t) entre os períodos 3 e 10 teria que ser 1,8% maior em cada ano.

• Hipótese 3 – Tudo mais constante, uma queda na taxa de desconto para a firma da ordem de 1,4% anuais (incluindo a perpetuidade) justificaria o atual preço de mercado. Tal hipótese exigiria uma construção de imagem mais rápida que o normal para uma empresa iniciante e uma política de estrutura de capital mais agressiva e sem margem para erros.

• Hipótese 4 – Assumindo na perpetuidade um crescimento tanto da receita quanto do EBIT (1-t) da ordem de 4%, a "necessidade de redução do WACC" cai para 0,9% anualmente. Esta hipótese é bem otimista, como veremos no capítulo sobre taxas de crescimento. As duas condições juntas são ainda mais improváveis de acontecerem.

Há milhares de combinações possíveis entre crescimento (que vai acarretar em efeitos no retorno sobre o ativo e, conseqüentemente, em margens e giros) e taxa de desconto. Mas as quatro hipóteses acima não nos convencem de que o mercado possa estar correto e nós, como analistas, necessariamente errados em nosso julgamento.

Algo que poderia explicar (não justificar, já que é temporário) esta supervalorização de uma ação reside exatamente no chamado efeito-manada, no qual todos passam a acreditar na mesma direção e a autoprofecia se realiza. Portanto, na hora de realizar sua recomendação, o analista também deve levar em consideração este ponto subjetivo. Um analista não pode basear toda a sua verdade em apenas uma planilha, por mais desenvolvida que seja.

> **Quando há discrepância grande entre o preço justo projetado e o observado, o analista tende a julgar que existe probabilidade muito maior de ter cometido um erro. Dificilmente acreditará que a manada errou. Mas o mercado pode estar precificando corretamente a empresa.**

Voltando ao caso da Bolha da Internet, percebe-se um claro exemplo de falsa dicotomia entre Mercado e Análise Fundamentalista. Warren Buffet, um dos mais famosos, respeitados e bem-sucedidos gestores de recursos do planeta, recusou-se a participar da febre do "Bravo Mundo Novo", exatamente porque fazia as contas "de frente para trás e de trás para frente" e não conseguia chegar a nenhuma justificativa plausível para aqueles preços exorbitantes de ações de companhias que haviam nascido "ontem" e já eram negociadas por bilhões de dólares.

Resultado: Os papéis continuaram subindo sem parar por três anos, pois havia um fator psicológico prevalecendo sobre qualquer aspecto racional, e a performance dos fundos de Warren Buffet ficaram aquém da concorrência. Quando a "bolha" começou a implodir, em março de 2000, Warren Buffet estava bem longe do prejuízo. Os críticos afirmam que a conclusão desta história é que Warren Buffet deixou de ganhar muito dinheiro. Os fãs podem alegar que, ao contrário, ele manteve sua postura e deixou de perder muito dinheiro de seus clientes. Na verdade, os dois lados têm razão, mostrando que o bom analista deve ter a consciência de que existe no mundo da análise de investimentos em sua volta muito mais do que um fluxo de caixa descontado.

QUAIS OS CRITÉRIOS DE ESCOLHA ENTRE O FLUXO DE CAIXA DESCONTADO PARA A FIRMA OU PARA O ACIONISTA?

Não há como qualificar como superiores ou inferiores os métodos de fluxo descontado para a firma ou para o acionista, até porque ambos devem chegar ao mesmo resultado em termos de valor justo para a companhia (valor de mercado).

A diferenciação básica entre as duas utilizações reside no estágio de estrutura de capital da empresa analisada. A intuição natural aponta para o método de fluxo de caixa livre para o acionista como mais apropriado, pois "já inclui tudo". Apesar de o raciocínio não ser inteiramente incorreto, cabe o seguinte questionamento de ordem prática: imagine se uma empresa que tem endividamento diminuto resolva iniciar um processo de alavancagem? Imagine como calcular os juros no futuro, para chegar ao fluxo de caixa livre para o acionista apropriado? O trabalho operacional seria muito extenso e sujeito a erros.

A boa notícia é que a utilização do fluxo de caixa para a firma resolve a "parte do numerador" do fluxo de caixa descontado, já que não inclui o item juros. Porém, a má notícia é que a porção do denominador, ou seja, a taxa de desconto, deve ser ainda mais trabalhada (uma vez que analisa a ponderação do custo de capital próprio e de terceiros), mesmo com a utilização deste método.

Em outras palavras: qualquer mudança do grau de alavancagem ao longo do tempo deve ser captada no WACC (via balanço entre capital próprio e de terceiros, além do recálculo dos respectivos custos), com influência direta na precificação da firma e, por conseguinte, no valor de mercado da empresa/ação.

Concluindo, chegamos a duas situações possíveis:

1. A empresa em questão não tem perspectivas de mudança na estrutura de capital; normalmente são entidades maduras, líderes de mercado – A opção mais indicada é a utilização do método do fluxo de caixa para o acionista, já que não teremos dificuldades em projeções de juros a serem pagos.

2. A empresa em questão tem perspectivas relevantes de mudança na estrutura de capital no futuro; neste grupo, encaixa-se a grande maioria das empresas, sobretudo as iniciantes e pertencentes à indústrias em permanente evolução – Neste caso, a opção mais correta é o uso da metodologia do fluxo de caixa para a firma, que reconhece as mudanças na estrutura de capital na taxa de desconto de forma muito mais direta e mensurável.

DESTAQUE: O CÂMBIO E O PREÇO DAS AÇÕES EM REAIS

Estamos no ano de 2001. Assistindo à desvalorização cambial próxima a 27% nesse ano, muitos investidores traçaram um paralelo com 1999, quando o Ibovespa subiu 150% (em R$), após depreciação na cotação dólar/real de 34%. O índice Bovespa encontrava-se em 2001 em patamar historicamente baixo, inferior a 4 mil pontos (em US$). Mas os lucros dolarizados das empresas também não caíram, justificando preços em dólares também deprimidos?

Quanto ao lucro, o efeito varia de empresa para empresa. Se todas as receitas e despesas forem realizadas em reais, o lucro em dólar cairá na mesma proporção da desvalorização. Se houver um *"mix"* de participação de dólares e reais nas receitas e despesas, a conseqüência será diversa. Em termos gerais, com exceção de empresas exportadoras (não muito endividadas em dólar), o lucro dolarizado de ações brasileiras tende a cair em períodos de depreciação do real.

Vivíamos, em 1999, uma fase de farta liquidez internacional, com investidores internacionais ávidos por boas oportunidades em mercados emergentes, mesmo após prejuízos na Ásia (1997) e Rússia (1998). A partir de 2000, porém, estes mesmos investidores, após o estouro da bolha da Internet e o movimento cíclico na economia norte-americana, estavam avessos a qualquer tipo de risco, sentimento que vem sendo exacerbado pelos fatos recentes.

Mas, além de um ambiente na demanda por ações, qual é a diferença dos processos de desvalorização cambial de 2001 e 1999 em relação aos efeitos diretos nos preços? Em 1999, a alteração no regime cambial significou profunda mudança na política econômica do Governo, gerando expectativas imediatas de queda de juros reais e crescimento futuro. Esta percepção de menor risco provocou também uma queda na chamada taxa de desconto do país, a diferença entre a remuneração de títulos brasileiros (C Bond) e norte-americanos, que despencou de 15% para 7,5% naquele ano. Em termos de fluxo de caixa descontado, é verdade que os lucros correntes em dólar em geral também caíram, mas o efeito da queda da taxa de desconto mais do que compensou. Resultado: Perspectivas maiores de crescimento + risco menor − lucros de curto prazo menores em dólar = forte alta dos preços das ações em reais e em dólares.

Em 2001/02, a valorização do dólar foi causada pela fragilidade externa e interrupção abrupta de financiamentos vindos do exterior, sobretudo pelo receio generalizado da transição política. As conseqüências foram o aumento da dívida brasileira e a piora de percepção de risco-país, espelhada no salto na diferença de remuneração de títulos brasileiros e norte-americanos, de 7% no início do ano para os atuais 11%. O Banco Central foi obrigado a apertar a política monetária, fator que, junto com a crise energética, diminuiu as expectativas de crescimento para 2001 e 2002.

Resultado: Perspectivas piores de crescimento + risco maior + lucros de curto prazo menores em dólar = forte queda de preços das ações em reais e em dólares.

Portanto, conclusões sobre os preços justos de Bolsa em momentos de fortes oscilações cambiais não são tão óbvias quanto parecem, devendo a análise ser feita caso a caso. O que importa em épocas de desvalorizações cambiais bruscas não é a queda de preços ou de resultados correntes em moeda forte, mas a projeção do impacto no crescimento de lucros e da evolução do risco percebido nos próximos anos.

COMO TRANSFORMAR O FLUXO DE CAIXA PARA O ACIONISTA NO DA FIRMA, E VICE-VERSA?

Conforme já enfatizado, levando-se em consideração as respectivas taxas de desconto (custo de capital para a firma – em inglês, WACC – no caso do fluxo de caixa livre para a companhia e custo de emissão para o acionista – em inglês, *Cost of Equity* – para o fluxo de caixa livre para o acionista), temos que chegar ao mesmo resultado para o valor de mercado da companhia. Abaixo demonstramos a transição do fluxo de caixa livre para o acionista para o fluxo de caixa livre para a firma.

+ Lucro líquido

− (£) Investimento Líquido (Novos Investimentos − Deprec.)
− (£) Δ Capital de Giro
+ Todos os itens sem efeito-caixa no Demonstrativo de Resultados, além da depreciação (Exemplo: amortização de Diferido e variação nas provisões)
+ Aumento de Capital
− Cancelamento de Capital
+ Emissão de novas dívidas
− Pagamento de amortizações e principal
− Partes Beneficiárias e Estatutárias
= **Fluxo de caixa livre para o acionista (sendo (£) = participação do capital próprio no capital total da firma)**

+ juros pagos (1 − t)
− (1 − £) x (Investimentos)
− (1− £) x (Δ Capital de Giro)
− Aumento de Capital
+ Cancelamento de Capital
− Emissão de novas dívidas
+ Pagamento de amortizações e principal
= **Fluxo de caixa livre para a firma**

Exemplo: Uma empresa do setor de entretenimento que abriu o capital em 2006, contraiu o seu primeiro endividamento em dezembro daquele ano no valor de R$ 10 milhões (amortização e principal só começarão a ser pagos em 2008). A participação do capital de terceiros no capital total foi para 20%. Seu lucro líquido projetado para 2007 é de R$ 4 milhões, e a taxa de juros do empréstimo atinge de 20% ao ano. A alíquota de IR é de 30%. O estatuto da empresa obriga o pagamento de 25% dos lucros a título de partes estatutárias.

Durante 2007, estima-se que a empresa aplicará R$ 1 milhão em investimentos físicos líquidos e R$ 500 mil em capital de giro. Está programado mais uma contração de dívida e uma emissão de ações ao redor de R$ 3 milhões, o que manterá aproximadamente a mesma estrutura de capital. Ambas as operações serão realizadas na metade do ano. No caso da dívida, a taxa do empréstimo deverá ser também de 20% anuais (lembrando que o pagamento de juros só ocorrerá após seis meses).

Qual o fluxo de caixa descontado para o acionista e para a firma projetados para 2007?

(£) = participação do capital próprio = 1−0,2 = 0,8

+ Lucro Líquido: R$ 4 milhões
− (£) Invest, Líq. (Novos Invest. − Deprec.): 0,8 x R$ 1 milhão = R$ 800 mil
− (£) Δ Capital de Giro: 0,8 x R$ 500 mil = R$ 400 mil

+ Todos os itens sem efeito-caixa no Demonstrativo de Resultados, além da depreciação (Exemplo: amortização de Diferido e variação nas provisões): R$ 0
+ Aumento de Capital: R$ 3 milhões
− Cancelamento de Capital: R$ 0
+ Emissão de novas dívidas: R$ 3 milhões
− Pagamento de amortizações e principal : R$ 0
− Partes Beneficiárias, Estatutárias e/ou Dividendos Obrigatórios: 0.25 x R$ 4 milhões = R$ 1 milhão
= **Fluxo de caixa livre para o acionista => R$ 4 milhões − R$ 800 mil − R$ 400 mil + R$ 3 milhões + R$ 3 milhões − R$ 1 milhão = R$ 7,8 milhões**

+ juros pagos (1 − t): Total de juros pagos: 0,20 x R$ 10 milhões + (0,2 x R$ 3 milhões / 2) = R$ 2,3 milhões; considerando apenas o valor líquido, após impostos: R$ 2,3 milhões (1-0,30) = R$ 1,61 milhão.
− (1 − £) x (Investimentos) : (1-0,8) x R$ 1 milhão = R$ 200 mil
− (1− £) x (D Capital de Giro): (1-0,8) x R$ 500 mil = R$ 100 mil
− Aumento de Capital : R$ 3 milhões
+ Cancelamento de Capital : R$ 0
− Emissão de novas dívidas: R$ 3 milhões
+ Pagamento de amortizações e principal: R$ 0
= **Fluxo de caixa livre para a firma => R$ 7,8 milhões + R$ 1,61 milhão − R$ 200 mil − R$ 100 mil − R$ 3 milhões − R$ 3 milhões = R$ 3,11 milhões**

Portanto, temos as seguintes projeções:
• Fluxo de Caixa Livre para o Acionista (FCFE): R$ 7,8 milhões, que deverá ser descontado pelo custo de capital próprio.
• Fluxo de Caixa Livre para a Firma (FCFF): R$ 3,11 milhões que deverá ser descontado pelo custo médio ponderado de capital (WACC).

A projeção de fluxo de caixa na prática

Cada analista irá utilizar o seu melhor julgamento para projetar os fluxos de caixa, seja para o acionista ou para firma, nos anos que se seguem. Não existe regra, e a especificidade de cada setor contribui bastante para a definição de modelagem.

Metodologia número 1 – Estimativa item a item: o analista projeta, ano a ano, o fluxo de caixa até a perpetuidade, analisando a empresa mais no detalhe.

- **Receita Bruta** – Projeção de quantidades e preços de acordo com a mercadoria.
- **Receita Líquida** – Receita Bruta projetada menos os impostos que já existem e potenciais mudanças sobre a política tributária sobre a receita.
- **Custo da Mercadoria Vendida (CMV)** – Normalmente um percentual projetado sobre a receita líquida ao longo do tempo, de acordo com as expectativas de melhora de eficiência na produção.
- **Lucro Bruto** – Diferença entre Receita Líquida e Custo de Mercadoria Vendida (CMV), já refletindo as projeções.
- **Despesas Operacionais** – Projeção da evolução de todas as despesas necessárias para o funcionamento do negócio (salários, aluguéis, luz, administrativas etc.). O analista deve tomar cuidado em separar o que representa custo fixo e variável (% da receita líquida), mensurando também a capacidade da empresa em melhorar a produtividade. A depreciação também é uma despesa operacional, mas será analisada à parte.
- **Depreciação** – Deve ser função (em %) das projeções dos investimentos físicos a serem realizados no futuro. Os métodos contábeis de depreciação (linear ou acelerada) a serem adotados devem ser assumidos.
- **Lucro Operacional** – Lucro Bruto – Despesas Operacionais (resultado oriundo das projeções realizadas).
- **Impostos sobre o lucro** – Impostos que já existem e potenciais

mudanças sobre a política tributária sobre o lucro.

• **Lucro antes dos juros e impostos** – EBIT (1-t) – Neste ponto, o analista já tem a projeção para a base do fluxo de caixa para a firma.

• **Despesas e Receitas Financeiras; Estrutura de Capital (Relação entre valor de mercado das ações e da dívida)** – Projeção de despesas financeiras com empréstimos e receitas financeiras com aplicações, de acordo com a estrutura de capital da empresa, que é função de uma série de fatores específicos da companhia e da indústria na qual ela está inserida; importante tanto para os analistas que optarem pelo fluxo de caixa para o acionista como para quem escolheu o fluxo de caixa para a firma.

• **Lucro Líquido** – Já com os impostos projetados, chegamos como resultado de todas as projeções ao lucro depois do pagamento de Imposto de Renda; base para o fluxo de caixa para o acionista.

• **Investimentos físicos e em capital de giro** – Projeções extraídas de conversas com a própria empresa e analistas do setor; a variação da necessidade de capital de giro representa um percentual da receita. A soma dos investimentos líquidos, agregada ao retorno sobre o capital total, deve ser compatível com o crescimento do lucro antes dos juros e impostos (teste de consistência a ser detalhado no Capítulo 8),

Metodologia número 2 – Estimativa "agregada": o analista projeta, ano a ano, o fluxo de caixa até a perpetuidade, analisando a empresa através da previsão acerca da evolução de indicadores e parâmetros mais gerais.

Em vez da projeção item a item, o analista opta pela projeção mais ampliada de margens, indicadores de giro, política de dividendos da empresa e de estrutura de capital da companhia. A partir destas, assume diretamente certas premissas sobre o crescimento do EBIT (1-t) e do lucro líquido. Estes parâmetros devem estar em consonância com os investimentos líquidos e de capital de giro projetados para o futuro.

A Metodologia 2 difere da Metodologia 1 pela opção de trabalhar com a estimativa de indicadores, em vez de rubricas individuais. No entanto, dificilmente o analista conseguirá evitar uma análise mais profunda em alguma conta específica, chamada de "catalisadora de reśultados", seja esta positiva ou negativa. Explicitando, é fundamental o foco do analista nos pontos que irão afetar com maior impacto a companhia. Por exemplo, se o maior problema da empresa reside na má administração do capital de giro, é inevitável que o analista busque respostas para a questão com um detalhamento maior do fluxo. Se no crescimento da receita está a chave do sucesso da firma, é obrigação do analista checar em detalhes o potencial desta evolução.

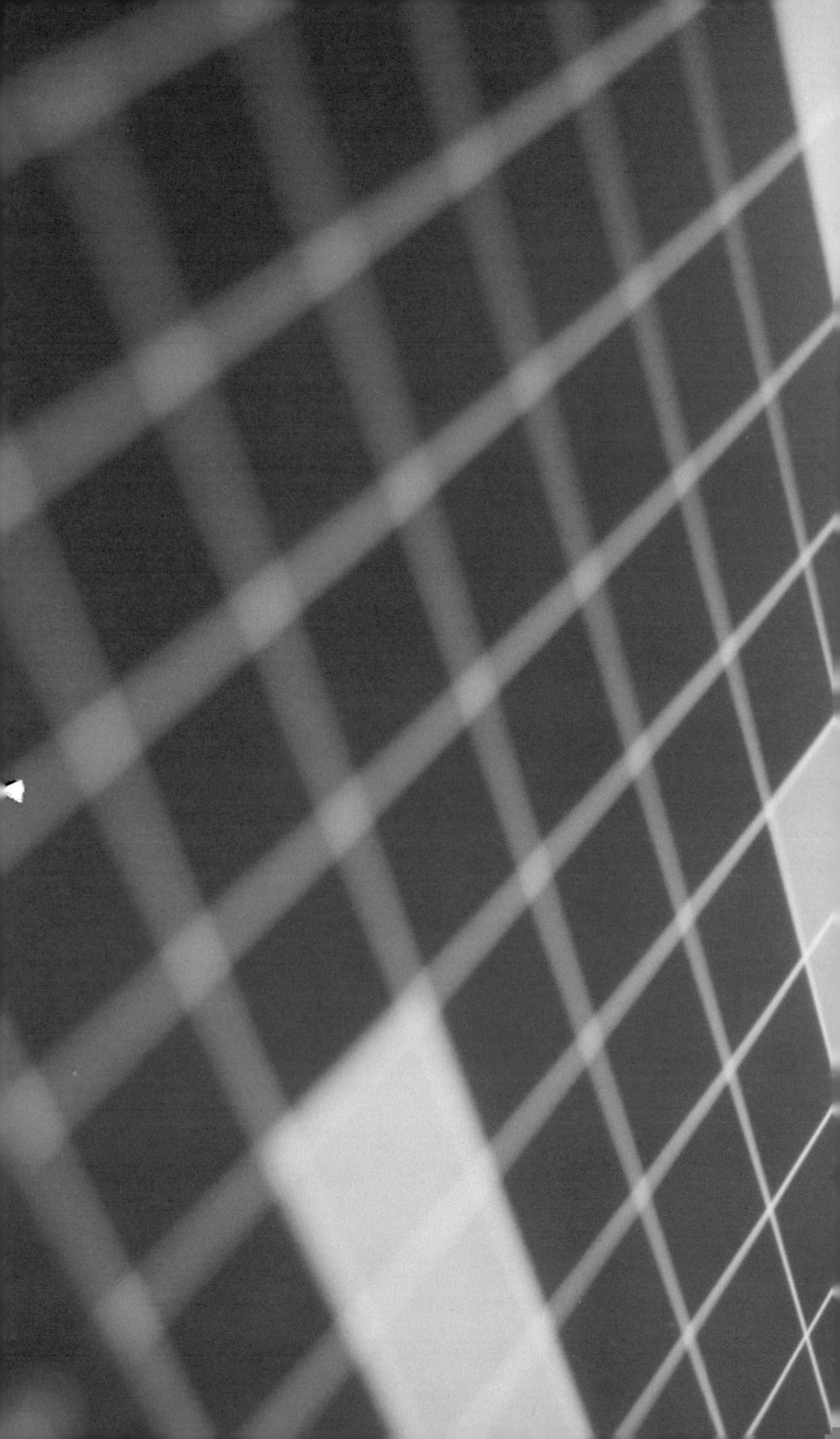

Capítulo 7

Estrutura de capital ótima – Verdades e Mitos

O EQUILÍBRIO DO CAPITAL

A teoria de estrutura de capital ótima baseia-se na tese de que em todas as empresas e/ou indústrias existe uma proporção considerada ideal em termos financeiros entre o capital de terceiros e o próprio. Existe em cada companhia um *mix* entre a alocação de recursos próprios e endividamento, cujo resultado será o menor valor possível para o custo médio ponderado do capital, uma das principais fontes geradoras de valor.

À medida que a empresa se endivida, o mercado a percebe como mais "arriscada", cobrando uma taxa de juros adicional (no jargão do mercado, um prêmio) no empréstimo. E há também aumento de percepção de risco na companhia, o que gera uma elevação imediata do custo de capital próprio. Conforme estudamos no Capítulo 5, o mecanismo de transmissão do aumento de alavancagem no incremento do custo de capital próprio se dá via elevação do valor do ß.

Portanto, apesar do custo mais baixo, o "benefício" da dívida não é eterno. Neste processo de alavancagem, chega-se a um ponto em que os aumentos dos custos da dívida e no custo de capital próprio já não são mais compensados pela maior participação do endividamento na estrutura de capital, conforme a figura a seguir:

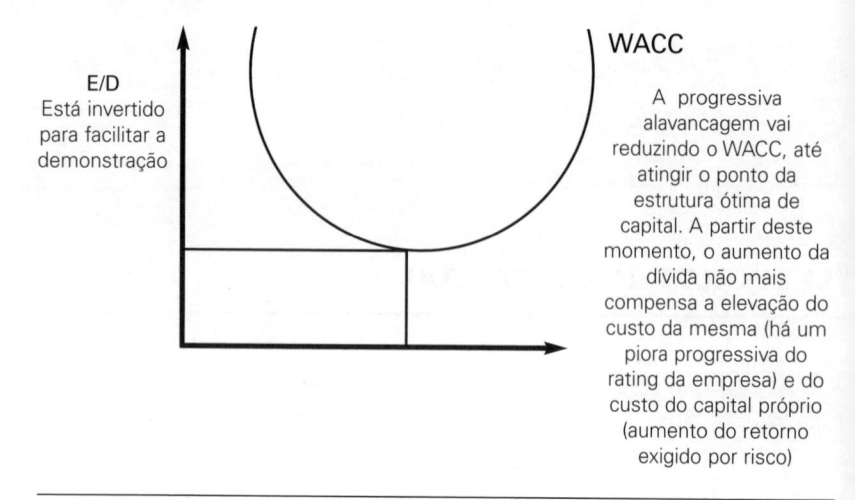

E/D
Está invertido para facilitar a demonstração

WACC
A progressiva alavancagem vai reduzindo o WACC, até atingir o ponto da estrutura ótima de capital. A partir deste momento, o aumento da dívida não mais compensa a elevação do custo da mesma (há um piora progressiva do rating da empresa) e do custo do capital próprio (aumento do retorno exigido por risco)

Fonte: Autor

O MITO DO ENDIVIDAMENTO: ATÉ QUE PONTO É INTERESSANTE?

• Vantagem tributária

Apesar da existência muito particular da figura dos juros sobre capital próprio no Brasil, o desconto no custo da dívida via IR é bem superior em termos de montante. No caso do capital de terceiros, o valor do custo real dos juros é inteiramente dedutível da base de cálculo de IR. Já no caso do capital próprio, a base do desconto é a TJLP, calculada pelo Governo, que historicamente tem representado apenas 37% em média do retorno exigido pelo acionista. Tudo mais constante, quanto maior a alíquota de IR, maior a vantagem do administrador em buscar a estrutura de capital ótima para a sua companhia.

• O endividamento tende a aumentar a disciplina do administrador

Por tratar-se de um custo fixo, a introdução de endividamento na empresa costuma limitar a liberdade do administrador. Existe neste aspecto o que os economistas chamam de "custos de agenciamento" (em inglês, *agency costs*), que basicamente discute os prejuízos que a empresa sofre com o conflito de interesses entre os administradores da companhia (que não querem ver reduzida a sua área de atuação) e seus controladores (que desejam a maximização do valor da empresa).

Para isto, foram criados todos os mecanismos que unem os interesses de administradores e controladores, como participação nos resultados e opções de ações da companhia (em inglês, *stock options*). Tudo mais constante, quanto menor for o incentivo financeiro que une os gestores da empresa aos seus donos, maior a possibilidade de a estrutura de capital da empresa não estar próxima ao ponto ótimo (menor o incentivo para que os executivos busquem este patamar).

- **Conflito entre os acionistas e os credores da empresa**

Os dois grandes possuidores de interesse em uma firma são os acionistas e os credores, que têm objetivos diversos: enquanto os primeiros desejam a maximização do valor da ação, os outros simplesmente almejam que o principal de suas dívidas, mais os juros, sejam pagos.

Portanto, há claro conflito de interesses. Os acionistas buscam projetos de alto retorno e, conseqüentemente, de maior risco. Enquanto isto, os credores gostariam que as firmas priorizassem o risco em relação ao retorno. Quanto mais arriscados forem os investimentos, mais o valor de mercado da ação tende a subir e o da dívida tende a cair.

Há formas de amenizar esses conflitos. Por exemplo: os credores podem negociar garantias vinculadas (em inglês, *covenants*), determinando que a partir de um certo ponto de alavancagem máxima ou graus de desempenho mínimo da empresa, a dívida tenha que ser automaticamente resgatada. Outro instrumento é contração de dívida com uma espécie de opção de venda embutida por parte do credor. Há ainda a alternativa de lançamento de debêntures conversíveis em ações, que permite que os credores emprestem, porém com a possibilidade de tornarem-se sócios da empresa em determinadas condições. Tudo mais constante, quanto mais arrojado for o controlador e o administrador da empresa, maior a tendência de a estrutura de capital ótima ter uma participação maior de capital próprio, já que o financiador de alavancagem ficará menos propenso a conceder empréstimos.

O próximo exemplo pode dar a dimensão de como um aumento de endividamento pode tornar-se contraproducente no objetivo principal de redução do custo médio ponderado do capital de uma firma.

Suponhamos que, ao fim de 2003, uma empresa do setor de logística com endividamento de R$ 60 milhões e valor de mercado de R$ 150 milhões resolva quadruplicar seu endividamento para financiar novos projetos. Para isto, decide fazer nova captação de R$ 180 milhões, o que permitirá folga de caixa para outras oportunidades que surjam mais à frente. O ativo livre de risco remunerava à taxa de 17% ao ano no Brasil. O prêmio de risco em R$ encontrava-se em 8,5% e o IR = 30%. O custo do capital próprio também recebe o benefício fiscal, assumindo como valor máximo a TJLP (que, em média, representa 37% do custo do capital próprio) e alíquota de 30% igual a do capital de terceiros.

Em função desta operação, as agências de *rating*, "assustadas" com a agressividade da administração, resolvem promover um forte *downgrade* (três níveis para baixo) no *rating* da companhia (de AAA para CCC), o que eleva de 1% para 5% ao ano o *spread* médio de risco para as futuras emissões.

A situação antes do novo endividamento: (Rating AAA)

Valor da Dívida t_0: R$ 60 milhões

Valor de Mercado t_0: R$ 150 milhões

Relação D/E = 60/150= 0.40

Relação: D / (D+E) = 60/210 = 0.286 (participação da dívida no capital total)

Relação E / (D+E) = 1 − 0.286 = 0.714 (participação dos recursos próprios no capital total)

Spread de risco: 1% ao ano

A situação imediatamente após o novo endividamento: (Rating CCC)

Valor da Dívida t_0: R$ 240 milhões

Valor de Mercado t_0: R$ 150 milhões

Relação D/E t_0= 240/150= 1.6

Relação: D / (D+E) t_0 = 240/390 = 0.615 (participação da dívida no capital total)

Relação: E / (D+E) t₀ = 1 − 0.615 = 0.385 (participação dos recursos próprios no capital total)

Spread de risco : 5% ao ano

Dado: o Beta desalavancado $ß_d$ do setor de logística = 0.52.

Antes do endividamento:

Custo do Capital Próprio:

ß = 0.52 x (1+ ((0.40) x (1-0.30)))

ß = 0.67

Então, o Custo do Capital Próprio =

(17% + 0.67 x 8.5) x ((1-(0.30 x 0.37))) = 20,18%

Custo do Capital de Terceiros: 17% + 1% (spread médio de risco para empresas AAA) x (1-0.30) = 12.60

O custo médio ponderado de capital = Participação da dívida no capital próprio X 12.60% + Participação dos recursos próprios no capital total x 20.18% = (0.286 x 12.60) + (0.714 x 20.18) = 18.01%

Depois do endividamento:

Custo do Capital Próprio:

Com a nova relação D/E = 1.6, "realavancamos" o ß:

ß = 0.52 x (1+ ((1.6) x (1-0.30)))

O Beta da empresa após a nova alavancagem (ß) = 1.10

Então, o Custo do Capital Próprio t₀ =

(17% + (1.10 x 8.5) x ((1-(0.30 x 0.37))) = 23.43%, portanto, conforme esperado, superior aos 20.18% pré-alavancagem.

Com o rebaixamento do *rating* (de AAA para CCC), o custo do capital de terceiros t₀:

= (17% + 5%) x (1-0.30) = 15.4%, portanto também superior aos 12.60% pré-alavancagem

$$WACC = (0.385 \times 23.43\%) + (0.615 \times 15.4\%) = 18.5\%$$

Observamos elevação tanto do custo do capital próprio como do custo de capital de terceiros e um início de aumento também do custo médio ponderado do capital, que subiu de 18,01% para 18,5%. Certamente existirão níveis de alavancagem para este tipo de companhia e indústria em questão que devem produzir um custo médio ponderado de capital bem menor do que o patamar entre 18% e 18,5%. Em outras palavras, neste caso, tanto a situação original de baixa alavancagem quanto à segunda hipótese de aparente endividamento exagerado parecem ruins para a empresa. Ambos os pontos parecem estar em regiões desfavoráveis da curva de estrutura de capital ótima. Cabe aos executivos procurarem uma situação intermediária onde certamente a companhia estará em uma situação financeira mais interessante.

A relação custo-benefício marginal de um aumento do endividamento é decrescente, até que se atinja um ponto em que passa a ser negativa. Deve-se levar em conta também o efeito indireto de imagem, antes sólida financeiramente e agora de uma empresa alavancada. Apesar da difícil mensuração objetiva, estas questões devem ser levadas em consideração.

Observação importante: Quando aumentamos o custo do capital próprio e da dívida, certamente também estaremos modificando os valores de mercado do endividamento em estoque, além do valor de mercado das ações. Portanto, com o aumento da alavancagem, a relação Valor de Mercado da Dívida / Valor de Mercado das ações certamente não se modificará linearmente. Por isto, utilizamos a notação t_0 para demonstrar qual seria a reação de cada variável imediatamente após a alavancagem, sem considerar os efeitos secundários nos valores de mercado, que certamente existirão.

AS LIMITAÇÕES DA TEORIA

Como qualquer teoria, a aplicação às vezes esbarra em fatores concretos da realidade que fazem com que os diretores financeiros tenham que reformular suas idéias. Suponhamos que, após extensos estudos, chega-se à conclusão de que realmente o melhor caminho para a nossa companhia do setor de logística seja duplicar suas dívidas, o que elevará o seu grau de alavancagem (D / (D + E)) dos atuais 0.286 para aproximadamente 0.5, reduzindo o seu custo médio ponderado de capital ao patamar teoricamente mais baixo possível.

MÉDIA DA INDÚSTRIA, UM SINALIZADOR IMPORTANTE
Suponhamos, porém, que a atitude dos empresários do setor de logística seja conservadora por natureza (grau de alavancagem médio de 0.2) e que a nossa companhia já seja a mais endividada do setor. Com o movimento, ela ficará com uma exposição relativa a dívidas 150% superior à média da indústria.

Como será que os analistas e, sobretudo, os possíveis credores encararão a nova situação? Será que eles irão aceitar os argumentos da empresa e acompanhá-la na teoria de estrutura de capital ótima ou, como "o dinheiro é covarde", cobrarão mais um adicional de risco por esta situação inusitada no setor?

A segunda opção parece mais plausível no mundo real. Além de o potencial custo mais alto, podem existir, por parte dos credores, limitações quanto à disponibilidade de crédito para empresas com alavancagem mais alta.

As empresas, antes de decidirem qual o seu grau de alavancagem ideal, observam atentamente a média da indústria na qual estão inseridas, seja no Brasil ou no exterior (se for uma firma de porte internacional). Dificilmente vêem-se atitudes "heróicas" de um descolamento muito grande desta média, já que o grau de sofisticação do mercado pode não atingir a real intenção da direção daquela empresa, que é a redução do WACC.

GRAU DE PREVISIBILIDADE DE RESULTADOS
Quanto mais previsível for o resultado de uma empresa, maior o espaço teórico para o endividamento. Por exemplo: uma empresa que está iniciando suas atividades, normalmente só utiliza capital próprio. Inicialmente porque é caro e difícil conseguir crédito baseado em nenhuma garantia real. Depois, porque a previsibilidade de resultados no começo das atividades é muito mais difícil de ser obtida.

Portanto, tudo mais constante, quanto mais madura for a empresa, maior a tendência ao endividamento e que a sua estrutura de capital possa se aproximar do nível ótimo.

Além disto, existe a questão da certeza do fluxo de caixa. As despesas com juros são custos fixos, que exigem um grau de cobertura de pagamento constante. Não é possível pedir a um credor, na hora de pagar amortização ou juros de um empréstimo, para esperar até a situação da empresa melhorar. Tudo mais constante, quanto mais cíclica for a geração de lucros de uma companhia, menor a tendência ao endividamento e mais longe estará a sua estrutura de capital do ponto teórico ideal.

Estabilidade econômica e nível de taxa de juros

A estabilidade econômica e o nível de taxa de juros também são fatores fundamentais para a definição da relação de capital próprio e de terceiros em uma firma. Se há previsão de turbulência econômica futura, brota natural aversão ao risco do endividamento.

Adicionalmente, o caso brasileiro, que nos fez conviver com taxas de juros reais muito altas no período 1994-2006, ilustra bem o nosso ponto, fazendo com que haja também menor propensão à dívida. A questão passa a ser não mais de simples maximização de valor da empresa, mas de pressão de fluxo de caixa no curto prazo. Enfim, o ponto principal transforma-se mais uma questão de análise de crédito (necessidade de gerar divisas para pagar dívidas de mais curto prazo) do que um problema de adoção de medidas que melhorem o custo da empresa no longo prazo (busca do ponto ideal de alavancagem).

A teoria da estrutura ótima do capital assume que a empresa minimizará o seu custo médio ponderado de capital ao longo do tempo, o que resultará na valorização da ação. Mas a diferença entre o custo de capital de próprio e de terceiros é que este último envolve desembolso de caixa. Se a taxa de juros for muito alta a pressão é insustentável. Portanto, quanto mais incertos forem a a estabilidade econômica e o patamar de taxa de juros, mais provável que a estrutura de capital de uma firma fique abaixo (menos alavancado) do ponto ideal.

Ano de 2006 – Grau de alavancagem (D/(D+E)) por setor no Brasil:

#	Setor	D/(D+E)
1	Papel e Celulose	0,33
2	Química	0,32
3	Energia Elétrica	0,29
4	Telecomunicações	0,27
5	Siderurgia & Metalurgia	0,26
6	Petróleo e Gas	0,20
7	Veiculos e peças	0,19
8	Máquinas Industriais	0,17
9	Alimentos e Bebidas	0,14
10	Mineração	0,13
11	Transporte	0,12
12	Varejo	0,11
13	Têxtil	0,10
14	Eletroeletrônicos	0,09
15	Construção	0,07

Fonte: Autor

COMO TRABALHAR COM O CONCEITO DE ESTRUTURA ÓTIMA DE CAPITAL DE UMA EMPRESA?

Inicialmente, reforçamos que projetar a estrutura de capital é importante tanto para o DCF para o acionista quanto para o DCF para a firma:

• DCF para o Acionista – Não se recomenda a utilização desta metodologia quando são previstas mudanças bruscas na estrutura de capital de uma empresa; as mudanças de estrutura de capital influenciarão tanto no cálculo das despesas e receitas financeiras (no fluxo de caixa), como da taxa de desconto – influência via ß no custo de capital próprio, tornando muito mais difícil qualquer projeção. Para empresas maduras, é um método aplicável e mais simples do que o FCFF.

• DCF para a Firma – Recomenda-se a utilização desta metodologia quando são previstas mudanças relevantes na estrutura de capital de uma empresa. Ao chegarmos ao valor da firma, exclui-se a dívida total e atinge-se o valor de mercado das ações; as mudanças de estrutura de capital influenciarão, portanto, no denominador, especificamente o custo médio ponderado de capital (proporção entre capital próprio e de terceiros e as respectivas taxas de desconto de cada categoria).

No atual trabalho do analista, com a facilidade de comunicação com a empresa através de contato com a alta administração ou o gerente de relações com o mercado, torna-se mais fácil captar as intenções da companhia quanto a futuros movimentos de alterações na relação entre endividamento e capital próprio.

Para realizar nossas projeções, o ideal é que a investigação sobre a futura estrutura de capital seja feita diretamente com a empresa. Em caso de falta de clareza na resposta, a média da indústria deve ser referenciada como objetivo a ser atingido ao longo do tempo, já que esta é a tendência natural a ser seguida pelas companhias.

Destaque: Telemar, Mercado ineficiente e de curto prazo

A Telemar, até então, empresa de maior participação no Ibovespa (14%), sofreu forte queda de sua ação de 13% em apenas três pregões no início de 2002. Após uma sucessão de notícias sobre alterações do balanço, divulgadas através de *conference calls* e notas divulgadas pela companhia, o mercado reduziu fortemente suas posições. Uma semana depois do episódio, em outra surpreendente decisão, a S&P colocou a classificação da dívida da empresa em "perspectiva negativa".

O fator objetivo mais importante que desencadeou as vendas na época foi o anúncio da empresa quanto à realocação (na prática diminuição) de parte da conta fornecedores (elevação da necessidade de capital de giro e conseqüente maior consumo de caixa) e aumento do endividamento na mesma proporção, ambos os valores na casa dos R$ 2.5 bilhões.

A reação do mercado acabou sendo desproporcional. A conclusão da maioria dos analistas e gestores, tudo mais constante, é que "a empresa irá destruir inesperadamente caixa e ainda aumentar sua dívida".

Olhando alguns indicadores mais simplistas que estão cada vez mais na moda (exatamente pela superficialidade e rapidez da análise) – Valor da empresa (valor de mercado + dívida) / Lucro operacional – o conhecido EV/EBITDA, percebemos que, quando há crescimento do endividamento (tudo mais constante), automaticamente este múltiplo sobe, tornando o valor da ação teoricamente menos atrativo.

Porém, colocando um *zoom* na questão de precificação (por exemplo, através de um fluxo de caixa descontado), analistas publicaram relatórios justificando a recomendação de venda pela redução do fluxo de caixa em 2002 (aumento da necessidade de capital de giro com a diminuição da conta fornecedores). Correto. O que a maioria destes especialistas normalmente esquece, porém, é que a captação de mais dívida (a famosa alavancagem) pode diminuir o custo de capital da empresa, gerando valor para a companhia. Tal conclusão vai contra o senso comum de que toda a alavancagem é necessariamente ruim, o que não encontra respaldo técnico nem nas médias de mercado observadas.

A estrutura de capital (Dívida/ (Valor de mercado + Dívida)) da Telemar subiu para 46% após o anúncio, contra média de cerca de 45% em empresas de telefonia fixa na América Latina, e 55% nos Estados Unidos e Europa. Portanto, o resultado prático da alavancagem da empresa nos faz concluir que provavelmente haverá criação, não destruição de valor no longo prazo.

Um fenômeno em especial chamou a atenção neste episódio: a natureza de curto prazo dos investidores em mercados pouco desenvolvidos como o brasileiro, associado à ausência de compradores finais. Este "investidor final" (normalmente *players* institucionais como fundos de pensão e seguradoras, fundos dedicados à região e pessoas físicas com vistas à poupança), normalmente possui horizonte mais longo e, portanto, visão mais fundamentalista. Em outras palavras: em mercados maduros, este tipo de racional de curto prazo que observamos no caso Telemar seria parcialmente absorvido por compras de "investidores finais", impedindo a queda livre do papel.

Como atingir a estrutura de capital desejada?

Uma empresa que tenha tomado a decisão de mudar a estrutura de capital pode implementar a mudança de forma paulatina ou rápida. É mais uma informação importante para que o analista possa projetar os "degraus" de estrutura de capital que devem ser usados – e, por conseqüência, "degraus" de WACC – em seus modelos de fluxo de caixa descontado para a firma. Para alterar a estrutura de capital, as formas típicas são:

Caso 1: A empresa tem bons projetos e quer aumentar o seu grau de alavancagem
- Contração de dívida para o financiamento de projetos.

Caso 2: A empresa não tem bons projetos e quer aumentar o seu grau de alavancagem
- Aumento do *payout* (distribuição de dividendos).
- Recompra de ações usando caixa, promovendo o cancelamento imediato dos papéis.
- Contração de dívida nova para recompra de ações e/ou pagamento de dividendos acima do fluxo de caixa líquido para o acionista (FCFE).

Caso 3: A empresa tem bons projetos e quer reduzir o grau de alavancagem:
- Lançamento de ações para o financiamento de projetos.

Caso 4: A empresa não possui bons projetos e quer reduzir o grau de alavancagem
- Redução do *payout* (distribuição de dividendos).
- Recompra de dívida no mercado secundário se houver caixa excedente / Renegociação dos termos da dívida com os credores.
- Transformação de dívidas em capital próprio através de negociação com credores.

Observação: Todas as opções descritas não são excludentes e as medidas podem ser tomadas de forma conjunta, de acordo com a urgência da empresa em "alavancar-se" ou "desalavancar-se" financeiramente.

Destaque: Por que recomprar ações?

Grandes empresas como a Vale do Rio Doce, Aracruz e VCP já anunciaram em passado recente que iriam recomprar parte de suas ações disponíveis no mercado. Bastante usual no mercado externo, tal prática não é tão comum no Brasil, apesar de oferecer boas oportunidades para as companhias que a adotam.

A recompra (*buyback*) é uma forma clássica de devolução de recursos ao acionista. A escassez de grandes projetos no curto prazo pode levar a empresa a recomprar ações, com duas grandes vantagens sobre a majoração de dividendos. A primeira é o fato de a companhia não se comprometer quanto a uma nova operação de recompra no futuro (a política de dividendos tende a ser mais estável e indicativa); a segunda está associada à não obrigatoriedade de adesão. Em outras palavras: em um *buyback* patrocinado por uma empresa, só vende a ação quem quiser, diferentemente dos dividendos, cujo recebimento, em certo ponto no tempo, não depende da vontade do acionista.

No caso brasileiro, em termos fiscais o investidor pode preferir o recebimento de dividendos pela isenção de Imposto de Renda, o que não ocorre com os ganhos de capital que são tributados.

Do ponto de vista do controlador, a recompra de ações oferece diversas opções estratégicas. A empresa pode simplesmente entesourar as ações e ofertá-las novamente em momentos de preços mais favoráveis, auferindo lucros e colaborando para o equilíbrio dos exageros de altas e baixas nas Bolsas.

A questão preço assume papel primordial, tornando-se um dos fatores críticos de sucesso. A sinalização de que existe um grande *player* adquirindo ações é, a princípio, favorável para as cotações. No entanto, se tal movimento ocorrer em *timing* errado, o preço da ação pode subir no curto prazo, mas apresentar tendência de queda em um momento posterior, caso os analistas concluam que a empresa está realizando um mau negócio.

A segunda opção seria o cancelamento das ações após o término do processo de *buyback*. Tal decisão pode estar associada à intenção da empresa de elevar sua relação dívida/capital próprio.

A escolha pelo endividamento parece irracional mas, do ponto de vista econômico, pode ser altamente favorável à companhia. Os recursos próprios, ao contrário do imaginado pelo senso comum, têm preço. Ressalte-se que o custo de oportunidade para o caixa das empresas – exemplo: investir em projetos ou aplicar o mesmo montante no mercado financeiro – é superior ao custo da dívida, que desfruta de benefício fiscal mais atrativo (desconto de juros no Imposto de Renda).

Ainda no cancelamento de ações, outra opção estratégica seria o encolhimento da empresa. A lógica capitalista sempre pressupõe o crescimento como objetivo permanente. Por que não se auto-reduzir em épocas desfavoráveis ou em fases de desaceleração de crescimento? A criação de valor para o acionista reside na geração de maior retorno sobre o capital investido. A redução de patrimônio é um dos caminhos. A mania de grandeza pode ser fatal também no plano empresarial. Como o exército russo na Segunda Guerra Mundial, "dar um passo atrás para saltar dois na frente no futuro" deve ser classificado como um ato de inteligência.

				4	26 3/16	
8 5/8						
34 1/8			6 5/8			
7 5/16		33 3/4	33			
9 1/8	6 11/16					

Capítulo 8

Taxa de crescimento: a busca da consistência

O passado nem sempre se repete

A taxa de crescimento de lucros é uma das duas mais importantes variáveis no fluxo de caixa descontado. O objetivo deste capítulo é compreender a ligação indissociável que existe entre crescimento, investimento e produtividade.

A primeira tentação que todo analista passa, ao projetar crescimento de lucros, é de buscar de alguma forma no passado a resposta correta para o futuro. Em outras palavras: há uma tendência natural de se inferir que o crescimento médio de lucros nos últimos anos se repetirá no futuro. Não há nenhuma base teórica nesta conclusão. Quanto mais alta foi a volatilidade dos resultados no passado, mais enfraquecida fica esta hipótese.

Há ainda dois pontos a considerar: quanto mais rápido for o processo de crescimento da empresa, mais improvável que as altas taxas se repitam no futuro. Se a companhia muda ou diversifica atividades, o padrão de comportamento dos lucros passados passa a valer muito pouco.

Como regra geral, quanto mais madura for a empresa e o setor em que ela atua, mais significativa torna-se a observação da evolução dos resultados anteriores. A expressão "companhia madura", neste caso, refere-se à definição de tamanho, estrutura de capital e ramo de atividade e atuação a longo prazo.

O TESTE DA CONSISTÊNCIA NA PERPETUIDADE

O crescimento do lucro operacional (EBIT) de uma empresa só é possível em duas hipóteses: aumento de eficiência operacional (maior retorno sobre o capital investido) ou efetivação de maior investimento, seja em capital físico ou de giro (taxa de reinvestimento sobre o lucro operacional). Consideremos, então, a fórmula que estabelece o crescimento (em inglês, "g" representa uma abreviação de *growth*) esperado de longo prazo no EBIT:

$$g_{EBIT(1-t)} = \text{Taxa de Reinvestimento sobre EBIT(1-t)} \times \text{Retorno sobre capital (ROC)}$$

onde

$$g_{EBIT(1-t)} = \frac{\text{Investimento Líquido + Var. Capital Giro}}{\text{EBIT (1-t)}}$$

$$\frac{\text{X ROC (= EBIT (1-t))}}{\text{(Patrimônio Líquido + Dívida)}}$$

A eficaz utilização desta metodologia está em estabelecer, ao longo da vida da empresa e sobretudo na perpetuidade, uma coerência entre o fluxo de caixa para a firma (FCFF) e o crescimento embutido do lucro operacional. Qual o crescimento possível do lucro operacional em função das informações obtidas sobre reinvestimento e produtividade e quanto isto impacta o FCFF?

No longo prazo, o retorno sobre o capital tende a se estabilizar em um "ponto de equilíbrio" (próximo ao seu WACC), até porque é impossível aumentar a eficiência indefinidamente. Mas este ponto de equilíbrio é fundamental para mensurar as necessidades de investimento de uma empresa a longo prazo a partir das expectativas de crescimento.

Tudo mais constante, para alcançar a mesma taxa de crescimento do lucro operacional – $g_{EBIT(1-t)}$, empresas eficientes (maior retorno sobre o capital) terão que investir menos do que empresas ineficientes.

A eficiência operacional de uma empresa (produtividade) tem impacto direto na política de investimentos (capital físico e de giro), financiamento (estrutura de capital) e distribuição (dividendos). Não existe almoço grátis (*Free Lunch*) em *Valuation*.

Na perpetuidade, o analista até pode atribuir um crescimento maior de EBIT(1-t) para uma companhia, mas terá que penalizá-la no fluxo de caixa com investimentos maiores. No curto prazo, podemos ter "g" maiores via investimentos (em capital físico e de giro) mais fortes ou melhora no ROC.

Podemos também utilizar o já estudado Sistema Dupont, para melhor entender o crescimento do lucro operacional depois de impostos, base do fluxo de caixa para firma (FCFF).

$$\frac{\text{Investimento Líquido + Var. Capital Giro}}{\text{EBIT (1-t)}} \times$$

$$\frac{\text{EBIT (1-t)}}{\text{Receita}} \times \frac{\text{Receita}}{\text{Valor Patrimonial do Capital Total}}$$

$$G_{LP} = \text{Taxa de reinvestimento do EBIT (1-t)} \times \text{Margem Operacional} \times \text{Giro do Ativo}$$

O próximo exemplo ilustra como a utilização deste conceito traduzido em fórmula é fundamental para evitar erros de projeção de fluxo de caixa e, conseqüentemente, de precificação de empresas.

Exemplo:

Recebemos um relatório de uma corretora sobre o preço justo de uma empresa de aço já em estágio maduro e que apresenta retorno sobre o capital de 15% (muito próximo ao seu custo médio ponderado de capital). O Lucro Operacional anual depois dos impostos, base para o calculo da perpetuidade, é de R$ 200 milhões. A Receita Operacional Líquida atinge R$ 500 milhões neste estágio e a necessidade de capital de giro manter-se-á em seu nível histórico de 5% deste faturamento.

O analista de investimentos projeta na perpetuidade crescimento de 4% ao ano para a receita e lucro operacional após impostos. Afirma que "os investimentos físicos serão aqueles necessários para cobrir gasto com depreciação". Este crescimento é possível? Se a resposta é negativa, qual seria o patamar aceitável para utilização em um fluxo de caixa descontado para a firma (FCFF)?

Perpetuidade Fluxo de Caixa (R$ MM)	
Lucro Operacional após impostos - EBIT (1-t)	200
Investimentos Físico Líquidos	0
Variação de Capital de giro (5% Rec. Líq.)	25
Fluxo de Caixa para a Firma	175
Valor da Perpetuidade (antes do NPV)	1,655
Taxa de Desconto para a empresa (WACC)	15.0%
Taxa de Crescimento projetada (g)	4.0%
Receita Líquida	500

Fonte: Autor

Calculando o valor da perpetuidade com os dados fornecidos, sem fazer o teste da consistência, atingimos:

Cálculo da variação do capital de giro: 5% de R$ 500 milhões = R$ 25 milhões

Cálculo do Fluxo de caixa para a firma (FCFF) no ano em questão: = R$ 200 milhões (EBIT x (1-t)) – R$ 25 milhões (variação de capital de giro) – 0 (investimentos físicos líquidos) = R$ 175 milhões

Valor presente do FCFF na perpetuidade (levando-se em consideração, $g_{EBIT(1-t)}$ = 4% e WACC =15%) = (175 x 1.04) / (0.15 – 0.04) = R$ 1.655 milhões.

Todos os cálculos foram realizados considerando as informações do analista. Realizemos agora o chamado teste da consistência para verificar se este valor de R$ 1.655 milhões, sobretudo em função da taxa de crescimento de 4% na perpetuidade, pode ser considerado crível.

Perpetuidade (R$ MM)	
A - Lucro Operacional após impostos - EBIT (1-t)	200
B - Investimentos Físico Líquidos	0.00
C - Variação de Capital de giro (5% Rec. Líq.)	25
D - Taxa de Reinvestimento do EBIT (1-t) = (C+B)/A	12.5%
E - Retorno sobre o Capital (Pat. Líq. + Dívida)	15.0%
F - Taxa de Crescimento (g) possível na perpetuidade	1.9%

Fonte: Autor

Multiplicando a taxa de reinvestimento (12,5%) x o retorno sobre o capital (ROC) na perpetuidade (15%), verificamos que o crescimento possível do EBIT (1-t) é de apenas 1,9%, bem menor que os 4% apontados pelo relatório de análise.

Verifica-se clara subestimação da necessidade de investimentos físicos líquidos ou de giro para garantir o crescimento através dos tempos. Se a empresa informou que esta é realmente a variável utilizada por eles, o crescimento potencial máximo deve girar em torno de 1,9%.

O verdadeiro sentido da inexistência do chamado *Free Lunch* (almoço grátis) em *Valuation* pode ser diretamente testado agora. Em qualquer uma das alternativas, o valor do FCFF usado na perpetuidade (antes de ser trazido a valor presente) será reduzido, seja pela introdução de mais investimentos para garantir o crescimento perpétuo de 4% ao ano, seja pela manutenção da taxa de reinvestimento com a redução para 1,9% do crescimento potencial do lucro operacional. O que importa, na verdade, é a consistência do fluxo.

Hipótese 1 – Qual o valor dos investimentos totais (giro e físico líquido) para garantir crescimento perpétuo de 4% anuais, dado um retorno sobre o capital de equilíbrio de 15% ao ano e o lucro operacional após impostos de R$ 200 milhões anuais?

Inicialmente, qual a taxa de reinvestimento necessária, dado o ROC de 15% para garantir o crescimento do EBIT (1-t) de 4% ao ano?

Taxa de Reinvestimento x 0.15 = 0.04

Taxa de Reinvestimento = 26,7%; dado que o EBIT(1-t) = R$ 200 milhões

0.267 = (Soma dos Investimentos Líquidos + Variação do Capital de Giro) / R$ 200 milhões.

Soma dos Investimentos Líquidos + Variação do Capital de Giro = R$ 53.3 milhões

Dado que a necessidade de incremento no capital de giro anual está correta, na casa dos R$ 25 milhões, serão necessários investimentos físicos de R$ 28.3 milhões em cada período.

Perpetuidade (R$ MM)	
A - Lucro Operacional após impostos - EBIT (1-t)	200
B - Investimentos Físico Líquidos	28.3
C - Variação de Capital de giro (5% Rec. Líq.)	25.0
D - Taxa de Reinvestimento do EBIT (1-t) = (C+B)/A	26.7%
E - Retorno sobre o Capital (Pat. Líq. + Dívida)	15.0%
F - Taxa de Crescimento (g) possível na perpetuidade	4.0%

Fonte: Autor

Constatada a demanda por maiores investimentos, qual seria o novo fluxo de caixa na perpetuidade e o seu valor total?

Perpetuidade Fluxo de Caixa (R$ MM)	
Lucro Operacional após impostos - EBIT 91-t)	200
Investimentos Físico Líquidos	28.3
Variação de Capital de giro (5% Rec. Líq.)	25
Fluxo de Caixa para a Firma	147
Valor da Perpetuidade (antes do NPV)	1,387
Taxa de Desconto para a empresa (WACC)	15.0%
Taxa de Crescimento projetada (g)	4.0%
Receita Líquida	500

Fonte: Autor

O Fluxo de caixa para a firma cairia na perpetuidade para R$ 147 milhões (200 – 28.33 – 25), contra os R$ 175 milhões da projeção inicial. Com isto, o valor da perpetuidade cairia para R$ 1.387 milhões (–16,2% em relação ao montante calculado pelo analista), o que certamente reduziria o chamado "preço justo da ação" na magnitude da proporção da perpetuidade no valor total da firma. Como normalmente esta participação é alta, certamente o impacto não seria desprezível.

Hipótese 2 – Foi a própria empresa que passou os dados de investimento em capital físico e de giro e o analista acredita piamente nas informações. Neste caso, tudo mais constante, deve o analista abandonar a idéia de crescimento perpétuo de 4% anuais e adotar o patamar de 1,9% ao ano, obedecendo a consistência do conceito apresentado. O valor da perpetuidade é muito próximo do observado na Hipótese 1 – R$ 1.358 milhões. A pequena diferença do valor final da hipótese anterior – que se diluirá a valor presente – se dá, basicamente, pelo efeito não-linear da taxa de crescimento no fluxo.

Perpetuidade Fluxo de Caixa (R$ MM)	
Lucro Operacional após impostos - EBIT 91-t)	200
Investimentos Físico Líquidos	0.0
Variação de Capital de giro (5% Rec. Líq.)	25.0
Fluxo de Caixa para a Firma	175
Valor da Perpetuidade (antes do NPV)	1,358
Taxa de Desconto para a empresa (WACC)	15.0%
Taxa de Crescimento projetada (g)	1.9%
Receita Líquida	500

Fonte: Autor

O teste da consistência é fundamental para evitar erros que podem comprometer seriamente a qualidade do processo de precificação, que normalmente ocorrem na relação entre investimento e crescimento de longo prazo. Quantas vezes já não ouvimos ou lemos as frases abaixo em declarações ou relatórios de analistas?

• "Na perpetuidade, utilizaremos a taxa de crescimento de 7% reais para os fluxos" (o que significa patamar acimar de 10% nominais).

• "Na perpetuidade, o investimento é igual à depreciação, o investimento em capital de giro será zero e a taxa de crescimento a ser usada é igual a 3% reais ".

As citações são ilustrativas de alguns erros clássicos cometidos pelo mercado. A primeira frase é incoerente porque o crescimento em uma perpetuidade deve balizar-se em um patamar máximo semelhante ao do crescimento potencial da economia no longo prazo. Será que é razoável assumir que este número é 7% reais anuais ou será que algo entre 3 e 4% (também reais) não seria mais aceitável?

Se a companhia pertencer a uma indústria madura, certamente o crescimento na perpetuidade será inferior à média da economia. E se estivermos tratando com uma empresa de tecnologia de ponta, por exemplo, seria interessante estender o prazo do fluxo pré-perpetuidade para que as altas taxas de crescimento possam se materializar.

Mas se o analista insistir nos 7% reais anuais na perpetuidade, uma observação deve ser feita. O que ocorre, ao longo de milhares de anos que vêm pela frente (perpetuidade), se uma empresa cresce a 7% e o resto da economia a 3 ou 4%? A participação desta companhia vai crescendo dentro do PIB do país até que, no limite, a empresa vira a própria economia, o que não parece muito razoável.

Já a segunda afirmação clássica de analistas foi ilustrada no exemplo anterior. O ponto focal da questão reside no fato de que, se considerarmos que estamos na fase da perpetuidade, assumiremos também que a empresa atingiu o seu *mix* ideal de estrutura de capital, margem operacional e giro. Enfim: que o custo de capital e o retorno de capital estão consolidados e devem ter números próximos. Portanto, a grande fonte possível de crescimento seria a taxa de reinvestimento, físico ou em capital de giro. Se ambos são nulos e o retorno sobre ativos é constante, não existe como conseguirmos que o lucro operacional aumente.

O TESTE DA CONSISTÊNCIA NO CURTO PRAZO

No curto prazo, é possível atingir níveis de crescimento bem maiores ou menores, às vezes sem nenhuma correlação com o restante da economia. O ponto de partida é o mesmo: investimentos em capital de giro e físico e ganhos de produtividade (crescimento do ROC) proporcionarão o potencial crescimento do lucro operacional:

$$g\ EBIT\ (1\text{-}t)\ cp = \frac{Invest.\ Líquido + \Delta\ Cap.\ Giro}{EBIT\ (1\text{-}t)\ t\text{-}1} \times novo\ ROC + \frac{(novo\ ROC - ROC\ anterior)}{ROC\ anterior}$$

A fórmula de consistência de curto prazo é bem mais simples do que aparenta. Traduzindo: o crescimento de curto prazo do lucro operacional apresenta as mesmas componentes do de longo prazo – investimentos líquidos em capital de giro e físico e o retorno sobre o capital total – mais um fator que nada mais é do que o ganho de produtividade que a companhia apresentou de um ano para o outro.

O potencial de crescimento aumenta, dado que uma empresa tinha um retorno sobre capital total, no primeiro ano de, por exemplo, 10%, que passa a 11% no ano seguinte. Este "salto de produtividade", permite que os investimentos já realizados em andamento propiciem um ganho adicional em termos de lucro operacional.

O próximo exemplo demonstra como esta mudança de patamar de produtividade pode propiciar altas taxas de crescimento no EBIT $(1-t)$.

Exemplo:

Uma empresa produtora de fertilizantes apresentava, em 2006, lucro operacional depois de impostos de R$ 20 milhões, receita operacional líquida de R$ 50 milhões e capital total (dívida + Patrimônio Líquido) de R$ 150 milhões. A receita cresceu 10% anuais em 2007 e 2008.

Nestes dois anos, a empresa realizou investimentos líquidos de R$ 8 milhões e 10 milhões, respectivamente. O capital de giro da empresa costuma variar ao redor de 6% da receita. Em 2007, o retorno sobre capital saltou para 20%, caindo para apenas 5% em 2008.

Quais foram os crescimentos observados do lucro operacional após impostos em 2007 e 2008?

Aumento da necessidade de capital de giro em 2007: 6% x (R$ 50 milhões x 1.1) = R$ 3.3 milhões

Aumento da necessidade de capital de giro em 2008: 6% x (R$ 50 milhões x 1.1^2) = R$ 3.6 milhões

Passo 1 – Retorno sobre o Capital em 2006: 20/150 = 13,3%

Passo 2 – Taxa de reinvestimento em 2007: (8+3.3) /20 = 56,5%

Passo 3 – Variação de ROC de 2006 para 2007: (20-13.333) / 13.333 = 50%

Passo 4 – Calcular variação do EBIT(1-t) em 2007: (0.565 x 0.2) + 0.5 = 61,3%

Passo 5 – Calcular o EBIT(1-t) de 2007: 20 x 1.613 = R$ 32.3 milhões

Passo 6 – Taxa de reinvestimento em 2008: (10+3.6) / 32.3 = 42,3%

Passo 7 – Variação de ROC de 2007 para 2008: (5-20) / 20 = -75%

Passo 8 – Calcular variação do EBIT(1-t) em 2008: (0.423 x 0.05) – 0.75 = -72,9%

Passo 9 – Calcular o EBIT(1-t) de 2008: 32.3 x (1 – 0.729) = R$ 8.7 milhões

Observação: Algumas pequenas diferenças podem ser encontradas por arredondamento.

R$ milhões	2006	2007	2008
A - Receita Op. Líquida (10% de cresc. anual)	50.0	55.0	60.5
B - EBIT (1-t)	20.0	32.3	8.7
C - Capital Total	150.00	-	-
D - Investimento Líquido	-	8.0	10.0
E - Var. Capital Giro (6% da Receita- A)	3.0	3.3	3.6
Componentes de crescimento			
F - Taxa de Reinvestimento = (D+E) / A $_{-1}$	-	56.5%	42.3%
G - Retorno sobre o Capital	13.3%	20.0%	5.0%
H - Variação de ROC (produtividade) = G-G$_{-1}$) / G$_{-1}$	-	50.0%	-75.0%
I - Crescimento da Receita	-	10.0%	10.0%
J - Crescimento do EBIT (1-t) = (F*G) + H	-	61.3%	-72.9%

Fonte: Autor

O teste de consistência de curto prazo é também influenciado por outros fatores (como capacidade ociosa que veremos a seguir), mas serve de referencial para testarmos se os números projetados não estão muito distantes do teoricamente possível.

No caso acima, o ano de 2007 pode ser classificado como muito bom para a empresa, já que o investimento gerou produtividade (fazendo crescer o lucro operacional por 61,3%). Já em 2008, a companhia continuou investindo mas, apesar do aumento de receita, deve ter passado por turbulências grandes no lado de custos, o que fez com que o seu retorno sobre capital total caísse bruscamente para apenas 5%. A queda de produtividade foi a principal responsável pela vertiginosa queda no lucro operacional depois de impostos, da ordem de 72,9%.

A QUESTÃO DA CAPACIDADE OCIOSA

A fórmula determinante de crescimento de curto prazo no EBIT (1-t) nos revela alguns aspectos interessantes. Imaginemos uma empresa operando com alta capacidade ociosa (caso comum de economias em recessão) e que comece a apresentar recuperação de vendas. Os estoques vão sendo eliminados e a empresa começa a reutilizar capacidade. Nos próximos períodos, até a capacidade instalada voltar a um nível "normal" de utilização, a empresa pode se dar ao luxo de "desinvestir" em capital físico (Investimento Líquido = Investimentos < Depreciação) e até de giro por algum tempo, já que seu retorno sobre o capital total – ROC – certamente estará crescendo, seja pela margem (diluição de custos fixos), seja pelo giro (vendas maiores).

$$g\ EBIT\ (1\text{-}t)\ cp = \frac{Invest.\ Líquido + \Delta\ Cap.\ Giro \times novo\ ROC}{EBIT\ (1\text{-}t)_{t\text{-}1}} + \frac{(novo\ ROC - ROC\ anterior)}{ROC\ anterior}$$

$$\underbrace{\hspace{2cm}}_{1} + \underbrace{\hspace{2cm}}_{2}$$

Portanto, sobretudo no curto prazo, não é raro empresas passarem algum tempo com taxas de reinvestimento negativas (parte 1 da equação), que são compensadas pelo ganho de produtividade advindos de um ROC t+1 > ROCt (parte 2). No longo prazo, porém, os ganhos de produtividade normalmente chegam a um nível difícil de ser ultrapassado. Neste ponto é necessário investimento para que o crescimento se materialize.

A QUESTÃO DA DEPRECIAÇÃO

A questão da depreciação no fluxo de caixa de uma empresa produziu outro jargão já ouvido por muitos analistas:
"Depreciação não é caixa, por isto deve voltar integralmente ao fluxo de caixa. Todos os itens contábeis que não representam desembolso efetivo devem ser levados em conta na formação do fluxo de caixa – amortização de diferido, variação de provisões, entre outros."

Reforçando o já descrito no capítulo de contabilidade, o conceito de depreciação deve ser entendido na lógica contábil. Valendo-se do regime de competência, esta lógica classifica a depreciação como uma "despesa de produção" relativa à utilização de determinado equipamento em determinado ano. Trata-se de uma despesa dedutível que proporcionará benefício fiscal para as empresas que investem. Em outras palavras: teoricamente este benefício fiscal (que é efetivamente caixa) deve ser utilizado no futuro para a conservação da máquina e/ou a compra de novos equipamentos.

O exemplo a seguir ilustra com mais clareza o conceito de depreciação:

A – Lucro antes de juros, impostos, depreciação e amortização (em inglês, o famoso EBITDA – *Earnings bafore interest, taxes, depreciation and amortization*): R$ 10 milhões

B – Depreciação: R$ 5 milhões

C – Amortização: R$ 0

D – Lucro operacional antes de juros e impostos – (em inglês, EBIT – *Earnings before interest and taxes*) = (A-B) = R$ 5 milhões

E – Lucro Operacional depois dos impostos (em inglês – EBIT (1-t)) = Supondo uma alíquota de IR = 30%, o EBIT após o imposto de renda = R$ 5 milhões x (1-0.3) = R$ 3.5 milhões (o que significa que R$ 1.5 milhão em impostos foram pagos).

Tal cálculo demonstra que a depreciação propiciou um benefício fiscal, que tem impacto positivo de R$ 1.5 milhão no fluxo de caixa. Se a despesa dedutível de R$ 5 milhões, não tivesse existido, o imposto a ser pago seria de R$ 3 milhões (R$ 10 milhões x 0.3). Como o total dispendido em IR atingiu R$ 1.5 milhão, percebe-se o reflexo do benefício fiscal.

Ao "retornarmos" a depreciação ao EBIT (1-t) – procedimento correto no cálculo do fluxo de caixa para a firma (FCFF) – temos:

R$ 3.5 milhões + R$ 5 milhões = R$ 8,5 milhões

Este valor é exatamente o do EBITDA (R$ 10 milhões) após o benefício fiscal da depreciação (R$ 1.5 milhões) = R$ 8.5 milhões.

O único efeito da depreciação no fluxo de caixa é a geração de um benefício fiscal. Por isto, ele deve retornar integralmente ao fluxo de caixa. A forma mais transparente de fazê-lo é através do chamado investimento líquido (novos investimentos – depreciação).

Depreciação fiscal x Depreciação real

Um ponto pouco discutido e explorado nos livros-texto é a diferença a ser construída entre depreciação fiscal e depreciação real. Entenda-se como depreciação fiscal a despesa dedutível de IR efetivamente lançada pelas empresas em seus demonstrativos de resultados e balanços patrimoniais (depreciação acumulada), no limite das leis vigentes. Define-se depreciação real como o valor que realmente a máquina se deprecia, ou seja, a necessidade real de reposição.

Qual o período de tempo ideal para a empresa utilizar no benefício fiscal da depreciação? A regra básica de qualquer planejamento tributário é a maximização do valor presente do somatório dos benefícios fiscais. Portanto, lembrando do efeito negativo das taxas de desconto, quanto antes for auferido o benefício fiscal da depreciação, melhor. Em outras palavras: o ideal, do ponto de vista tributário, seria comprar uma máquina e depreciá-la integralmente logo no primeiro ano.

Porém, obviamente, esta decisão fiscal da empresa, além de esbarrar na legislação tributária específica de cada país, pode se contrapor radicalmente à necessidade real de conservação de antigas máquinas e/ou compra de novos equipamentos. Entenda-se, portanto, a depreciação fiscal como a decisão contábil da empresa e depreciação real como a necessidade efetiva da mesma companhia.

Qual é a relevância desta distinção para o analista? Esta diferença altera um ponto crucial de qualquer projeção de fluxo de caixa: necessidade (que sempre é real, nunca contábil) de investimentos adicionais. Uma empresa deve investir, no mínimo, no longo prazo (onde o Retorno sobre o capital – ROC – é constante), um valor superior à depreciação real para gerar algum tipo de crescimento no EBIT (1-t). Na perpetuidade, porém, os valores da depreciação fiscal e real tendem a convergir e o problema se minimiza. Relembrando a fórmula:

$$g_{EBIT}(1-t) = \text{Taxa de Reinvestimento} \times \text{Retorno sobre capital (ROC)}$$

onde Taxa de Reinvestimento =

$$\frac{\text{Investimento Líquido} + \text{Var. Capital Giro}}{\text{EBIT (1-t)}}$$

Investimento Líquido = Novos Investimentos Físicos – Depreciação, assumindo que a depreciação real e fiscal convergem para o mesmo valor.

Porém, no período antes da perpetuidade, o analista deve levar em consideração esta diferença. Estamos incluindo mais um fator no teste do crescimento do EBIT(1-t) para levarmos em conta a discrepância usual entre depreciação fiscal e real.

$$g_{EBIT}(1-t)_{cp} = \frac{\text{Invest. Líquido} + \Delta \text{Cap. Giro} \times \text{novo ROC}}{\text{EBIT (1-t)}_{t-1}} + \frac{(\text{novo ROC} - \text{ROC anterior})}{\text{ROC anterior}}$$

$$+ \frac{(\text{Depreciação Fiscal} - \text{Depreciação Real})}{\text{EBIT (1-t)}}$$

Onde: Investimento Líquido = Investimentos – Depreciação fiscal

Este ajuste deve ser feito toda vez que se perceber diferença substancial entre a depreciação fiscal e real, o que pode ser checado com a empresa. O racional está no fato de algumas empresas apresentarem falso investimento líquido negativo, pelo fato de a depreciação fiscal ser muito maior do que a real, distorcendo o teste de consistência. Neste caso, os investimentos, baseados na depreciação real, tornam-se menores que a depreciação fiscal. Portanto, o último termo ajusta esta distorção, restabelecendo a verdade de que o EBIT só pode crescer via investimentos líquidos positivos em capital de giro ou físico ou através de incrementos do retorno sobre o capital – ROC.

Cabe lembrar que o valor da depreciação também afeta o retorno sobre o capital, sendo necessário também o seu recálculo, sobretudo se a diferença entre depreciação fiscal e real for relevante nos números da companhia (normalmente empresas capital intensivas devem ser investigadas).

O CRESCIMENTO DO LUCRO LÍQUIDO

Obedecendo à mesma lógica do lucro operacional depois de impostos – EBIT (1-t), o potencial de crescimento do lucro líquido de uma empresa no longo prazo é limitado pelo patamar máximo de crescimento da economia. Levando-se em conta que a melhora de eficiência operacional/financeira tem limites (crescimento do ROE), o incremento do lucro líquido dependerá da política de dividendos da empresa. Quanto mais esta retiver recursos, maior o potencial de crescimento do lucro líquido.

Lucro Líquido (em inglês, *Net Profit*)
– $g_{\text{lucro líquido}}$ – (vem do inglês *growth*; crescimento do Lucro Líquido)
– Lucro por ação (em inglês, *Earnings per share* – EPS)
Retorno sobre o Patrimônio Líquido (em inglês, *Return on Equity* – ROE)
Índice de *Payout* (a mesma palavra é usada no Brasil) – Dividendos / Lucro Líquido – Percentual do lucro a ser distribuído sob a forma de dividendos
Índice de Retenção – b (em inglês, *Retention ratio*) = (1 – Índice de *Payout*); Percentual do lucro a ser retido pela empresa para investimentos

Na perpetuidade, o potencial de crescimento do lucro líquido é função direta do Índice de Retenção (b) e do Retorno sobre o Patrimônio Líquido (ROE).

Perpetuidade: $g_{\text{lucro líquido}} =$ **Índice de Retenção (b) × ROE**

A abertura para o Sistema Dupont permite um entendimento melhor das características, potencialidades e fraquezas da empresa. Fazendo o exercício na perpetuidade, temos:

$$g_{\text{lucro líquido}} = \text{Índice de Retenção (b)} \times \frac{\text{Lucro Líquido}}{\text{Receita Líquida}} \times \frac{\text{Receita Líquida}}{\text{Patrimônio Líquido}}$$

Traduzindo: quanto menor a distribuição de dividendos, maior o potencial de investimento e, conseqüentemente, maior o crescimento potencial do lucro líquido.

Porém, no curto prazo, não existe limitação em relação ao patamar de crescimento do lucro líquido, devido às inúmeras combinações entre política de dividendos (mais constante) e de Retorno sobre o Patrimônio Líquido, refletindo ganhos de margem ou de giro.

Curto prazo:
$$g_{\text{lucro líquido } t+1} = b \times ROE_{t+1} + \frac{ROE_{t+1} - ROE_t}{ROE_t}$$

Seguindo a mesma lógica observada no caso do lucro operacional, o adicional de potencial de crescimento no curto prazo pode advir da elevação do Retorno sobre o Patrimônio Líquido em relação ao ano anterior, que faz com que o capital já existente e em operação fique mais produtivo.

Qual a ligação entre o Retorno sobre o capital (ROC) e o Retorno sobre o Patrimônio Líquido (ROE)?

$$ROE = ROC + [\, D/E \times (ROC - (i\,(1-t)))\,]$$

Onde:

ROE – Retorno sobre o Patrimônio Líquido (*Return on Equity*)

ROC – Retorno sobre o capital total – sempre usando o lucro operacional após impostos (*Return on Capital*)

D/E – Relação Dívida sobre Patrimônio Líquido (valor contábil)

i – juros médios pagos na dívida (*interest on debt*)

t – Alíquota de imposto de renda (*taxes*)

O Retorno sobre o Patrimônio (ROE) é diretamente afetado pela qualidade da política de financiamento da companhia (estrutura de capital). Quanto mais eficiente for a relação alavancagem x juros incididos (relação entre D/E e i), maior o impacto positivo ou negativo no ROE

Exemplo:

Uma empresa de autopeças com ótima administração operacional (Retorno sobre o capital de 20% ao ano) decide se alavancar estabelecendo uma relação entre Dívida e Valor de Mercado (D/E) = 2 contra a atual de 1. Para isto, só consegue empréstimos a taxas mais altas (25% ao ano em média, contra os atuais 20% que a empresa toma emprestado). Qual o efeito, para o acionista, desta postura mais agressiva em termos de estrutura de capital?

Situação original da empresa de autopeças: Alavancagem Inicial (D/E=1)

D/E = 1

Juros = 20% a. a.

ROC = 20% (bom desempenho operacional)

t = 30%

Então,

$$ROE = 0.20 + (1 \times (0.20 - (0.20 (1 - 0.3))))$$
$$ROE = 26\% \text{ ao ano}$$

O atual nível de dívida está sendo benéfico aos acionistas da companhia. Cabe ressaltar que, caso a relação D/E =0 (empresa 100% formada por capital próprio), ROC = ROE = 20%, que é menor que os 26% atualmente verificados.

Situação posterior da empresa de autopeças: dobrando a alavancagem (D/E=2) a um custo um pouco mais alto

D/E = 2

Juros = ao dobrar a dívida, os juros médios entre o endividamento novo e antigo passa a ser 22,5% a. a.

ROC = 20%
t = 30%
Então,

$$ROE = 0.20 + (2 \times (0.20 - (0.225 (1 - 0.3))))$$
$$ROE = 28,5\% \text{ ao ano}$$

No caso apresentado, a alavancagem gerou riqueza aos acionistas (ROE superior) em detrimento, de certa forma, aos antigos detentores de dívida. O fato de a empresa ser agora mais alavancada provavelmente fará com que o valor de mercado da dívida caia. Em compensação, o valor da ação deve ter impacto positivo.

Situação posterior da empresa de autopeças: dobrando a alavancagem, (D/E=2) mas com o custo exagerado da dívida.

Suponhamos que a empresa consiga dobrar a sua relação D/E, mas a um custo de juros de 30% ao ano. Tudo mais constante, qual seria o novo Retorno sobre Patrimônio?

D/E = 2

Juros = ao dobrar a dívida, os juros médios entre o endividamento novo e antigo passam a ser 25% a. a.

ROC = 20%
t = 30%

Então,

$$ROE = 0.20 + (2 \times (0.20 - (0.25 (1 - 0.3))))$$
$$ROE = 25\% \text{ ao ano}$$

O aumento de alavancagem também destruiu a riqueza dos acionistas (novo ROE de 25% < antigo ROE de 26%). Neste caso, todos os detentores originais de interesses na firma (acionistas e credores antigos) perdem com a situação.

Cortando a alavancagem à metade (D/E = 0.5), redução do custo da dívida para 15% ao ano.

O Conselho de Administração votou pela redução imediata do endividamento, considerado alto. O Diretor Financeiro chama os credores, paga metade da dívida e consegue refinanciar a outra metade a juros mais baixos, a 15% ao ano. Tudo mais constante, qual seria o novo Retorno sobre Patrimônio?

D/E = 0.5
Juros = ao reduzir a dívida pela metade, os juros médios do endividamento refinanciado passam a ser de 15% a. a.
ROC = 20%
t = 30%
Então,

$$ROE = 0.20 + (0.5 \times (0.20 - (0.15 (1 - 0.3))))$$
$$ROE = 24{,}75\% \text{ ao ano}$$

A redução de alavancagem acabou destruindo a riqueza dos acionistas (ROE passando de 26% para 24,75% a.a.). Desta vez, os principais beneficiados pela política mais conservadora foram os credores, que certamente verão a sua dívida a valor de mercado subir, já que empresas desalavancadas oferecem maior segurança.

Qual seria o ponto de equilíbrio de alavancagem e juros que mantivesse neutra a situação para os acionistas?

Caso 1 – Mantida a redução de juros para 15% anuais:
Com a conquista da redução de juros já definida, a alavancagem reco-

mendada para tornar neutra a situação entre acionistas e credores seria de:

$$0.26 = 0.20 + (D/E \times (0.20 - (0.15 (1 - 0.3))))$$
$$D/E = 0.63$$

Uma relação D/E de 0.63 (o que significa o pagamento de 37% da dívida, não 50% como foi realizado) garantiria a manutenção do ROE original de 26% anuais. No intervalo entre 0 e 37% de redução de endividamento (não incluindo as duas pontas), a desalavancagem geraria valor, tanto para acionistas quanto para os credores.

Caso 2 – Mantida a relação D/E em 0.5:
Suponhamos que o Conselho de Administração tenha sido inflexível ao estabelecer teto de 0.5 para o D/E, o que significa um indicador de alavancagem (Dívida/ Dívida + Valor de Mercado) igual a 33%. Qual a taxa de juros (i) que deve ser negociada com os credores para manter o Retorno sobre o Patrimônio (ROE) igual a 26% a.a.?

$$0.26 = 0.20 + (0.5 \times (0.20 - (i (1 - 0.3))))$$
$$i = 11.43\% \text{ ao ano}$$

A negociação com os credores teria que ser mais dura do que a anteriormente imaginada. Para o pagamento de 50% da dívida, a taxa de juros que deve ser paga na parcela restante refinanciada teria que ser, no máximo, de 11,43% ao ano. Daí para baixo, os acionistas sairiam beneficiados na negociação.

O Retorno sobre o Capital como principal motor de geração de valor de uma companhia

Três grandes políticas devem ser o foco de atenção de uma empresa:
Política de Investimento e Reinvestimento – Atenção a projetos que agreguem valor à firma, o que significa incremento do crescimen-

to futuro e retorno sobre o capital sempre superior ao custo de capital no longo prazo;

Política de Financiamento – Busca permanente do melhor *mix* de financiamento que minimize o custo de capital.

Política de Distribuição (Dividendos) – Atenção focada na riqueza dos acionistas no longo prazo, estabelecendo patamares ideais de *payout* e retenção para cada momento no tempo;

Em cada investimento, buscam-se projetos com retorno superior ao seu custo de financiamento. A produtividade, sem dúvida, deve ser o foco principal de qualquer administrador. Se uma empresa consegue atingir um alto patamar de retorno sobre capital total (ROC), menos investimentos físicos e de giro serão necessários para se atingir o mesmo nível de crescimento. Isto posto, a empresa pode abandonar a contradição entre adotar uma política de dividendos mais generosa e, mesmo assim, continuar crescendo a altas taxas. A política de formação de uma estrutura de capital ótima também será facilitada, já que a empresa precisará de menor quantidade de recursos.

Exemplo:

Suponhamos que o ROC (Retorno sobre o capital total) da empresa de autopeças que estudamos caísse para apenas 10%. Tudo mais constante, para quanto cairia o Retorno para o acionista? Devido às condições originais de custo da dívida (20% ao ano), qual seria a alavancagem necessária para se manter o nível de ROE? Mantida a relação D/E = 1, qual o patamar de juros compatível com o ROE original?

D/E = 1
Juros = 25% a. a.
ROC = 10% (fraco desempenho operacional)
t = 30%
Então,

$$ROE = 0.10 + (1 \times (0.10 - (0.20 (1 - 0.3))))$$
$$ROE = 6\% \text{ ao ano}$$

Percebe-se, nesta situação, que a alavancagem destrói valor para o acionista, pois o Retorno sobre o capital total não é suficiente para o pagamento do custo da dívida, mesmo com o benefício fiscal.

Não existe grau de alavancagem viável neste caso (precisaríamos de um D/E negativo) para manter o ROE original (26% anuais). Recomenda-se, portanto, a imediata desalavancagem total da companhia, seja via redução da dívida ou aumento de capital (ou os dois procedimentos combinados), o que pelo menos permitiria que o ROC fosse equivalente ao ROE, em 10% anuais.

Outro caminho seria o refinanciamento da dívida a juros mais baixos.

$$0.26 = 0.10 + (1 \times (0.10 - (i (1 - 0.3))))$$
$$i = -8.5\% \text{ ao ano}$$

Mas taxas de juros negativas certamente não trariam benefício fiscal. Portanto, o nível que restabeleceria o ROE original seria –6% ao ano.

Porém, uma taxa de juros de – 6% anuais significa que os credores, em vez de receber juros, teriam que pagar aos acionistas 6% anuais. Obviamente este consiste em puro exercício teórico e a resposta no mundo real é que não existe nenhum nível de taxa de juros de empréstimos possível para restabelecer o ROE em 26% ao ano.

Comprovamos, portanto, como a busca constante pela produtividade (maior ROC) influi na busca da estrutura de capital ótima (política de Financiamento) e, conseqüentemente, no custo de capital.

Uma empresa com o ROC de 20% vai precisar da metade da taxa de reinvestimento

$$\frac{\text{(Investimento Líquido + Var. Capital Giro)}}{\text{EBIT (1-t)}}$$

que outra firma com ROC de 10%, dada a mesma expectativa de crescimento. Tal exemplo ilustra como os indicadores de retorno influenciam diretamente na política de investimento ideal e, conseqüentemente, na política de distribuição de lucros.

Capítulo 9

Tópicos em Valuation: o valor do controle, do caixa e da marca

O VALOR DO CONTROLE, MAIS UM MITO

Frase de mercado: "O valor de aquisição de uma empresa é equivalente ao valor de seu fluxo de caixa descontado mais o 'prêmio de controle'".

No Brasil, a discussão sobre governança corporativa é recente, mas parece ser um caminho sem volta. Um dos debates mais acirrados tem sido sobre o chamado *"tag along"*, ou seja, o direito que o acionista minoritário teria de receber por sua ação quando o controle da empresa for vendido.

A falta de regras claras fez com que, nos últimos anos, muitas companhias fossem vendidas sem que o minoritário recebesse nenhuma vantagem. No Brasil, a permissão de que o capital da empresa fosse formado por 2/3 em ações preferenciais (sem direito a voto) e apenas 1/3 em ações ordinárias (com direito a voto) por longo tempo produziu efeito adicional muito negativo: a liquidez das ações concentrou-se nos papéis preferenciais, até porque a falta de tradição de mercado de capitais no país fez com que o controle da empresa (ações ordinárias) estivesse efetivamente fora de mercado.

Em outras palavras: além de ser uma parcela menor no capital da empresa (33%), mesmo deste percentual, nem metade encontrava-se disponível para negociação efetiva (em inglês, *o free float*).

A menor liquidez e a inexistência de *tag along* fizeram com que as ações ordinárias tivessem historicamente menor valor do que as preferenciais, o que intuitivamente não parece fazer muito sentido. Como uma ação que dá direito a voto pode valer menos do que uma outra sem este poder?

A nova Lei das S/As, com última versão de 2001, restabeleceu o direito de tag along de 80% para as ações ordinárias. Portanto, se o controle de uma empresa aberta for vendido por um preço equivalente a R$ 100/ação e as ações ordinárias desta companhia estiverem sendo negociadas a R$ 50 no mercado, o comprador terá que estender a oferta para os minoritários por pelo menos R$ 80/ação. Aos preferencialistas, este direito não foi automaticamente previsto em lei, ficando a regra a cargo do estatuto de cada empresa.

O resultado é que o diferencial entre ações preferenciais e ordinárias, apesar de continuar bem maior do que a lógica do poder de voto indicaria, tem diminuído ao longo do tempo. Abaixo, apresentamos este diferencial para as principais empresas abertas brasileiras entre 1995 e 2006:

ano	spread PN x ON
1995	-4,2%
1996	-0,3%
1997	14,3%
1998	43,1%
1999	30,9%
2000	7,5%
2001	6,1%
2002	3,5%
2003	3,1%
2004	-8,3%
2005	-0,9%
2006	-6,9%

Fonte: Economática, elaborado pelo autor

Nota-se que o diferencial entre as ações PN e ON cai fortemente a partir de 2000 (início das discussões acerca da Lei das S/A).Atualmente, as ações ordinárias, em média, já estão valendo mais do que as preferenciais, o que indica uma evolução do mercado de capitais brasileiro.

A discussão sobre o chamado valor de controle, através do qual os analistas tentam estimar uma margem padronizada um percentual sobre o preço da empresa ex-controle – não evoluiu ao longo do tempo, por basear-se em premissas que nunca podem ser generalizadas.

Imaginemos duas empresas do mesmo setor, uma pessimamente administrada e outra na ponta oposta, com primor gerencial. Supondo que as ações das duas empresas estão sendo transacionadas a um preço próximo do justo, o valor do controle (potencial da diferença a ser paga em relação ao preço de mercado) será teoricamente muito maior na empresa mal administrada do que na segunda. Isto porque a agregação de valor potencial é muito maior, caso o controle seja efetivamente trocado.

Agora, imaginemos que um analista observe que o grupo que irá comprar a empresa mal administrada também é de reconhecida incompetência gerencial e que, provavelmente, conseguirá melhorar em muito pouco a qualidade da companhia. Este dado é relevante e certamente fará com que o analista não considere no seu preço-alvo todo o potencial de melhora na produtividade.

VALOR DO CONTROLE = Agregação de valor trazido por um novo controle em termos de geração de fluxo de caixa no L.P *vis-à-vis* uma estrutura ideal de capital (menor WACC).

VALOR DO CONTROLE =
Valor da empresa em seu estado ótimo – Valor atual da empresa com sua atual geração de caixa e estrutura de capital

DESTAQUE: O CONTROLE ACIONÁRIO TEM TANTO VALOR ASSIM?

A expressão "valor do controle" tem sido bastante utilizada nos últimos tempos por analistas de investimentos. Em outras palavras, qual seria a diferença "justa" de preço entre as ações ordinárias (aquelas com direito a voto) do controlador e papéis ordinários ou preferenciais (sem direito a voto) dos minoritários? Tal movimento de diminuição do *gap* entre ações ordinárias e preferenciais observada desde a promulgação da Lei das S/A faz sentido?

A estrutura anacrônica do mercado de capitais brasileiro, no qual a figura do "grande pai", o possuidor de 51% ou mais de ordinárias ainda prevalece, fez com que alguns analistas confundissem este conceito. A "regra de bolso" rotineira é a seguinte: calcula-se o valor "justo" de uma ação, adiciona-se algum número "mágico" entre 20% e 30% e o resultado é o valor correto das ações pertencentes ao bloco de controle. Convenhamos que esta não é exatamente uma forma "científica" de determinar o quanto um investidor teria que desembolsar para comprar uma empresa.

Mas qual é a lógica de o investidor comum pagar um "prêmio" por uma ação ordinária se não há nenhuma expectativa de mudança de controle da empresa e se o seu voto valerá muito pouco em termos práticos em uma empresa na qual o dono possui 51% do bloco de controle?

Mesmo que haja uma possibilidade de venda, qual seria a real disposição e condições do novo controlador em modificar os atuais parâmetros da empresa? Será que o novo dono será competente em alavancar vendas, promover sinergias operacionais e melhorar as condições de financiamento da companhia? Se a resposta for não, qualquer divagação sobre o verdadeiro valor do controle terá sido inútil. Por outro lado, se admitirmos que a empresa atualmente já estivesse próxima de seu ponto ótimo em termos de geração de lucros e caixa e de sua estrutura de financiamento, será que a mudança de controle poderá gerar criação ou potencial destruição de valor para o acionista?

Geração de valor é o nome do jogo. O "valor de controle" máximo é exatamente igual ao potencial valor da empresa em suas condições ideais de rentabilidade e estrutura de capital (relação entre dívida e capital próprio) menos o valor atual da companhia. Padronizar este prêmio em 20%, 30% ou qualquer outro nível é descabido, pois existe enorme diferença na situação das empresas.

O VALOR DO CAIXA: SIMPLESMENTE CAIXA!

Frase de mercado: "O valor de uma companhia é igual à soma do valor do fluxo de caixa descontado mais o caixa existente."

Este jargão desconsidera o fato de que o valor do caixa já está embutido no fluxo de caixa descontado de alguma forma, o que é um erro conceitual que normalmente superestima o valor de uma empresa.

Ressalte-se que nada é mais fácil de calcular do que o valor do caixa. Caixa é caixa, e pronto! Se uma empresa possui em caixa o valor de R$ 100 mil no fim do ano, o valor presente deste montante é exatamente R$ 100 mil.

Quando o caixa é relevante na empresa (exemplos brasileiros: Lojas Americanas e Ultrapar), ultrapassando 10% dos ativos, vale a pena fazer o procedimento que iremos descrever a seguir. Quando este número for inferior a 10%, um único procedimento é o correto: Não adicione o caixa no final de sua valuation!

O valor do caixa está embutido:

• **Fluxo de Caixa Descontado para a Firma:** na parcela da taxa de desconto. É bastante fácil entender tal questão do ponto de vista intuitivo. Olhando pelo lado de uma banco ou comprador de dívida, você atribuiria menos risco de crédito para uma empresa que apresentasse alto patamar de caixa em seu balanço ou para uma outra que não possuísse as mesmas reservas? Como investidor em ações, o seu retorno exigido para um papel seria maior ou menor, caso o caixa acumulado da companhia fosse relevante? Portanto, as respostas implícitas mostram como o caixa já está embutido, de alguma forma, na taxa de desconto dos fluxos.

• **Fluxo de Caixa Descontado para o Acionista:** além da parcela da taxa de desconto, o efeito do caixa é diretamente observado nas receitas financeiras.

No caso da dívida, o efeito no custo é mais difícil de ser calculado, embora seja fácil entendê-lo subjetivamente (o quanto o meu custo é majorado ou diminuído em função do caixa que possuo). Já na questão do retorno exigido pelo acionista, podemos calcular o efeito do caixa via recálculo do ß. Demonstramos a seguir como devemos proceder no caso do valor do caixa exceder 10% do valor dos ativos de uma companhia.

Passo 1 – Separe o caixa da empresa.

Passo 2 – Antes de calcular impostos, retorne ao lucro as receitas financeiras oriundas da aplicação daquele caixa. Vá em frente no cálculo do lucro líquido e do FCFE. O passo 2 só tem relevância no caso do cálculo do Fluxo de Caixa para o Acionista.

Passo 3 - O caixa tem efeito direto na taxa de desconto. Quanto mais caixa tiver a empresa, menor o risco. Portanto, todo ß é, de alguma forma, "suavizado" pela existência de algum caixa. Devemos então calcular qual seria o valor do b sem o caixa.

$$ß \text{ do ativo total} = W_1 \times ß \text{ ativos (sem caixa)} + W_2 \times ß \text{ caixa}$$

Onde W_1 e W_2 são as proporções respectivas do caixa e dos ativos restantes (sem o caixa).

Em outras palavras: o valor do ß de uma companhia representa uma média ponderada entre o ß da companhia caso não existisse caixa, mais o ß do caixa. Por definição, lembremos que o ß do caixa é igual a zero.

Relembrando:

$$ß = ß_d \times (1 + ((D/E) \times (1-t)))$$

Exemplo: Assumindo o ß desalavancado $ß_u$ de uma companhia do setor elétrico = 0.8, um D/E de 1.2 e uma alíquota de imposto sobre o lucro de 30%.

$$ß = 0.8 \times (1 + ((1.2) \times (1-0.3))$$
$$ß = 1.5$$

O caixa representa 20% do valor dos ativos da companhia.

ß desalavancado total ativo = 0.8   W caixa (participação do cash no ativo total) = 20%
ß desalavancado caixa = 0 por definição   W total ativo sem caixa = 80%
ß total ativo sem caixa = ?
$ß_d$ ativo total = W caixa × $ß_d$ caixa + W total ativo sem caixa × $ß_d$ total ativo sem caixa
0.8 = (0.2 × 0) + 0.8 × $ß_d$ total ativo sem caixa
ß total ativo desalavancado sem caixa = 1.0

Agora, finalmente, chegamos ao ß da empresa considerando que o caixa não existisse:

$$ß = 1 \times (1 + ((1.2) \times (1-0.3))$$
$$ß = 1.8$$

Tudo mais constante, um ß maior (subiu de 1.5 para 1.8) levará um custo de capital próprio maior o que reduzirá o valor da firma ou da empresa. No caso da companhia (FCFE), a retirada das receitas financeiras ainda gerará valor de fluxo de caixa menor a cada ano.

A partir do somatório dos valores descontados encontrados, somamos o caixa que estava "separado" desde o início da operação, calculando agora o valor da firma ou da companhia com consistência.

No caso brasileiro, até pela instabilidade macroeconômica histórica, não são poucas as empresas que se habituaram a dispor de liquidez elevada. Portanto, o entendimento do valor do caixa no processo de valuation torna-se ainda mais importante.

Figura – Disponibilidade Médias – 1996 – 2005 – Disponibilidades em caixa / Ativo Total

#	Empresas	Disponibilidade/Ativo Total (%)
1	Sao Carlos	46,9%
2	Lojas Americanas	37,3%
3	Alfa Holding	36,7%
4	Weg	33,0%
5	Itautec	24,8%
6	Eternit	24,1%
7	Perdigão	23,6%
8	Globex	21,4%
9	Fosfertil	20,8%
10	Embraer	20,7%
11	Fertibras	19,8%
12	Magnesita	19,5%
13	Votorantim	17,0%
14	Alpargatas	16,9%
15	Gradiente	16,6%
16	Souza Cruz	16,4%
17	Confab	16,4%
18	Sadia	16,2%
19	Cyrela Realty	16,0%
20	Copesul	15,4%
21	Suzano Papel	15,4%

#	Empresas	Disponibilidade/Ativo Total (%)
22	Duratex	15,4%
23	Pao de Acucar	15,0%
24	Ferbasa	14,4%
25	Mangels	14,3%
26	Bardella	13,4%
27	Itausa	12,0%
28	Wlm Ind Com	11,5%
29	Petrobras	11,5%
30	Coteminas	11,1%
31	Unipar	10,9%
32	Klabin	10,8%
33	Ambev	10,6%
34	Marcopolo	10,1%
35	Inds Romi	9,8%
36	Metal Leve	9,5%
37	Pettenati	9,5%
38	Vale Rio Doce	9,5%
39	Ipiranga Ref	9,2%
40	Vigor	9,1%
41	Whirpool	8,9%
42	Net	8,6%
43	Lojas Renner	8,3%
44	Guararapes	8,0%
45	Usiminas	7,7%
46	Arcelor BR	7,4%
47	Ipiranga Pet	7,4%
48	Tectoy	7,4%
49	Cia Hering	7,3%
50	Iochp-Maxion	7,3%
51	Ipiranga Dist	7,1%
52	Iguacu Cafe	7,0%
53	Acesita	6,9%
54	Paranapanema	6,6%
55	Tupy	6,5%
56	Saraiva Livr	6,4%
57	Fras-Le	6,3%
58	Politeno	6,2%
59	Bombril	5,8%
60	Trafo	5,8%
61	Brasil Telecom	5,7%
62	Avipal	5,4%
63	Forjas Taurus	5,2%
64	Randon Part	5,1%
65	Aracruz	5,0%

Fonte: Economática, elaborado pelo autor

A MARCA, O DIFERENCIAL SUBJETIVO QUE AGREGA VALOR

Frase de mercado: "O valor de uma marca famosa às vezes pode ser superior ao fluxo de caixa descontado desta mesma empresa".

Marcas famosas como Coca-Cola, McDonald's, IBM, Brahma, entre tantas outras, nacionais e internacionais, têm preço? Se separarmos toda a estrutura produtiva e os ativos e vendêssemos apenas o direito de explorar uma marca reconhecida, por exemplo? Quantas vezes já preferimos pagar um pouco mais por um produto de uma marca famosa, em vez de optar por outro semelhante?

O exemplo mais recente no Brasil é o dos remédios genéricos. Por que muitas pessoas ainda preferem comprar aspirina da marca Bayer ou Bufferin, em vez de um genérico exatamente com a mesma fórmula, por até metade do preço? No caso de remédios, esta preferência por marca fica ainda mais relevante, já que, quando a saúde está em jogo, a confiança é vital. Com isto, as grandes empresas farmacêuticas podem objetivar uma margem superior, sem o receio da concorrência dos genéricos.

A mesma lógica se repete para todos os produtos, com as situações se diferenciando pelo grau de preferência do consumidor. Quem nunca viu um refrigerante, um saco de arroz, um sabão em pó, um catchup, ou qualquer outro produto com a marca do supermercado (Pão de Açúcar, Sendas, Makro, Bompreço etc...). Obviamente estes produtos não são fabricados pelos supermercados. Há casos em que uma companhia famosa fornece exatamente o mesmo produto que vende. Na gôndola, há o mesmo produto com duas etiquetas diferentes: uma da marca famosa e a outra com o selo do supermercado. Exatamente o mesmo produto com preços muito diferentes.

Portanto, o valor da marca já se encontra, de certa forma, embutido no valor da empresa. Quanto mais forte for a marca, com maior influência na competitividade do produto, mais relevante será o percentual de seu valor no total da empresa.

Exemplo:

Imaginemos uma indústria já madura do setor alimentício, com R$ 5 bilhões em vendas cuja estimativa de crescimento é de apenas 2% na perpetuidade. Podemos considerar o fluxo de caixa atual das diversas companhias que atuam no ramo como a base da perpetuidade. Uma famosa empresa, com 80% do mercado (faturamento de R$ 4 bilhões) e sem dívidas consegue uma margem líquida de 40%. O custo do capital próprio é de 18% ao ano.

Suponha que a empresa famosa decidisse vender apenas a sua marca, continuando no negócio. Com base nestes dados apenas, qual o valor mínimo a ser pedido?

Uma empresa com marca mais famosa trabalha com maior participação de mercado e margens superiores. Este é o efeito final de todo gasto em propaganda e na consolidação do nome. No longo prazo, vendendo a "etiqueta", a empresa tende a perder, pelo tamanho, pelo menos metade da participação de mercado e do patamar de margem. O custo de capital, até pela queda de vendas e menor capacidade de quitar compromissos, sobe para 23% anuais. Em qualquer caso, os investimentos líquidos na perpetuidade são próximos a zero e a necessidade de capital de giro igual a 10% do faturamento.

Valor da empresa com a marca:

Lucro líquido: Faturamento x Margem Líquida = R$ 4 bi x 0,40 = R$ 1,6 bi

Investimento Líquido na perpetuidade: R$ 0

Necessidade de capital de giro: R$ 4 bi x 0,10 = R$ 400 milhões

Fluxo de Caixa para o Acionista (FCFE) na perpetuidade: R$ 1,6 bi − R$ 0 − R$ 400 milhões = R$ 1,2 bi

Custo do Capital Próprio: 18% anuais

Taxa de crescimento de lucros na perpetuidade: 2% ao ano

Valor presente da Perpetuidade com crescimento de 2% anuais: R$ 1,2 bi x 1.02 / (0,18-0,02) = R$ 7.65 bilhões

Valor da empresa sem a marca:

Lucro líquido: Faturamento x Margem Líquida (a participação em mercado e a margem líquida caem pela metade) = R$ 2 bi x 0,20 = R$ 400 milhões

Investimento Líquido na perpetuidade: R$ 0
Necessidade de capital de giro (continua em 10% do faturamento): R$ 2 bi x 0,10 = R$ 200 milhões
Fluxo de Caixa para o Acionista (FCFE) na perpetuidade: R$ 400 milhões – R$ 0 – R$ 200 milhões = R$ 200 milhões
Custo do Capital Próprio: sobe para 23% anuais
Taxa de crescimento de lucros na perpetuidade: 2% ao ano
Valor presente da Perpetuidade com crescimento de 2% anuais: (R$ 200 milhões x 1.02) / (0,23-0,02) = R$ 971 milhões

Estamos assumindo neste caso, para efeito de exemplo, a hipótese pouco realista de que a marca seria vendida em um dia e no dia seguinte, nas gôndolas dos supermercados, o produto seja vendido já sem a etiqueta e sob outro nome. É normal que a empresa recomece o trabalho com outra denominação e, ao longo do tempo, consiga convencer que a nova marca apenas substitui a antiga. Mas é uma ação de propaganda sem a menor garantia de sucesso.

O valor aproximado da marca seria:

Valor da empresa com a marca – Valor da empresa sem a marca: R$ 7,65 bi – R$ 971 milhões = R$ 6,679 bi; em outras palavras, o valor da marca é responsável por nada menos que 87.3% do valor total da companhia.

A conclusão é de que o valor de uma marca está espelhado nos números da empresa e deve ser encontrado dentro deles. É um erro conceitual inferir que o valor de uma companhia de marca famosa corresponda ao valor da marca + valor das operações, já que são duas parcelas indissociáveis.

254
172
649
670

183
650
686

Capítulo 10

Valuation Relativa: o uso indiscriminado dos múltiplos

O FALSO MITO DOS MÚLTIPLOS

A decisão de compra de uma ação abrange diferentes análises, do tipo *top down* (influência diferenciada do cenário econômico nos diversos setores) e *bottom-up* (cálculo do preço justo de uma empresa em função das variáveis que influenciam resultados). Analistas usam técnicas como o fluxo de caixa descontado, além dos chamados múltiplos comparativos como P/L (relação Preço/Lucro) e P/VPA (Preço/Valor Patrimonial).

Por exemplo: se o valor de mercado da empresa (número de ações x preço da ação) atinge R$ 50 milhões e a projeção do lucro líquido para 2008 é de R$ 10 milhões, o P/L 2008 seria 5 (50/10).

Já escutamos a simplória definição de que o P/L representa quantos anos o investidor precisa para recuperar o seu investimento (conceito de *payback*). Nesta lógica, se a empresa repetisse os R$ 10 milhões anuais de lucro durante os próximos cinco anos, os acionistas veriam de volta o dinheiro aplicado. Intuitivamente, chegamos à errônea conclusão de que quanto menor o P/L, necessariamente mais atrativa a compra daquela ação. Porém, esta tradicional versão desconsidera fatores como o artificialismo de alguns lucros contábeis e a alta probabilidade de os resultados serem diferentes (maiores ou menores) no futuro.

Todo o valor dos múltiplos comparativos de ações embute dois conceitos básicos: o risco total da empresa e o potencial crescimento de lucros. Exemplificando: o risco total do investimento em ações da Telemar, sob a ótica do aplicador, será composto pelo risco-Brasil + risco setor de telecomunicações (em particular, telefonia fixa) + risco empresa (gestão, endividamento, liquidez dos papéis, entre outros). Portanto, de forma geral, os múltiplos apresentam relação inversa com o risco total da empresa – quanto menor o risco percebido, maior tende a ser o múltiplo – e direta com o crescimento futuro de lucros – quanto maior a expectativa de crescimento, maior o múltiplo.

O raciocínio intuitivo mostra que quanto menor o risco e maior o crescimento, mais o investidor estará disposto a pagar pela ação. Outros fatores (de acordo com o tipo de múltiplo), como margens e retorno do negócio, também são importantes.

Mesmo considerando o superior crescimento potencial de nossa economia no longo prazo, por que o mercado pagava, em setembro de 2006, por exemplo, por ações brasileiras (Ibovespa) um P/L 2007 de apenas 10 contra cerca de 17 para empresas norte-americanas (S&P500)?

A resposta é: enquanto o governo brasileiro remunerava na mesma época os investidores a 7,5% em uma emissão externa soberana de títulos de trinta anos, o norte-americano rolava seus títulos de mesmo prazo a 5%, dada a diferença percebida de risco. Por outro lado, tais relações explicam (mas não justificam) o motivo que levou milhares de investidores a pagar, em dezembro de 2000, mesmo após queda acumulada de 85% no valor da ação nos dez meses anteriores, um P/L 2001 de 65 para a empresa Yahoo!, ainda embutindo expectativa de crescimento explosivo de lucros na Internet para os anos seguintes.

Uma ação A, com P/L = 30, pode estar relativamente barata em relação a uma ação B de P/L = 3, dependendo das variáveis envolvidas de risco, retorno e crescimento de lucros da empresa. Atenção também à usual falta de fundamento na comparação intertemporal de múltiplos. Exemplo: "O mercado já pagou, no passado, P/L máximo de 10 por uma ação e hoje este múltiplo está apenas em cinco. Logo, o papel pode dobrar de preço no longo prazo".

Será que as principais variáveis que determinam o P/L justo para a empresa não mudam ao longo dos anos? Portanto, cuidado com simplificações. Múltiplo baixo não é sinônimo de ação barata, da mesma forma que múltiplo alto não deve sugerir, necessariamente, recomendação de venda.

CUIDADO COM A ATRATIVA FACILIDADE DOS MÚLTIPLOS

Um método muito usado para precificação é realizá-la de forma relativa. Em outras palavras: em vez de se chegar ao que definimos como valor intrínseco (DCF), a *valuation* relativa procura precificar uma empresa *vis-à-vis* a comparativos padronizados de mercado.

A grande dificuldade, porém, começa na comparação de companhias diferentes. Empresas têm estágios de crescimento diversos, risco embutido, rentabilidade etc. Antes de entender o que cada múltiplo indica e os seus principais determinadores, é fundamental estabelecer regras básicas que ajudarão a evitar comparações incorretas:

- Tempo do múltiplo

Há três possibilidades básicas:

1. Múltiplo Passado (em inglês, *past multiple*): utiliza pelo menos uma referência do passado.

Exemplo: se estivermos em 2007, a relação Preço/Lucro 2006 utiliza o preço corrente da ação e o lucro de 2006. O múltiplo passado raramente é utilizado, por não poder explicar o futuro.

2. Múltiplo Corrente (em inglês, *trailing multiple*): utiliza a referência do ano corrente.

Exemplo: se estivermos em 2007, o P/L 2007 será a relação entre o preço corrente e o lucro projetado para o ano 2007 em questão.

3. Múltiplo Futuro (em inglês, *forward multiple*): utiliza a referência de um ano futuro.

Exemplo: se estivermos em 2007, o P/L 2008 será a relação entre o preço corrente da ação e o lucro projetado para 2008.

Observação: se estivermos, por exemplo, no primeiro trimestre de 2007, podemos considerar o 2007 como um múltiplo futuro e o P/L 2006 como um múltiplo corrente. Normalmente, as expressões corrente e múltiplo possuem uma relação mais forte com o grau de previsibilidade do lucro a ser analisado.

• **Comparação de dimensões iguais: Firma x Firma, Equity x Equity**

Um dos erros conceituais mais graves cometidos por analistas é a incongruência de numerador e denominador nos múltiplos. Como exemplos de múltiplos que comparam o quê pode ser comparado, temos:

$$\frac{P}{L} \frac{- \text{Valor do acionista;}}{- \text{Valor do acionista}} \quad \frac{FV}{EBITDA} \frac{- \text{Valor da firma;}}{- \text{Valor da firma}} \quad \frac{P}{VPA} \frac{- \text{Valor do acionista}}{- \text{Valor do acionista}}$$

Em outras palavras: é coerente estabelecer comparativos entre dimensões relativas ao acionista (no caso preço) com rubricas do balanço que também sejam relacionadas a valor de mercado. O mesmo torna-se aplicável ao valor da firma em relação aos números de empresa.

Neste caso, a consistência dos múltiplos pode nos auxiliar muito nas conclusões acerca do preço justo de companhias e firmas. Em contrapartida, muitas relações inconvenientes não respeitam as dimensões devidas. Exemplos:

$$\frac{P}{\text{Vendas}} \frac{- \text{Valor do acionista;}}{- \text{Valor da firma}} \quad \frac{EV}{VPA} \frac{- \text{Valor da firma}}{- \text{Valor do acionista}}$$

As vendas são produzidas pelo capital investido, tanto pelos acionistas quanto pelos credores. O valor de mercado de uma companhia representa apenas o que resta para o acionista. Da mesma forma, o valor patrimonial advém de aumentos de capital ou retenção de lucros realizados pelo acionista. Enquanto isto, o valor da firma soma o endividamento devido aos credores e o valor de mercado da companhia.

A forma correta de atingir uma relação consistente dos múltiplos apresentados seria:

$$\frac{FV}{\text{Vendas}} \frac{- \text{Valor da Firma;}}{- \text{Valor da Firma}} \quad \frac{P}{VPA} \frac{- \text{Valor do Acionista}}{- \text{Valor do Acionista}}$$

O momento do ciclo da empresa ou da economia em geral é fundamental na análise dos múltiplos. Temos que tomar cuidado na identificação dos chamados pontos de inflexão de lucratividade da empresa e qual será a reação do mercado neste processo.

Por exemplo: imaginemos que estamos ao final de 2006 e que uma empresa de telefonia celular esteja passando por profunda reestruturação, o que a levará a sair de um lucro por ação de R$ 1 em 2006, para R$ 5 em 2007 e para R$ 40 em 2008. O preço da ação encontra-se em R$ 100; portanto, o P/L 2006 corrente estaria em 100, e os P/Ls futuros, respectivamente de 2007 e 2008, estariam atingindo 20 e 2,5.

Um analista menos cuidadoso não consideraria a recomendação de compra da ação se não realizasse uma projeção mais longa, pelo menos até 2008. A falta de visão mais ampla pode levar uma análise de múltiplos a ser enganosa.

O inverso ocorreria se uma ação de setor petroquímico, cujo desempenho depende muito da atividade econômica, estivesse, na mesma época, no auge de seus resultados: lucro por ação de R$ 8 em 2006 e de R$ 9 em 2007, com o preço do papel custando R$ 72. Um P/L corrente de 2006 e um futuro (2007) projetado em, respectivamente, 9 e 8, tudo mais constante, parecem atrativos à primeira vista.

Cuidado com interpretações precipitadas sobre a magnitude do múltiplo. Considere sempre o período do ciclo da economia e dos lucros da empresa.

Mas se os economistas já estivessem com sérias dúvidas sobre o desempenho da atividade em 2007 e em consenso sobre uma retração econômica em 2008, será que a convicção de compra seria a mesma? Provavelmente, a sugestão seria até de venda. Mais uma vez isto mostra o perigo de análises menos aprofundadas.

Há outro caso tradicional, quando o desempenho de uma empresa vai surpreendendo os analistas e, mesmo com a alta contínua do preço da ação, a revisão de lucros para cima reforça a recomendação de compra.

Por exemplo: digamos que em setembro/06 a previsão de lucro para 2007 de uma empresa de informática era de R$ 2/ação e que a ação custasse R$ 30 (P/L 2007 =15). Gostando dos fundamentos da empresa, *vis-à-vis* o seu preço, o analista recomenda a compra. Surpreendentemente o papel sobe 100% em dois meses, atingindo R$ 60. Como tudo tem um preço, há a tentação de se recomendar venda da ação. Mas as atitudes agressivas da direção da empresa fazem com que o consenso para o lucro líquido para 2007 suba para R$ 5/ação (150% superior em relação à previsão anterior).

Em outras palavras: o fato de a ação ter dobrado de valor não quer dizer que seja hora de vender, já que o P/L 2007 no final de 2006 era até menor do que o estimado em set/06 (12 x 15). É o que chamamos de fase de "expansão de múltiplos". O mercado sobe, mas os resultados estimados também vão sendo revisados para cima, atraindo mais compra.

A IDÉIA DO "MÚLTIPLO JUSTO"

Esclarecidas as questões da padronização e consistência, introduzimos o conceito de "múltiplo justo". Esta idéia cria uma ponte que ligará o fluxo de caixa descontado à teoria dos múltiplos. Há muitos analistas que declaram abertamente a sua preferência em utilizar múltiplos comparativos para determinar o preço justo de companhias ou firmas, uma vez que estes apresentam menor complexidade que o fluxo de caixa descontado.

Porém, estes analistas esquecem que, em qualquer relação – P/L, P/VPA, EV/Vendas, EV/EBITDA, entre outros múltiplos –, a magnitude do múltiplo será função também de vários fatores relacionados à mesma base de informações utilizada para o fluxo de caixa descontado.

Não é incomum assistir metodologias com embasamento técnico muito frágil: Por exemplo, em quantos relatórios de analistas de mercado lê-se a seguinte proposição: "Pelo fluxo de caixa descontado (FCD), o preço justo da ação é de R$ 50; já pelo método de múltiplos, o preço justo do papel seria de R$ 43; já pelo EVA (método que será

estudado no último capítulo), chega-se a R$ 61. Portanto, pelo nosso critério, atribui-se o peso para o FCD de 40%, para os múltiplos de 35% e para o EVA de 25%". Concluindo, o preço justo será:
= (0,4 x R$ 50) + (0,35 x R$ 43) + (0,25 x R$ 61) = R$ 50.30".

Qual o valor científico desta conclusão? Muito bonito em termos de marketing de vendas, mas a substância técnica é muito pobre. Cabe ressaltar que, de início, a discrepância nos três resultados já deveria criar uma desconfiança na credibilidade da análise.

É falsa a dicotomia existente entre fluxo de caixa descontado e múltiplos. Exatamente com a mesma precisão que buscamos o valor justo no DCF, somente com o cálculo de múltiplos justos temos a certeza de que estaremos realizando uma boa análise.

Antes de entrar na particularidade de cada múltiplo, relembremos a fórmula de precificação de um ativo em diferentes estágios de crescimento da companhia. Será importante reforçar estas fórmulas que serão aplicadas no cálculo do múltiplo justo.

Um estágio: a companhia já está na fase madura, tanto em retorno sobre o patrimônio líquido, taxa de desconto para o acionista e crescimento do lucro líquido:

$$\text{PERPETUIDADE} = \frac{FCFE_{t-1} \times (1+ g_{perpet})}{(r_{perpet} - g_{perpet})}$$

Dois estágios: a companhia ainda está em fase de crescimento normal, em termos de retorno sobre o patrimônio líquido, taxa de desconto para o acionista e crescimento do lucro líquido. Estes indicadores ainda podem se alterar até a chegada ao estágio da perpetuidade:

$$\text{FASE DE CRESCIMENTO MODERADO}$$
$$\frac{FCFE_{t-1} \times (1+g_{cresc}) \times \left(1 - \frac{(1+g_{cresc})^n}{(1+r_{cresc})^n}\right)}{r_{cresc} - g_{cresc}}$$
$$+$$

PERPETUIDADE

$$= \frac{FCFE_{t-1} \times (1+g_{cresc})^{n\,cresc} \times (1+g_{perpet})}{(r_{perpet} - g_{perpet}) \times (1+r)^{n\,cresc}}$$

Três estágios: a companhia ainda terá alguns anos de alto crescimento, passando posteriormente para a fase de crescimento normal, em termos de retorno sobre o patrimônio líquido, taxa de desconto para o acionista e crescimento do lucro líquido. Estes indicadores ainda podem se alterar até a chegada ao estágio da perpetuidade:

FASE DE ALTO CRESCIMENTO

$$\frac{FCFE_{t-1} \times (1+g_{alto\,cresc}) \times \left(1 - \frac{(1+g_{alto\,cresc})^n}{(1+r_{alto\,cresc})^n}\right)}{r_{alto\,cresc} - g_{alto\,cresc}}$$

+

FASE DE CRESCIMENTO MODERADO

$$\frac{FCFE_{t-1} \times (1+g_{alto\,cresc})^{n\,alto\,cresc} \times (1+g_{cresc}) \times \left(1 - \frac{(1+g_{cresc})^n}{(1+r_{cresc})^n}\right)}{(r_{cresc} - g_{cresc}) \times (1+r)^{n\,alto\,cresc}}$$

+

PERPETUIDADE

$$= \frac{FCFE_{t-1} \times (1+g_{alto\,cresc})^{n\,alto\,cresc} \times (1+g_{cresc})^{n\,cresc} (1+g_{perpet})}{(r_{perpet} - g_{perpet}) \times (1+r)^{n\,alto\,cresc} \times (1+r)^{n\,cresc}}$$

A teoria do múltiplo justo é muito mais difícil de ser comprovada em mercados emergentes. Aliás, esta constatação também se aplica à teoria de fluxo de caixa descontado e para qualquer análise que embuta um componente *bottom-up* muito forte. Sobretudo depois do início do processo de globalização verificado na década de 1990, o fator "fluxo" passou a ser decisivo.

Para mercados em desenvolvimento, que costumam negociar volumes não muito relevantes comparativamente a países desenvolvidos, qualquer aporte de recursos por parte de investidores estrangeiros é fundamental na determinação de preço de ativos. Estes aplicadores consideram a situação de seus países de origem, chegando normalmente à dimensão *top down* das nações emergentes nas quais pretendem investir. Porém, nos últimos anos, com a negociação dos chamados ADRs (*American Depositary Receipts*) e GDRs (*Global Depositary Receipts*) – grupamento de ações brasileiras negociadas no exterior nos mercados norte-americano e europeu, respectivamente – além da presença local de corretoras estrangeiras, o entendimento de papéis de renda variável de empresas de países em desenvolvimento começou a ficar mais difuso.

Adicionalmente, outra causa de dificuldade no teste do múltiplo justo é o fato de que episódios de crise e euforia de mercado usualmente atingem com mais força países emergentes. Volatilidade excessiva, mesmo que em prazos curtos, distorcem qualquer teste estatístico. Alguns analistas sugerem isolar estes movimentos, levando em consideração somente o que ocorre nos momentos "normais". Neste caso, além de provavelmente os momentos anômalos aparecerem mais como regra do que como exceção, o resultado do isolamento da volatilidade seria o equivalente a treinar soldados de guerra em um parque de diversões. Enfim, totalmente inútil.

Quando o Fluxo de Caixa para o Acionista (FCFE) = Dividendos?

O questionamento é muito importante para a teoria do múltiplo justo. Teoricamente, após pagar todos os seus compromissos – inclusive com os credores – e realizar todos os investimentos, a sobra de recursos observada no fluxo de caixa para o acionista (FCFE) deveria ser distribuída sob a forma de dividendos, já que não foi encontrada outra utilidade para o montante naquele exercício. Em outras palavras: certamente os recursos serão mais bem utilizados nas mãos dos acionistas.

Quais são as razões que levam uma empresa a reter caixa, em vez de distribuir dividendos?

- "Antecipação" de oportunidades futuras de investimento

Apesar daquela parcela da geração de caixa não ter sido utilizada naquele período, talvez seja interessante retê-la porque se vislumbram potenciais oportunidades de investimento no curto prazo. Esta situação é muito comum em empresas de alto crescimento e em setores em constante transformação. Firmas que investem pesadamente em pesquisa e desenvolvimento também tendem a adotar, na média, um índice de *payout* mais baixo.

- Empresas inseridas em setores chamados "cíclicos"

A volatilidade de fluxo de caixa em setores onde a ciclicalidade é a maior característica leva muitas empresas a "reter" a geração excedente de recursos líquidos como prevenção para épocas de ciclos de baixa. Quanto mais imprevisível for a "virada" do ciclo, maior é a tendência de as empresas serem conservadoras em termos de distribuição do fluxo de caixa "livre".

- Empresas com alta participação de custos fixos na estrutura de despesas

Esta razão representa um caso particular do ponto anterior. Em outras palavras: mesmo que a empresa não faça parte de um setor cíclico, a sua carga de custos fixos é tão alta que qualquer variação negativa no faturamento pode levar a empresa à inadimplência. As empresas altamente endividadas podem ser classificadas neste grupo.

- Empresas que pretendem reduzir o seu grau de alavancagem

Algumas empresas, não satisfeitas com o seu nível de exposição em dívida, podem reter caixa além do nível considerado ideal para honrar passivos que estão por vencer no curto prazo.

- Empresas com previsão de aumento da necessidade de capital de giro

Empresas que, por exemplo, estão planejando uma grande campanha de vendas que resultará no aumento da necessidade de capital de giro e, ao mesmo tempo, não desejam aumentar o seu nível de endividamento para financiar este crescimento.

- Empresas com má administração financeira

Não é tão incomum como pode parecer a princípio. Temos casos de várias empresas cuja falta de planejamento estratégico de longo prazo induz a erros na condução da política de caixa e de estrutura de capital.

QUAIS AS CONSEQÜÊNCIAS NO CÁLCULO DO MÚLTIPLO JUSTO DE O VALOR DO FCFE SER MUITO DIFERENTE DO QUE É DISTRIBUÍDO EM DIVIDENDOS?

Quando não podemos utilizar o montante de dividendos pagos como *proxy* do FCFE, as simplificações que faremos a seguir dentro do conceito de "múltiplo justo" ficarão mais complicadas. O mais importante na concepção da idéia do múltiplo justo é o pleno entendimento da essência dos principais indicadores e seus principais *drivers*.

PREÇO/VALOR PATRIMONIAL: TRADIÇÃO DE UM MÚLTIPLO DE ACIONISTA

Alguns múltiplos ficaram famosos pela aparente simplicidade, sendo que a relação Preço/Valor Patrimonial pode ser incluída nesta lista. O múltiplo é interessante porque confronta no numerador uma variável altamente dependente de expectativas futuras (preço da ação) com um denominador formado pelo patrimônio líquido, que nada mais é do que o somatório de todos os recursos investidos pelos acionistas na empresa (incluindo dinheiro novo + lucros retidos).

Os múltiplos de acionista em geral são mais usados, sobretudo em setores nos quais a estrutura de capital não apresenta potencial muito alto de mudanças relevantes ou nos segmentos em que a relação entre recursos próprios e de terceiros na companhia não é diretamente aplicável. Um exemplo quase unânime entre os analistas, na utilização deste múltiplo, é o setor bancário, no qual não é trivial a separação entre capital próprio e de terceiros.

Se formos tratar o preço de uma empresa madura em um estágio:

$$P = \frac{FCFE_{t-1} \times (1+ g_{perpet})}{(r_{perpet} - g_{perpet})}$$

$$\frac{P}{VPA} = \frac{(FCFE_{t-1} \times (1+ g_{perpet}))/VPA}{(r_{perpet} - g_{perpet})}$$

Se considerarmos FCFE = Dividendos, temos:

$$\frac{P}{VPA} = \frac{((Dividendos/VPA \times (1+ g_{perpet}))}{(r_{perpet} - g_{perpet})}$$

$$\frac{Dividendos}{VPA} = \frac{Dividendos}{Lucro\ Líquido} \times \frac{Lucro\ Líquido}{VPA}$$

= Payout x Retorno sobre o Capital Próprio (ROE)

Poderíamos ainda decompor o ROE pela fórmula de Dupont:

$$= Payout \times \frac{Vendas}{VPA} \times \frac{Lucro\ Líquido}{Vendas}$$

$$P/VPA = \frac{(Payout \times Giro\ do\ Patrimônio\ Líquido \times Margem\ Líquida) \times (1+ g_{perpet})}{(r_{perpet} - g_{perpet})}$$

Portanto, o múltiplo P/VPA é função de: *Payout* (ou FCFE / Lucro Líquido) (+), Retorno sobre o Patrimônio Líquido – ROE (+), crescimento do lucro líquido (+), taxa de desconto para o acionista (–).

POR QUE É MENOS PROBLEMÁTICO ASSUMIR, NO CASO DO P/VPA, QUE FCFE SERÁ IGUAL A DIVIDENDOS?

Apesar de reafirmarmos que a condição FCFE igual a dividendos representa normalmente exceções e não a regra, no caso do P/VPA a maior influência advém do Retorno sobre o Patrimônio Líquido, conforme podemos testar na relação a seguir. Cabe lembrar do efeito "duplo", tanto do *payout* quanto do Retorno sobre o Patrimônio Líquido diretamente no numerador, assim como no fator crescimento, já que:

$$g_{\text{lucro líquido}} = \text{Índice de Retenção (que depende do payout)} \times \text{ROE}$$

Exatamente da mesma forma que demonstramos no fluxo de caixa descontado, todos os parâmetros apresentados (Payout (+) ou FCFE / Lucro Líquido), Retorno sobre o Patrimônio Líquido – ROE (+), crescimento do lucro líquido (+), taxa de desconto para o acionista (–)) podem ser introduzidos no modelo para o cálculo do P/VPA justo para uma empresa:

FASE DE ALTO CRESCIMENTO

$$\frac{\text{ROE}_{\text{alto cresc}} \times \text{Payout}_{\text{alto cresc}} \times (1+g_{\text{alto cresc}}) \times \left(1 - \frac{(1+g_{\text{alto cresc}})^n}{(1+r_{\text{alto cresc}})^n}\right)}{r_{\text{alto cresc}} - g_{\text{alto cresc}}}$$

$$+$$

FASE DE CRESCIMENTO MODERADO

$$\frac{\text{ROE}_{\text{cresc}} \times \text{Payout}_{\text{cresc}} \times (1+g_{\text{alto cresc}})^{n\,\text{alto cresc}} \times (1+g_{\text{cresc}}) \times \left(1 - \frac{(1+g_{\text{cresc}})^n}{(1+r_{\text{cresc}})^n}\right)}{(r_{\text{cresc}} - g_{\text{cresc}}) \times (1+r)^{n\,\text{alto cresc}}}$$

$$+$$

PERPETUIDADE

$$= \frac{\text{ROE}_{\text{perpet}} \times \text{Payout}_{\text{perpet}} \times (1+g_{\text{alto cresc}})^{n\,\text{alto cresc}} \times (1+g_{\text{cresc}})^{n\,\text{cresc}} (1+g_{\text{perpet}})}{(r_{\text{perpet}} - g_{\text{perpet}}) \times (1+r)^{n\,\text{alto cresc}} \times (1+r)^{n\,\text{cresc}}}$$

Podemos trabalhar com quantos estágios de crescimento desejarmos e com a multiplicidade de parâmetros que forem necessários para concluir qual seria o P/VPA justo para a empresa.

Algumas conclusões desta "dissecação" que realizamos no múltiplo P/VPA são:

1. No período de alto crescimento, a empresa provavelmente distribuirá poucos dividendos (alto índice de retenção), o que propiciará combustível para o crescimento do lucro líquido.

2. No período de crescimento dito normal, o fluxo de caixa para os acionistas começa a se aproximar dos dividendos distribuídos, aumentando o índice de *payout* e, conseqüentemente, reduzindo o potencial crescimento g para o lucro líquido.

3. Uma terceira e mais importante conexão é que a política de dividendos da empresa também será função da eficiência operacional da mesma. Portanto, quanto maior o ROE, maior a capacidade de a empresa aumentar seus lucros, mesmo retendo uma parcela menor.

Exemplo da influência do Retorno sobre Patrimônio Líquido (ROE) na política de dividendos da empresa:

No setor de distribuição de petróleo, a empresa A possui um ROE de 15%, pagando 20% de seu lucro em forma de dividendos. Uma segunda firma B apresenta um retorno sobre o patrimônio líquido um pouco inferior, de 13%. Qual deve ser o seu índice de *payout* para atingir o mesmo crescimento de lucro líquido da empresa A no longo prazo?

Empresa A:
ROE: 15% anuais
Índice de Payout: 20%
Índice de Retenção: 1 − Índice de Payout = 80%
Crescimento potencial no lucro líquido: $0.8 \times 0.15 = 12\%$

Empresa B:
ROE = 13% anuais
Índice de Retenção necessário para igualar o crescimento potencial nos lucros da Empresa A: $0.12 = 0.13 \times$ Índice de Retenção; Índice de Retenção = $0.12 / 0.13 = 92\%$
Índice de Payout: 1 − Índice de Retenção = 8%

Portanto a Empresa B, por apresentar uma eficiência operacional inferior à da Empresa A, será obrigada a reter praticamente a totalidade de seu lucro líquido (92%) para auferir o mesmo potencial de crescimento de longo prazo da Empresa A.

Exemplo do cálculo de "múltiplo justo" – P/VPA

Analistas de um banco de investimento projetam que uma empresa do setor têxtil, em um período de alto crescimento (*boom* de exportações) de duração de cinco anos, apresentará um ROE de 15%, distribuindo apenas 10% de seus lucros em dividendos. O custo projetado de capital para o acionista será de 12% ao ano.

No período de crescimento moderado, os analistas estimam que o ROE cairá para 13%, permanecendo o custo de capital para o acionista ainda em 12%. A empresa começa a adotar uma política de distribuição de dividendos mais generosa, elevando o *payout* para 40%. Este período durará três anos.

Na perpetuidade, a estimativa é que tanto o ROE quanto o custo de capital para o acionista convergem para 11% anuais. O Índice de Retenção cai para apenas 20%. Qual o múltiplo P/VPA considerado justo para esta empresa?

Inicialmente, temos que calcular qual o potencial de crescimento de lucros em cada fase:

Alto crescimento: $ROE_{\text{Alto crescimento}} \times \text{Índice de Retenção}_{\text{alto crescimento}}$ = $0.15 \times (1-0.10) = 13{,}5\%$

Crescimento moderado: $ROE_{\text{crescimento moderado}} \times \text{Índice de Retenção}_{\text{crescimento moderado}} + ((ROE_{\text{crescimento moderado}} - ROE_{\text{alto crescimento}}) / ROE_{\text{alto crescimento}})$ =

$0.13 \times (1-0.4) + ((0.13 - 0.15)) / 0.15 = 0.078 - 0.133 = -5{,}5\%$

Notamos que a desaceleração do ROE foi suficiente para gerar um decréscimo de lucros na empresa citada, já que a rentabilidade dos ativos já existentes será menor.

Perpetuidade: $ROE_{\text{Perpetuidade}} \times \text{Índice de Retenção}_{\text{Perpetuidade}} = 0.11 \times 0.2 = 2{,}2\%$

$$\frac{\text{FASE DE ALTO CRESCIMENTO}}{0.12 - 0.135}$$

$$\frac{0.15 \times 0.10 \times (1+0.135) \times \left(1 - \dfrac{(1+0.135)^5}{(1+0.12)^5}\right)}{0.12 - 0.135}$$

+

FASE DE CRESCIMENTO MODERADO

$$\frac{0.13 \times 0.4 \times (1+0.135)^5 \times (1-0.055) \times \left(1 - \frac{(1-0.055)^3}{(1+0.12)^3}\right)}{((0.12 + 0.055)) \times (1+0.12)^5}$$

+

PERPETUIDADE

$$= \frac{0.11 \times 0.8 \times (1+0.135)^5 \times (1-0.055)^3 \times (1+0.022)}{(0.11 - 0.022) \times (1+0.12)^5 \times (1+0.12)^3}$$

P/VPA justo: 0.08 (fase de alto crescimento) + 0.12 (fase de crescimento moderado) + 0.66 (perpetuidade) = 0.86

QUAIS SERIAM AS RAZÕES PARA QUE ESTA EMPRESA DO SETOR TÊXTIL TIVESSE O SEU P/VPA JUSTO DE APENAS 0.86?

Inicialmente, observa-se que a empresa nunca apresentou grande diferencial entre o retorno e custo de capital próprio. Note-se que nem a forte retenção de lucros na fase de alto crescimento foi suficiente para compensar o baixo retorno sobre o capital próprio.

Quando a empresa resolve ser mais "generosa" na distribuição de dividendos, a dificuldade em gerar valor aparece mais claramente. Este é exatamente o período de crescimento moderado que, além de ter sido mais curto, continuou sendo muito pobre em termos de contribuição para um múltiplo justo superior.

Na fase da perpetuidade, tal qual constatamos no capítulo relativo ao fluxo de caixa descontado, há também grande relevância na participação do "múltiplo justo". Afinal, em qualquer caso, o quanto devemos pagar por uma ação deve estar associado à capacidade de geração de valor no longo prazo, e não somente nos próximos dois, cinco ou dez anos.

Cabe ressaltar que nos dois exemplos assumimos a hipótese de que o fluxo de caixa livre para o acionista constitui-se em *proxy* dos dividendos distribuídos. Reconhecemos a frágil certeza desta identidade, mas argumentamos que o principal driver do múltiplo P/VPA é o retorno sobre o capital próprio (ROE). Porém, sobretudo nos períodos de alto crescimento, se for possível a projeção do fluxo de caixa livre para o acionista, o índice de *payout* pode ser substituído na fórmula pela relação FCFE / Lucro Líquido.

PREÇO/VALOR PATRIMONIAL NO BRASIL

No caso específico brasileiro, um fator adicional atrapalha bastante o cálculo de múltiplos justos, além de todos os inerentes aos países emergentes. Até que ponto os valores contábeis de Patrimônio Líquido são confiáveis no Brasil, depois do período de forte inflação (1979-1994), quando foi introduzida a famosa Correção Monetária do Balanço (fator que corrigia os PLs de acordo com a variação de preços)? Não há nem como dizer se eles estão super ou subdimensionados. O fato inexorável é que a confiabilidade em relação à magnitude destes, depois de tantas mudanças de regras ao longo dos anos, não é plena.

O múltiplo P/VPA no Brasil apresentou, durante o ano de 2005, a seguinte distribuição de valores:

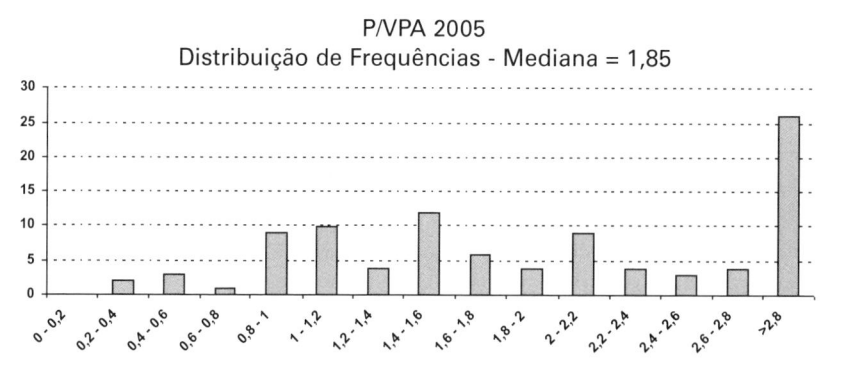

P/VPA 2005
Distribuição de Frequências - Mediana = 1,85

Fonte: Economática, elaborado pelo autor

A característica principal do quadro apresentado é o alto desvio-padrão (média = 2,7 e mediana = 1,85) dos valores do múltiplo P/VPA no Brasil. Isto demonstra a diferença marcante de percepção do mercado quanto à qualidade empresarial brasileira. Chama atenção também o fato de que 84% do universo de ações estudado já apresentar uma relação P/VPA superior a 1, fato não muito comum em anos anteriores.

Considerando o Retorno sobre Patrimônio Líquido (ROE) e o *Payout* como principais determinantes da magnitude do múltiplo P/VPA, realizamos a regressão para empresas abertas brasileiras entre 1998 e 2005, chegando aos seguintes parâmetros:

$$P/VPA = 0{,}5208 + 0{,}04621 \text{ Retorno sobre o Patrimônio Líquido (ROE)} + 0{,}000246 \text{ Payout};\ R^2 = 36{,}4\%$$

O coeficiente de determinação (R^2) a princípio parece diminuto, significando que "apenas" 36,4% da variação do indicador P/VPA pode ser explicada pelo incremento/decréscimo do Retorno sobre Patrimônio Líquido e do *Payout* no mercado brasileiro. Porém, cabe relembrar que, no ambiente altamente volátil de mercados emergentes, tal resultado não deve ser considerado decepcionante.

É preciso ressaltar que a regressão encontrada passa em todos os testes de significância estatística. Em outras palavras, a equação é confiável do ponto de vista da teoria.

Mas como o resultado pode ser utilizado na prática?

Por exemplo: se o ROE projetado de uma empresa aberta for de 15% ao ano, com um *payout* de 50%, qual o P/VPA esperado?

$$P/VPA = 0{,}5208 + 0{,}04621\ (15\%) + 0{,}000246\ (50\%) = 1{,}22$$

O setor bancário é um dos que utiliza o indicador P/VPA como base de análise com mais freqüência. O capital próprio ganha maior importância, pois o conceito de endividamento não é simples em uma companhia financeira. Realizando uma regressão entre o P/VPA das ações dos bancos mais negociadas no mercado brasileiro e os seus respectivos retornos sobre o Patrimônio Líquido, entre 1998 e 2005, chegamos ao seguinte resultado:

$$P/VPA = -0{,}6058 + 0{,}1127\ ROE;\ R^2 = 74{,}2\%$$

Em outras palavras: para cada 1% de aumento de Retorno sobre o Patrimônio Líquido, o P/VPA aumenta 0,11. Se um banco brasileiro, por exemplo, projetar um Retorno sobre o Patrimônio de 30%, deveria estar sendo negociado a um P/VPA de 2,77 de acordo com a regressão

Cabe ressaltar que a regressão passou em todos os testes de significância estatística, o que mostra que os parâmetros são confiáveis. O coeficiente de determinação (R^2) indica que 74,2% da variação do múltiplo P/VPA é explicada por variações do Retorno sobre Patrimônio Líquido no setor bancário. Além do mais, cabe lembrar a influência direta do ROE no crescimento de lucros e no índice de payout (*proxy* do fluxo de caixa), que são outros fatores determinantes no múltiplo P/VPA.

Preço/Lucro: o múltiplo de acionista mais usado

Quem, do mercado, nunca ouviu falar ou leu afirmações que justificavam o seguinte jargão:

"O P/L REPRESENTA O NÚMERO DE ANOS QUE O INVESTIDOR RETORNA O SEU INVESTIMENTO; QUANTO MENOR O MÚLTIPLO, PORTANTO, MAIS BARATA ESTÁ A EMPRESA."

Suponhamos que estejamos em novembro de 2007 e tenhamos os seguintes dados de uma empresa:

Preço / Ação: R$ 60
Lucro / Ação 2006 (exercício anterior): R$ 5 / ação
Lucro / Ação projetado para 2007: R$ 6 / ação
Lucro / Ação projetado para 2008: R$ 10 / ação
Lucro / Ação projetado para 2009: R$ 15/ação

Múltiplo passado (em inglês, *past multiple*)
P/LPA (Lucro por ação) 2006 = 60 / 5 = 12

Múltiplo Corrente (em inglês, *trailing multiple*)
P/LPA 2007 = 60 / 6 = 10
Múltiplo Futuro (em inglês, *forward multiple*)
P/LPA 2008 = 60 / 10 = 6
P/LPA 2009 = 60 / 15 = 4

Normalmente, o múltiplo passado tem muito pouca utilidade prática no dia-a-dia do analista, que está mais interessado em projetar o futuro. Até o terceiro trimestre do ano corrente (no caso do nosso exemplo, 2007), os analistas costumam considerar o múltiplo corrente como principal referencial (que se confunde com o conceito de múltiplo futuro). Quando se aproxima o fim do ano e a possibilidade de surpresas diminuem, começa-se a usar os múltiplos futuros, normalmente com mais ênfase no ano seguinte, que vai se transformar em *trailing multiple* em alguns meses.

Mas a frase que destacamos acerca do P/L classificado como representação do número de anos de retorno de um investimento (uma espécie de *payback*) pode ser explicada da seguinte forma: suponhamos que a empresa tenha apenas uma ação, em mãos de determinado acionista, que valha R$ 60. Isto significará que o valor de mercado total da companhia será igual a R$ 60 x 1 ação = R$ 60. Suponhamos que a ação tenha sido comprada no último pregão de 2006 e que, no fim de 2007, o lucro líquido da companhia projetado seja de R$ 6. Se o lucro se repetir ano a ano, em 10 anos este investidor terá recuperado o seu investimento inicial a uma taxa de 6 / 60 = 10% ao ano. Esta simplória tese pode ser derrubada por alguns argumentos:

• **Lucro não é necessariamente caixa**: lucros contábeis podem não representar desembolso de caixa. Certamente as ações foram pagas à vista e em dinheiro. Se esta empresa realizou investimentos, sejam físicos ou em capital de giro, por exemplo, é provável que nos primeiros anos, apesar da existência de lucro contábil de R$ 6/ação, tenha ocorrido fluxo de caixa negativo. Portanto, perde completamente o sentido a noção do *payback*, que pode ser maior, igual ou até menor que dez anos.

• **Os lucros necessariamente não se repetem ano a ano**: mesmo em uma hipótese pouco provável de que o lucro contábil possa ser considerado, no caso específico desta empresa, uma *proxy* do fluxo de caixa para o acionista, nada garante que os lucros dos anos posteriores serão iguais a R$ 6. Podem ser maiores ou menores, dependendo de uma série de fatores. A projeção de valores demonstrada no exemplo, para 2007, mostra números crescentes para o lucro líquido.

• **O perigo dos lucros extraordinários**: a teoria de que, quanto menor o P/L, necessariamente mais atrativo o preço da ação, não resiste a algumas probabilidades. Por exemplo: o lucro de determinado ano pode estar inflado por eventos extraordinários não recorrentes, como a venda de imobilizado ou a reavaliação de um ativo. Se um investidor compra uma ação baseado na teoria do *payback* exatamente em um ano em que o lucro líquido (denominador) encontra-se aumentado por razões não recorrentes, terá grande decepção no ano seguinte, quando constatará que o verdadeiro lucro "normal" da companhia é bem inferior, ou até se transformou em prejuízo. Cabe ressaltar que também às vezes o investidor também deixa de adquirir uma ação pela falsa ilusão de um lucro contábil baixo.

Outros problemas do uso do P/L

• **Comparação entre empresas e países**: de acordo com a legislação contábil de cada nação, quando comparamos múltiplos em geral, podemos estar tratando de rubricas iguais que são determinadas de forma diferente. Quanto mais "baixa" estiver a conta no Demonstrativo de Resultados (o lucro líquido está nas últimas linhas), maior tende a ser o problema.

• **Métodos de depreciação e amortização**: uma companhia pode estar usando um método de depreciação linear, enquanto a outra optou pela depreciação acelerada. No primeiro caso, a depreciação será mais lenta, durará maior número de anos que no segundo. Uma empresa pode estar realizando a amortização de um ágio em aquisição recém-realizada (portanto, uma despesa não recorrente que abaterá a base tributária). Portanto, é necessário ajustar o lucro líquido para bases comparáveis.

• **Métodos e graus de taxação diversos**: cada país possui a legislação tributária própria, que determinará o "grau de sociedade" que o Governo impõe na participação nos lucros de uma empresa. Cabe ressaltar, porém, que este não é um fator a ser expurgado. Tudo mais constante, se em um país A a alíquota média de impostos sobre lucro for de 30% e, no país B, de 50%, os preços das ações da região de alíquota maior serão penalizados. Mas um fator que sempre atrapalha na precificação relativa é a diferença de como estes valores são efetivamente cobrados e as possibilidades de compensação futura que normalmente ocorrem.

- Gastos com pesquisa e desenvolvimento (P&D) e marketing: uma das questões "mal resolvidas" em *valuation* é relativa exatamente aos gastos com pesquisa e desenvolvimento. Pelas regras gerais de contabilidade, estes devem ser contabilizados como despesas, não como investimento, porque não há nenhuma garantia de que haverá retorno sobre aqueles experimentos. Mas será que, em termos de P/L, é justo considerar mais atrativa a empresa que gastou menos em pesquisa, desenvolvimento e marketing, em relação à outra que investe pesado nestes campos e pode auferir frutos em futuro próximo? Portanto, no mínimo, o lucro deve ser ajustado de forma a expurgar estas despesas, que se confundem com investimento.

A TEORIA DO MÚLTIPLO JUSTO PARA O P/L

No caso do P/L, podemos seguir o mesmo caminho de "desmembrar" o múltiplo para definir os seus principais indicadores:

$$P = \frac{FCFE_{t-1} \times (1 + g_{perpet})}{(r_{perpet} - g_{perpet})}$$

$$\frac{P}{L} = \frac{(FCFE_{t-1} \times (1 + g_{perpet}))/L}{(r_{perpet} - g_{perpet})}$$

Se considerarmos FCFE = Dividendos, temos:

$$\frac{P}{L} = \frac{(Dividendos/L \times (1 + g_{perpet}))}{(r_{perpet} - g_{perpet})}$$

$$P/L = \frac{Payout \times (1 + g_{perpet})}{(r_{perpet} - g_{perpet})}$$

Portanto, o múltiplo P/L é função de: Payout (+) (ou FCFE / Lucro Líquido), crescimento dos lucro líquido (+), taxa de desconto para o acionista (−).

No caso do P/L, o cálculo do conceito do múltiplo justo torna-se mais complexo, já que o fator *payout* é importante na equação e sua utilização só é viável para empresas já maduras, nas quais podemos considerar que os dividendos representam uma *proxy* do fluxo de caixa livre para o acionista. Como este caso é uma exceção e não a regra, seria mais confiável o cálculo e uso do FCFE / L, o que nos levaria praticamente de volta ao modelo de fluxo de caixa descontado.

Exemplo:

Uma empresa já madura do setor de construção civil, em fase final de crescimento moderado (4 anos), distribui 50% de seus lucros sob a forma de dividendos. O retorno sobre o capital próprio projetado desta empresa será, nos próximos quatro anos, de 40% ao ano em média. O ativo livre de risco no Brasil está em 10% ao ano, o prêmio de risco em 8,5%, e o ß da companhia é 0.8.

Já na fase de perpetuidade, o retorno sobre o capital próprio vai a 32% e o índice de retenção cai a apenas 10%. O custo de capital próprio se estabiliza em torno de 10% anuais.

Desconsiderar, para fins de simplificação, a taxa de juros sobre capital próprio.

Qual o P/L justo para esta empresa hoje?

Fase de crescimento normal:
ROE: 40% anuais
Índice de Payout: 50%
Índice de Retenção (1-payout): 50%
Custo de capital próprio: CAPM: 10% + 0.8 (8,5%) = 16,8%
Crescimento do lucro líquido (g) = (ROE x Índice de Retenção): 0.40 x 0.50 = 20%

Fase da Perpetuidade:
ROE: 32% anuais
Índice de Payout (1- retenção): 90%
Índice de Retenção: 10%

Custo de capital próprio: 10%
Crescimento do lucro líquido (g) = (ROE x índice de Retenção): 0.32 x 0.10 = 3.2%

$$\text{FASE DE CRESCIMENTO}$$
$$\frac{0.50 \times (1+ 0.20) \times (1 - (1+0.20)^4)}{(1+ 0.168)^4}$$
$$0.168 - 0.20$$

+

$$\text{PERPETUIDADE}$$
$$\frac{0.90 \times (1+ 0.20)^4 (1 + 0.032)}{(0.10 - 0.032) \times (1 + 0.168)^4}$$

P/L justo = 2.1 (fase de crescimento moderado) + 15.2 (fase da perpetuidade) = 17.3

QUAIS SERIAM AS RAZÕES PARA QUE ESTA EMPRESA APRESENTE O P/L JUSTO APARENTEMENTE TÃO ALTO?

Perguntemos a um analista se ele compraria uma ação com um P/L corrente (*trailing* P/E) ao redor de 15. Não parece soar como um preço aparentemente elevado? No senso comum da análise de investimentos, a resposta é sim. Raros profissionais recomendam uma ação com este parâmetro, normalmente, no caso brasileiro, acima da média do setor e do mercado.

Porém, os nossos cálculos demonstraram que um P/L de 17.3 para esta firma é plenamente justificável, levando-se em consideração o retorno exigido pelos acionistas, o nível de FCFE (aqui tendo o *payout* como uma *proxy*) e o crescimento dos lucros. A maior fonte de valor da companhia é o seu alto ROE, que propicia bom crescimento dos lucros, apesar da distribuição generosa de dividendos. A considerável diferença entre o retorno e o custo do capital próprio deve ser destacada. Portanto, uma empresa com bom retorno, baixo risco e forte geradora de caixa (em inglês, a chamada *cash cow*, sem tradução financeira literal em português – a tradução adaptada seria uma vaca leiteira, neste caso, representado geradora de caixa), tem que realmente justificar um "prêmio" sobre as demais empresas do mercado.

QUAL SERIA A POTENCIAL GRANDE FALHA NESTA PROJEÇÃO?

As projeções do exemplo da empresa de construção civil têm um ponto frágil que deve ser contestado pelos analistas. Na perpetuidade, o retorno sobre o capital próprio é de 32%, contra apenas 10% de taxa de desconto para o acionista. Esta larga diferença não é comum em cálculo de perpetuidades por uma razão econômica: a expectativa de elevado *gap* entre o retorno e o custo de capital próprio certamente atrairia novos competidores para a indústria. O processo concorrencial, por sua vez, diminuiria as oportunidades e as margens, levando a uma queda natural do ROE, até o ponto onde houvesse maior proximidade sobre o custo de capital próprio. Isto não quer dizer que seja impossível uma firma individualmente conseguir a proeza de manter o retorno tão superior ao custo de capital próprio ao longo dos anos. Para isto, porém, seria necessária uma barreira quase que intransponível de entrada no mercado, como uma tecnologia não copiável ou algum tipo de instrumento legal que garantisse o monopólio.

O múltiplo P/L corrente no Brasil apresentou, durante o ano de 2005, a seguinte distribuição de valores:

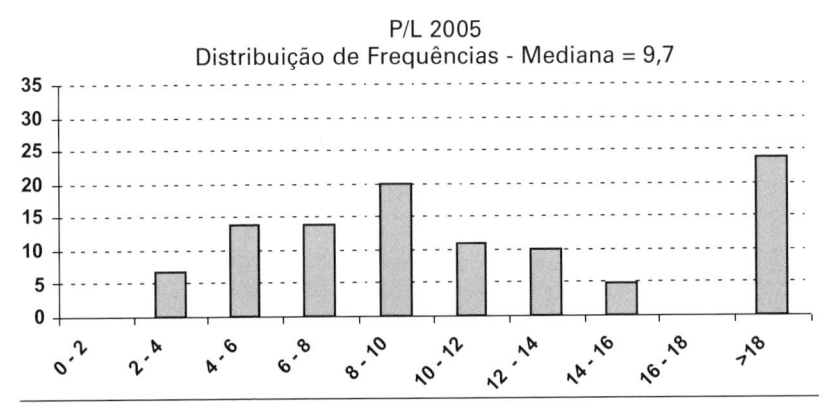

P/L 2005
Distribuição de Frequências - Mediana = 9,7

Fonte: Economática, elaborado pelo autor

As empresas podem, seja por qualidade de sua produção, marcos regulatórios ou boa administração em geral, conquistar no mercado estes "prêmios" nos múltiplos em relação às outras companhias abertas. Em outras palavras: o investidor estará disposto a pagar mais por uma empresa de excelência, o que introduz mais um fator a ser agregado na análise de investimentos.

Dois casos de ações de empresas que sempre parecem apresentar "múltiplos caros" são a Ambev e a Companhia Brasileira de Distribuição (Pão de Açúcar). São típicos exemplos de papéis que o mercado considera como merecedores de um prêmio em relação à média, pela qualidade de seus números e de sua gestão. Estes prêmios podem ser exemplificados no gráfico a seguir:

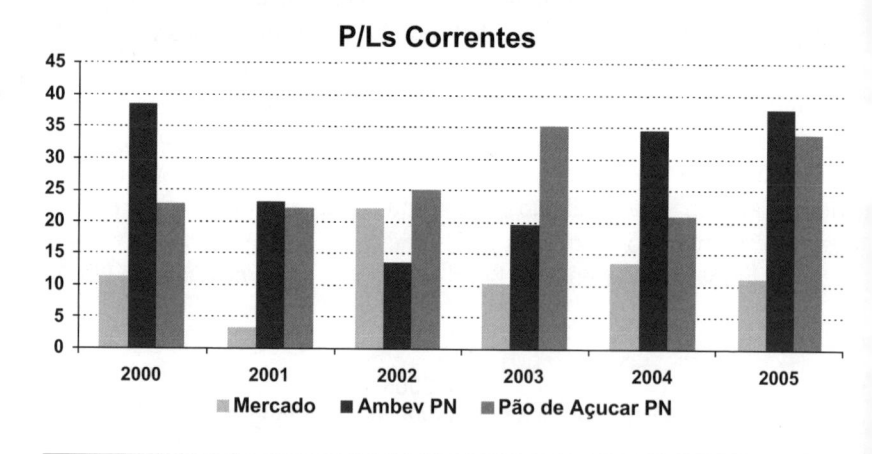

P/Ls Correntes

Fonte: Economática, elaborado pelo autor

Novamente, a grande dificuldade que encontramos para buscar uma regressão estatisticamente aceitável está na hipótese de que a distribuição de dividendos seja uma *proxy* confiável do fluxo de caixa para acionista. Além disto, os Betas, pelas características imperfeitas dos índices de Bolsa no Brasil, também não são boa *proxy* de risco, a não ser que sejam previamente "trabalhados" (*bottom-up* Beta).

Mas esta constatação não tira a importância do conhecimento dos *drivers* que ajudam a definir o P/L em termos de múltiplo justo. O cálculo do crescimento potencial de lucros, atrelado à produtividade e índice de retenção, já é um ótimo passo na garantia da qualidade da projeção.

EV/EBITDA, A SIMPLIFICAÇÃO DOS ANALISTAS DE UM MÚLTIPLO DE FIRMA

Nos últimos anos, o múltiplo EV/EBITDA (Valor da empresa / Lucro antes de juros, impostos, depreciação e amortização) ganhou notório prestígio perante os analistas de todo o mundo. Este múltiplo apresenta vantagens que ao menos explicam o porquê deste enorme sucesso:

• Fácil de ser computado: com um simples trabalho de manejar números no balanço e demonstrativo de resultados, chega-se ao múltiplo passado, calculando-se também o múltiplo corrente. Lembre-se que estaremos nos concentrando apenas no segmento realmente operacional da empresa, já que taxa de juros, impostos depreciação e amortização estarão fora do cálculo.

• "Evita problemas 'chatos', como o cálculo de investimentos físicos e de capital de giro, além da estrutura de capital": a frase acima, entre aspas, às vezes é literalmente expressa por alguns analistas (ou pelo menos está no subconsciente deles). O EV/EBITDA parece ser um múltiplo talhado para convencer os clientes a comprar ou vender ações sem a necessidade de uma explicação mais aprofundada em relação aos diversos aspectos que pressupõe maior qualidade no processo de precificação de ativos. Enfim, trata-se de um múltiplo comercialmente muito forte, apesar de todas as limitações técnicas.

• "EBITDA como *proxy* de fluxo de caixa para a firma": este conceito errôneo, mas fartamente difundido, é uma outra razão que fez com que o múltiplo se popularizasse. O fato de "devolver ao lucro operacional" as despesas de depreciação e amortização consiste em apenas uma etapa de construção de um bom fluxo de caixa. Impostos, investimentos físicos e de capital de giro também fazem parte do chamado fluxo de caixa livre para a firma (FCFF), estudado anteriormente. Portanto, usar o EBITDA como *proxy* de fluxo de caixa é uma simplificação grosseira, que pode levar a conclusões inteiramente erradas.

A idéia de facilidade e simplicidade não pode ser confundida com análise rasa e simplória. Por mais que o analista deseje, em um múltiplo de firma não é possível fugir de aspectos presentes em qualquer processo de *valuation*, como crescimento do lucro operacional depois de impostos (EBIT (1-t)) e custo médio ponderado de capital (WACC).

O múltiplo EV/EBITDA corrente no Brasil apresentou, durante o ano de 2005, a seguinte distribuição de valores:

EV/EBITDA 2005
Distribuição de Frequências - Mediana = 5,50

Fonte: Economática, elaborado pelo autor

Percebe-se que a grande concentração da amostra apresenta um múltiplo EV/EBITDA no ano de 2005 entre 2 e 6 (55% das observações), ficando a mediana em 5,50.

A TEORIA DO MÚLTIPLO JUSTO PARA O EV/EBITDA:

Para todo o múltiplo de firma torna-se mais complicado o "desmembramento", tal qual fizemos para os indicadores ligados ao capital próprio:

Valor da empresa ou da firma (EV) = Valor presente dos fluxos de caixa descontados para a firma (FCFF)

EBIT (1-t) = lucro antes dos juros, mas depois dos impostos

FCFF = EBIT (1-t) − (Investimentos físicos − Depreciação − Amortização) + Var. Capital de Giro

FCFF = EBIT (1-t) − Investimentos físicos + Depreciação + Amortização − Var. Capital de Giro

FCFF = EBITDA (1-t) − Investimentos Físicos + Depreciação (t) + Amortização (t) − Var. Capital de Giro

EV = NPV FCFF

$$EV = \frac{(EBITDA (1-t) - Invest. Fís. + Depr. (t) + Amort. (t) - Var. Cap Giro) \times (1 + g_{perpet})}{WACC - g_{perpet}}$$

Para achar os catalisadores principais do múltiplo EV / EBITDA, devemos dividir toda a expressão acima por EBITDA

$$EV / EBITDA =$$

$$= \frac{((1-t) - (Invest. Fis. - Depr (t))/EBITDA}{WACC - g_{perpet}} + \frac{Amort. (t) / EBITDA}{WACC - g_{perpet}}$$

$$\frac{- (Var. Cap\ Giro) / EBITDA\ ) \times (1 + g_{perpet})}{WACC - g_{perpet}}$$

Portanto, o múltiplo EV/EBITDA é função de: impostos pagos (−), investimento físico líquido e amortização (−), variação de capital de giro (−), custo médio ponderado de capital − WACC (−) e crescimento do EBIT (1-t) (+).

Constata-se que, longe do idealizado por alguns analistas, não é apropriado vender para um investidor mais sofisticado a idéia do múltiplo EV / EBITDA como algo simples, com o argumento de que "quanto menor, mais barata está a empresa". Ressalte-se que o desmembramento do múltiplo foi realizado em somente uma fase. Ou seja: teríamos que acrescentar mais estágios caso a empresa não estivesse em uma fase que justificasse o uso direto da perpetuidade.

Exemplo:

Uma empresa tradicional do setor de eletroeletrônicos, pelas projeções, atingirá nos próximos cinco anos retorno sobre o capital total de 20% anuais, com investimento físico previsto de R$ 20 milhões/por ano. A receita líquida este ano está estimada em R$ 200 milhões (crescimento de 10% anuais) e a necessidade de capital de giro flutua em torno de 10% da receita. A margem operacional antes dos impostos é de 40%. A depreciação será de R$ 2 milhões ao ano. Não há ativos a amortizar nesta empresa, que paga um custo médio ponderado de capital de 15% anuais. A alíquota total de impostos é de 35%.

A partir do sexto ano, entraremos na fase em que consideramos o uso da perpetuidade como o mais recomendável, já que a empresa estará em equilíbrio no ponto de vista de retorno sobre o capital total e custo/estrutura de capital. O ROC da empresa será de 17% anuais, com o WACC permanecendo em 15%. A margem operacional antes dos impostos estabiliza-se em 30%. Os investimentos físicos caem a R$ 10 milhões, com depreciação média de R$ 1 milhão. A necessidade de capital de giro cai a 5% da receita líquida. Após a reforma tributária promovida pelo Governo, a alíquota média de impostos caiu a 25%.

Qual o EV/EBITDA justo para esta empresa hoje?

Fase de crescimento moderado:

Receita Líquida: R$ 200 milhões

Lucro operacional antes dos impostos (EBIT): 40% (margem operacional) x R$ 200 milhões = R$ 80 milhões

EBITDA: 80 + 2 = R$ 82 milhões

EBIT (1-t) : R$ 80 milhões x (1-0.35) = R$ 52 milhões

Variação da Necessidade de Capital de Giro = 0.1 x 200 = R$ 20 milhões

Crescimento do EBIT (1-t):

ROC x (Investimento Líquido + Variação de Capital de Giro) / EBIT (1-t)

$g_{\text{EBIT (1-t)}} = \dfrac{0.20 \times ((20 - 2) + (0.10 \times 200))}{52} = 14.6\%$ a.a. período de crescimento moderado

Fase da perpetuidade:
Receita Líquida: R$ 200 milhões x $(1.10)^5$ = R$ 322 milhões
Lucro operacional antes dos impostos (EBIT): 30% (margem operacional) x R$ 322 milhões = R$ 97 milhões
EBITDA: 97 + 1 = R$ 98 milhões
EBIT (1-t): R$ 97 milhões x (1-0.25) = R$ 73 milhões
Variação da necessidade de capital de giro = 0.05 x 322 = R$ 16.1 milhões
Crescimento do EBIT (1-t): ROC x (Investimento Líquido + Variação de Capital de Giro).
EBIT (1-t)

$$g_{EBIT (1-t)} = 0.17 \times \frac{((10-1) + (0.05 \times 322))}{73} = 5{,}8\% \text{ a.a. na perpetuidade}$$

FASE DE CRESCIMENTO MODERADO

$$= \frac{(1-t) - (\text{Invest. Fis.} - \text{Depr (t)}) / \text{EBITDA}}{\text{WACC} - g_{\text{cresc moderado}}} + \frac{\text{Amort. (t)} / \text{EBITDA}}{\text{WACC} - g_{\text{cresc moderado}}}$$

$$- \frac{(\text{Var. Cap. Giro}) / \text{EBITDA}}{\text{WACC} - g_{\text{cresc moderado}}} \times (1 + g_{\text{cresc. moderado}}) \times$$

$$\frac{(1 - (1+g_{\text{cresc moderado}})^n)}{(1+r_{\text{cresc moderado}})^n}$$

PERPETUIDADE

$$= \frac{((1-t) - (\text{Invest. Fis.} - \text{Depr (t)}) / \text{EBITDA} + \text{Amort. (t)} / \text{EBITDA} - (\text{Var. Cap Giro}) / \text{EBITDA}) \times (1 + g_{\text{cresc moderado}})^{n\,\text{cresc moderado}} \times (1 + g_{\text{perpet}})}{\text{WACC} - g_{\text{perpet}} \times (1+r)^{n\,\text{cresc}}}$$

FASE DE CRESCIMENTO MODERADO

$$= \frac{((1-0.35) - (20 - 2(0.35))/82 - (20/82))}{0.15 - 0.146 \quad 0.15 - 0.146 \quad 0.15 - 0.146}$$

$$X(1+0.146) \times \left(1 - \frac{(1+0.146)^5}{(1+0.15)^5}\right)$$

$$= (162.5 - 58.8 - 61) \times 1.146 \times 0.017 = 0.8$$

PERPETUIDADE

$$= \frac{((1-0.25) - (10 - 1(0.25))/98 - (16.1/98)) \times (1+0.146)^5 \times (1+0.058)}{(0.15 - 0.058) \times (1+0.15)^5}$$

$$= ((0.75 - 0.099 - 0.164) \times 1.9766 \times 1.058) / 0.185$$
$$= 5.5$$

EV / EBITDA justo = 0.8 (fase de crescimento moderado) +
5.5 (fase da perpetuidade)

EV / EBITDA justo = 6.3

Todas as variáveis envolvidas neste caso são muito semelhantes às analisadas em um cálculo de fluxo de caixa descontado. Cabe ressaltar dois pontos extremamente importantes, que chamam a atenção no desmembramento do múltiplo:

• A importância da carga tributária na precificação de empresas.

A relação é simples: Quanto maior o pagamento de impostos, menor o fluxo de caixa para a firma, menor o valor potencial da firma e, conseqüentemente, menos os investidores estarão dispostos a pagar por ela.

Calculando o múltiplo EV / EBITDA justo para esta empresa com a simples manutenção da alíquota anteriormente vigente (ou seja, 35% em vez de 25%), o indicador cairia para 5.2, ou seja, 1.1 unidade abaixo dos 6.3 inicialmente encontrados.

Em outras palavras: no caso da empresa do setor de fumo, 10% de redução na alíquota de IR efetiva representou mais de um ponto a mais no valor justo do múltiplo, o que representa 21 % a mais no preço justo da ação, para um nível de lucro operacional exatamente igual. Enfim, tudo mais constante, alíquota de imposto menor, mais valor para a companhia.

A seguir, apresentamos a sensibilidade do múltiplo justo em relação à carga tributária na perpetuidade, mostrando a esperada correlação inversa (quanto maior o imposto, menor o EV/EBITDA justo e vice-versa).

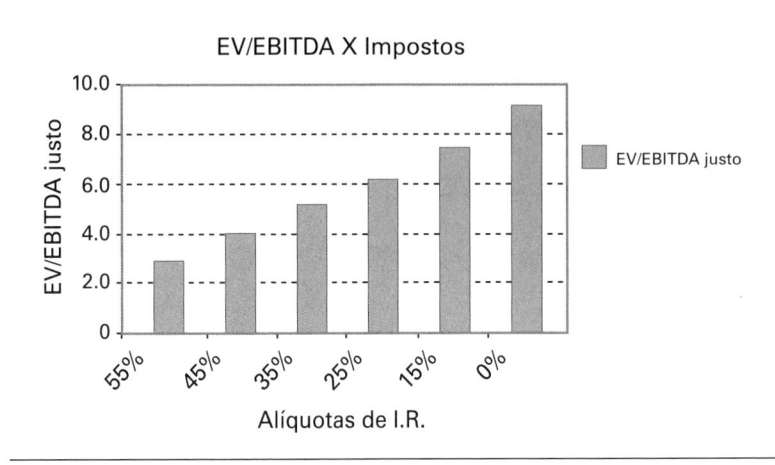

EV/EBITDA X Impostos

(gráfico de barras: EV/EBITDA justo vs Alíquotas de I.R.: 55% ≈ 2,9; 45% ≈ 4,0; 35% ≈ 5,2; 25% ≈ 6,2; 15% ≈ 7,5; 0% ≈ 9,2)

Fonte: Autor

- Os 5,8% encontrados para o crescimento do lucro na perpetuidade não devem ser reconsiderados, dado que o potencial da economia brasileira provavelmente é menor que este?

O potencial de alta do crescimento dos lucros foi baseado no retorno médio sobre o ativo da empresa e a chamada taxa de reinvestimento, considerando os investimentos previstos em capital físico e de giro.

O número de 5,8% é aparentemente alto. Mas, qual será o acréscimo no potencial do crescimento de uma economia qualquer com a alíquota de impostos sobre empresas caindo em 10%? Não seria razoável imaginar que uma economia como a brasileira poderia crescer a esta taxa no longo prazo? Embora o número seja a princípio elevado, reformas estruturais, com aumento de produtividade e redução de taxação, certamente elevariam o teto de crescimento máximo da atividade e, por conseqüência, os múltiplos justos a serem pagos.

Uma economia mais ajustada, no caso brasileiro, elevaria o retorno sobre projetos e ainda reduziria o risco do investidor (custo de capital próprio). Não é à toa que os "múltiplos justos" calculados para países desenvolvidos, pela menor percepção de risco, costumam superar por larga margem os de nações emergentes.

Preço/Receita por ação: um múltiplo híbrido bastante usado pelo mercado

É inegável que, apesar da inconsistência, percebe-se farta utilização de múltiplos híbridos no mercado. A relação Preço / Receita Líquida por ação ou Valor de Mercado / Receita Líquida da empresa sintetiza uma comparação entre uma variável do acionista – o preço da ação – e uma rubrica pertencente à firma como um todo, já que o faturamento foi gerado com recursos próprios e de terceiros.

$$P = \frac{FCFE_{t-1} \times (1 + g_{perpet})}{(r_{perpet} - g_{perpet})}$$

Dividindo esta expressão pela receita e assumindo FCFE = Dividendos, temos:

$$\frac{P}{Receita} = \frac{Dividendos / Receita \times (1 + g_{perpet})}{(r_{perpet} - g_{perpet})}$$

Dividendos / Receita = Lucro Líquido / Receita x
Dividendos / Lucro Líquido

Dividendos / Receita = Margem Líquida x Índice de Payout ou
Margem Líquida x FCFE / Lucro Líquido

$$\frac{P}{\text{Receita}} = \frac{\text{Margem Líquida} \times \text{Índice de Payout} \times (1+ g_{perpet})}{(r_{perpet} - g_{perpet})}$$

ou

$$\frac{P}{\text{Receita}} = \frac{\text{Margem Líquida} \times \text{FCFE / Lucro Líquido} \times (1+ g_{perpet})}{(r_{perpet} - g_{perpet})}$$

ou

$$\frac{P}{\text{Receita}} = \frac{\text{FCFE / Receita} \times (1+ g_{perpet})}{(r_{perpet} - g_{perpet})}$$

Observamos empiricamente que a margem líquida pode ser considerada a determinante principal na definição do múltiplo P/Receita. Portanto, a utilização dos dividendos como *proxy* do fluxo de caixa livre para o acionista pode ser assumida sem maiores riscos.

O múltiplo P/Receita no Brasil apresentou, durante o ano 2005, a seguinte distribuição de valores:

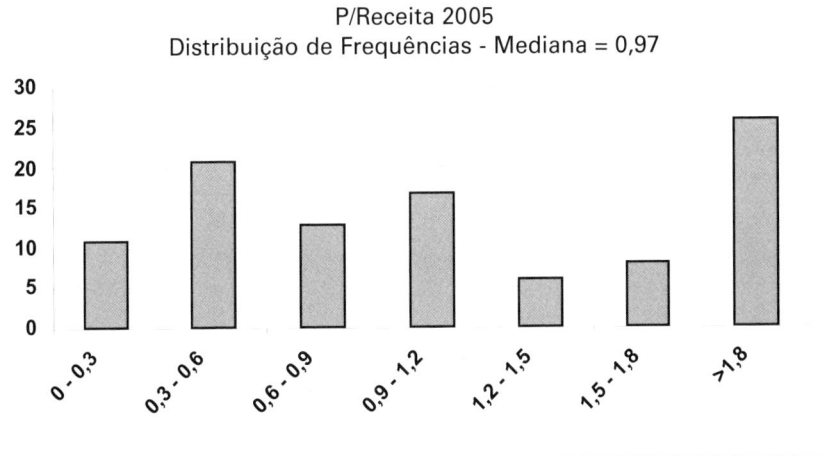

P/Receita 2005
Distribuição de Frequências - Mediana = 0,97

Fonte: Economática, elaborado pelo autor

Conforme observamos, há grande dispersão de observações do múltiplo, ficando a mediana em 0,97.

Realizando uma regressão do múltiplo P/Receita de diversas empresas brasileiras entre 1998 e 2005, com as suas respectivas margens líquidas, encontramos a seguinte relação histórica para o mercado brasileiro:

P/Receita = 0,4001 + 0,0480 (Margem Líquida); R^2 = 22,68%

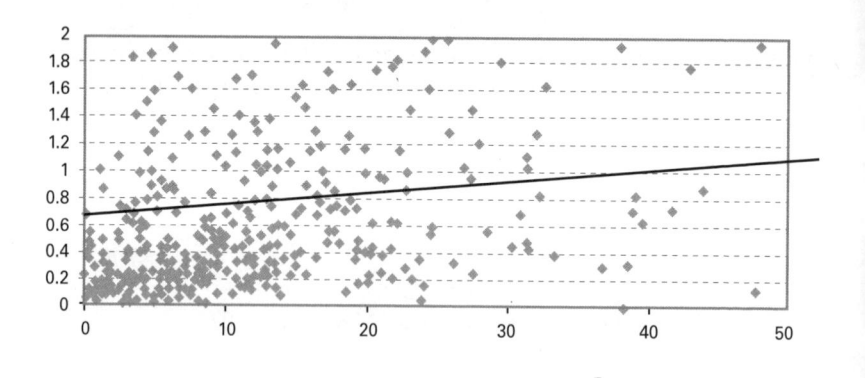

y = P/Receita   x = margem líquida   y = 0,0480x + 0,4001 R^2 = 0,2268

Fonte: Autor

Em outras palavras: para cada 1% de aumento de Margem Líquida, o indicador P/Receita aumenta praticamente 0,05 em seu valor. Se uma empresa brasileira, por exemplo, projetar uma margem líquida de 20%, sua ação deveria estar sendo negociado a um P/Receita de 1,36.

Novamente, a regressão passou por todos os filtros de confiabilidade estatística. Consideramos, para mercados emergentes, aceitável um R^2 de 23% para a relação.

É importante utilizar o sistema Dupont para avaliar o impacto da margem líquida no múltiplo P/Receita:

$$g_{\text{lucro líquido}} = \text{Índice de Retenção} \times \frac{\text{Lucro Líquido (Margem Líquida)}}{\text{Receita Líquida}} \times \frac{\text{Receita (giro)}}{\text{Patrimônio Líquido}}$$

Portanto, se a margem líquida de uma empresa cai sem uma contrapartida em vendas maiores, haverá um estrago no retorno sobre o patrimônio líquido (ROE), ocasionando um duplo efeito negativo no múltiplo Preço / Vendas: a queda na margem líquida (efeito no numerador) e a redução no ROE, que resultará em um crescimento menor. Porém, se o giro do patrimônio líquido compensar a queda da margem líquida, o efeito será único sobre o numerador do múltiplo.

Exemplo:

Uma empresa do setor de jóias de capital aberto (patrimônio líquido de R$ 400 milhões), um segmento tipicamente de altas margens, discute duas opções estratégicas:

Continuar com a atual estratégia, que lhe garante 50% de margem líquida, um patamar de vendas de R$ 300 milhões, sendo uma empresa altamente madura que distribui aos acionistas 94% do lucro líquido. A taxa de desconto para o acionista é de 15%.

O novo diretor financeiro propõe uma estratégia alternativa e agressiva que colocaria a companhia em um outro nicho de mercado, o de popularização do comércio de jóias. A idéia seria reduzir imediatamente o preço das jóias (margem) e aumentar a retenção de lucros para investimentos o que, segundo estudos realizados pelo profissional, traria o seguinte impacto nas vendas:

Anos	Margem líquida	Giro (Receita/Patrimônio)	Payout	Taxa de desconto
1-5	40%	1.2	0.50	18%
6-9	35%	1.3	0.75	17%
Perpetuidade	20%	0.8	0.90	16%

Interessante observar a elevação inicial do ROE (para 48%) da companhia, com forte giro de vendas. Ela decresce fortemente ao final de dez anos, já que a empresa não consegue manter nenhum tipo de diferenciação mais forte.

A taxa de desconto aumenta e, apesar de decair ao longo do tempo, não consegue atingir, também por razões de percepção de maior risco pelo mercado, o mesmo nível original.

Qual seria a melhor opção para a empresa? Manter o *status* atual de empresa "premium", diferenciada ou "embarcar" na estratégia do novo Diretor Financeiro?

Primeira Opção – Manter tudo como está.

O crescimento na perpetuidade será:

$$g_{\text{lucro líquido}} = 0.06 \times \frac{(0.50 \times 300)}{300} \text{ (Margem Líquida)} \times \frac{300}{400} \text{ (giro)}$$

$$g_{\text{lucro líquido}} = 2.25\%$$

$$\frac{P}{\text{Receita}} = \frac{0.50 \times 0.94 \times (1+ 0.225)}{(0.15 - 0.0225)}$$

$$\frac{P}{\text{Receita}} \text{ justo} = 3.8$$

O valor de mercado justo da empresa, mantida a atual estratégia, seria de aproximadamente 3.8 x R$ 300 milhões = R$ 1.140 milhões.

Segunda Opção – Realizar a mudança de perfil da empresa

FASE DE ALTO CRESCIMENTO

$$\frac{\text{Margem Líquida}_{\text{alto cresc}} \times \text{Payout}_{\text{alto cresc}} \times (1+g_{\text{alto cresc}}) \times \left(1 - \frac{(1+g_{\text{alto cresc}})^n}{(1+r_{\text{alto cresc}})^n}\right)}{r_{\text{alto cresc}} - g_{\text{alto cresc}}}$$

$$+$$

FASE DE CRESCIMENTO MODERADO

$$\frac{\text{Margem Líquida}_{cresc} \times \text{Payout}_{cresc} \times (1+g_{\text{alto cresc}})^{n\,\text{alto cresc}} (1+g_{\text{alto cresc}})^{n\,\text{cresc}} \times \left(1 - \frac{(1+g_{cresc})^n}{(1+r_{cresc})^n}\right)}{(r_{cresc} - g_{cresc}) \times (1+r)^{n\,\text{alto cresc}}}$$

+

PERPETUIDADE

$$\frac{\text{Margem Líquida}_{perpet} \times \text{Payout}_{perpet} \times (1+g_{\text{altocresc}})^{n\,\text{alto cresc}} \times (1+g_{cresc})^{n\,cresc}(1+g_{perpet})}{(r_{perpet} - g_{perpet}) \times (1+r)^{n\,\text{alto cresc}} \times (1+r)^{n\,cresc}}$$

Crescimento (g) dos lucros na fase de alto crescimento:
Alto crescimento: $\text{ROE}_{\text{Alto crescimento}}$ x Índice de Retenção $_{\text{alto crescimento}}$
$\text{ROE}_{\text{Alto crescimento}}$ = 0.4 (margem líquida) x 1.2 (giro do patrimônio) = 48%
$g_{\text{alto crescimento}}$ = 0.48 x (1-0.5) = 24%

Crescimento (g) na fase de crescimento moderado:
Crescimento moderado: $\text{ROE}_{\text{crescimento moderado}}$ x Índice de Retenção $_{\text{crescimento moderado}}$ + ($\text{ROE}_{\text{crescimento moderado}}$ − $\text{ROE}_{\text{alto crescimento}}$) / $\text{ROE}_{\text{alto crescimento}}$) =
$\text{ROE}_{\text{crescimento moderado}}$ = 0.35 x 1.3 = 45.5%
$g_{\text{crescimento moderado}}$: 0.455 x 0.25 + ((0.455 − 0.48) / 0.48) = 6.2%

Crescimento (g) na fase de perpetuidade:
Perpetuidade: ROE Perpetuidade x Índice de Retenção Perpetuidade
$\text{ROE}_{\text{Perpetuidade}}$ = 0.20 x 0.8 = 16%
$g_{\text{perpetuidade}}$: 0.16 x 0.10 = 1.6%

FASE DE ALTO CRESCIMENTO

$$\frac{0.4 \times 0.5 \times (1+0.24) \times \left(1 - \frac{(1+0.24)^5}{(1+0.18)^5}\right)}{0.18 - 024}$$

+

FASE DE CRESCIMENTO MODERADO

$$\frac{0.35 \times 0.75 \times (1+0.24)^5 \times (1+0.062) \times \left(1 - \frac{(1+0.062)^4}{(1+0.17)^4}\right)}{(0.17-0.062) \times (1+0.18)^5}$$

+

PERPETUIDADE

$$= \frac{0.20 \times 0.90 \times (1+0.24)^5 \times (1+0.062)^4 \times (1+0.016)}{(0.16 - 0.016) \times (1+0.18)^5 \times (1+0.17)^4}$$

$\dfrac{P}{\text{Receita}}$ justo = 1.16 (alto crescimento) + 1.06 (crescimento moderado) + 1.10 (perpetuidade) = 3.3

O valor de mercado justo hoje a ser pago pela empresa, seria 3.3 x R$ 300 milhões = R$ 990 milhões.

Conforme constatamos, a nova estratégia proposta para a empresa de jóias, se implantada, ao invés de agregar valor, provocaria uma perda no múltiplo P/Receita justo de 3.8 para 3.3 (destruição de valor da ordem de 13% – R$ 150 milhões). A empresa, com uma margem de 50%, folgada diferença entre o retorno sobre patrimônio líquido e o custo para o acionista, possivelmente uma *cash cow* (geradora de caixa) com uma generosa distribuição de dividendos, mereceria um desconto caso enveredasse para o novo caminho de popularização.

Se observarmos passo a passo as três fases, verificaremos que a empresa não gerou crescimento em vendas para justificar algum prêmio sobre a situação original. O aumento do ROE, nas fases de crescimento alto e moderado, não foi suficiente para compensar a elevação do custo de capital próprio e uma situação na perpetuidade de equivalência de retorno e custo de capital próprio em 16%.

Assumindo as novas características, a empresa não conseguiria chegar à perpetuidade em uma condição privilegiada de giro e crescimento que equilibrasse a perda de margem líquida de 50% (situação original) para 20% (nova situação). Talvez uma política de distribuição de dividendos menos generosa no longo prazo (maior índice médio de retenção) pudesse ser usada, caso a opção pela nova estratégia fosse adiante.

VALOR DA FIRMA / RECEITA: O MESMO MÚLTIPLO HÍBRIDO AJUSTADO PARA A REALIDADE

Um forma de retornarmos a dimensões "comparáveis" seria substituir no múltiplo anterior (Valor de Mercado / Receitas Líquidas) o valor de mercado pelo valor da firma no numerador – Valor da Firma (EV) / Receita. Estaríamos, portanto, garantindo que o capital próprio e o de terceiros, que geram as vendas, estivessem presentes na fórmula.

Os catalisadores do múltiplo, portanto, seriam:

$$FCFF = EBIT(1-t) - (\text{Investimentos físicos} - \text{Depreciação}) + \text{Var. Capital de Giro}$$

$$EV = \frac{(EBIT(1-t) - ((\text{Invest. físicos} - \text{Deprec.}) + \text{Var. Capital de Giro})) \times (1 + g_{perp})}{WACC - g_{perpet}}$$

$$EV = \frac{EBIT(1-t) \times (1 - \text{Taxa de Reinvestimento}) \times (1 + g_{perp})}{WACC - g_{perpet}}$$

onde:

$$\text{Taxa de reinvestimento} = \frac{\text{Investimento Líquido} + \text{Variação do Cap. Giro}}{EBIT(1-t)}$$

Dividindo os dois lados por Receita:

$$\frac{EV}{\text{Receita}} = \frac{\text{Margem Operacional líquida} \times (1 - \text{Invest. Líq.} + \text{Var. Cap. Giro})) \times (1 + g_{perp})}{WACC - g_{perpet}}$$

Como em outros múltiplos ligados à receita, os principais determinantes são os indicadores de margem. Neste caso, a margem operacional depois dos impostos predomina, com o seu duplo efeito no múltiplo: um diretamente no numerador e outro em uma das componentes do crescimento (presente no numerador e no denominador), o retorno sobre o capital total (ROC), que pode ser balanceado por alterações no giro do ativo.

Exemplo:

Uma empresa do setor de supermercados, já bastante tradicional, apresenta margem operacional bruta de 7%, na média do setor. A política da companhia é "vender barato para o número máximo de clientes". O giro do ativo chega a 2 e a alíquota de IR é de 30%. A receita da empresa atingiu ao fim de 2006 (estamos no começo de 2007) R$ 500 milhões.

Podemos considerar a empresa como típica de um estágio, pretendendo investir, entre capital físico líquido e de giro, montante em torno de R$ 6 milhões anuais.

O mercado anda negociando a ação a um múltiplo EV / Receita de 0.4. Considerando uma taxa de desconto para a firma (WACC) de 15% anuais, qual o potencial de alta/queda da empresa?

Fase da perpetuidade:

Receita Líquida: R$ 500 milhões

Lucro operacional antes dos impostos (EBIT): 7% (margem operacional) x R$ 500 milhões = R$ 35 milhões

EBIT (1-t): R$ 35 milhões x (1-0.30) = R$ 24.5 milhões

Margem Operacional Líquida = R$ 24.5 milhões / R$ 500 milhões = 4,9%

Crescimento do EBIT (1-t):

$$\frac{\text{ROC x (Investimento Líquido + Variação de Capital de Giro)}}{\text{EBIT (1-t)}}$$

ROC = Margem Operacional x Giro do Ativo: 0.049 x 2 = 9,8%

Taxa de Reinvestimento:

$$\frac{\text{Investimento Líquido + Var. Cap. Giro}}{\text{EBIT (1-t)}} = 6 / 24.5 = 0.25$$

Crescimento do EBIT (1-t) perpetuidade: $= 0.098 \times 6 / 24.5 = 2{,}4\%$

$$\frac{\text{EV justo}}{\text{Receita}} = \frac{(0.049) \times (1 - 0.25) \times (1 + 0.024)}{(0.15 - 0.024)}$$

$$\frac{\text{EV justo}}{\text{Receita}} = 0.30$$

Levando-se em conta que a ação é negociada a um múltiplo EV/Receita de 0.4, o potencial de queda do papel da companhia, neste caso, é de (0.30 / 0.4) − 1 = 25% (no mínimo, já que EV = Valor de Mercado + Dívida). As hipóteses mais fortes de dissonância entre o múltiplo de mercado e nosso múltiplo justo calculado são:

• Hipótese 1 − O mercado está errado! − Estando as premissas corretas, o mercado está exagerando na precificação do supermercado e o preço da ação deve ceder no curto prazo.

• Hipótese 2 − Será que há alguma inconsistência no cálculo do crescimento do EBIT (1-t) na perpetuidade? 2,4% (em termos reais) parece ser um número razoável se comparado ao crescimento da economia no longo prazo e é compatível com o retorno sobre o capital da empresa e os investimentos programados.

• Hipótese 3 − Será que estamos exagerando na taxa de desconto? A hipótese pode ser investigada. Porém, para equiparar o múltiplo calculado ao atualmente negociado em mercado, a taxa de desconto deveria cair para 11,8% na perpetuidade, o que seria uma redução substancial. A estrutura de capital pode estar inadequada e o mercado teria que confiar piamente que a administração promoverá o ajuste.

• Hipótese 4 − Será que há mais estágios de crescimento do que projetamos? O mercado pode estar considerando que a empresa possa apresentar pelo menos um estágio intermediário antes da perpetuidade. Este período poderia gerar valor à empresa para que ela chegasse à fase da perpetuidade com melhor condição de retorno sobre o capital investido. Não surpreende a baixa margem operacional da empresa (o setor de supermercados possui esta característica), mas o giro não é suficiente para produzir um decente retorno sobre o capital (9,8%) contra custo médio ponderado de capital de 15%. Se o mercado acreditar que a empresa ativamente adotará uma estratégia de incremento de vendas, com melhora no giro ou na margem operacional (esta com impacto duplo no múltiplo – tanto no retorno sobre capital como no crescimento de lucros), talvez a relação EV / Receita observada no mercado possa ser justificada.

Todos os pontos citados, portanto, devem ser dissecados e reavaliados antes de uma conclusão final. Porém, há de se reconhecer que uma conjunção de mudanças na precificação teria que ser reconsiderada de forma relevante para justificar modificação tão radical no cálculo do múltiplo justo para esta companhia, já que o potencial de baixa, pelos números que dispomos, já está em 25%.

Vale a pena reforçar o que significam estes 25% negativos. O preço da ação teria que recuar 25% para voltar a embutir o retorno mínimo exigido pelo acionista, de 15% ao longo do tempo. Na atual cotação da ação, a expectativa de retorno ao longo do tempo está em 11,8% ao ano, o que não atende ao perfil de risco definido para o investimento.

Múltiplos técnicos

Também conhecidos como múltiplos reais. Especificamente, os analistas usam, por setor, múltiplos que expressam a relação entre o valor total da firma e a quantidade do produto em questão. Exemplo:

Gerais (utilizados independentemente do setor):

Despesas de Pessoal / Número de funcionários; Receita / Número de funcionários; Investimentos Líquidos / EBITDA.

Bancos:

Do setor: Número de pessoas com conta bancária / total da população

Por empresa: Provisão de devedores duvidosos / Média da carteira de crédito; carteira de crédito / Ativo; Ativo / Patrimônio Líquido

Energia Elétrica:
Por empresa: EV / MWh produzido (geradoras); EV / total de clientes (distribuidoras); EV / total de clientes pessoa física ou corporativos
Telecomunicações:
Do setor: Penetração (número de linhas / habitantes)
Por empresa: EV / números de assinantes; Receita média por usuário (ARPU); Contas não pagas / Total de contas (Inadimplência – "Churn"); EV / km de linhas telefônicas (telefonia fixa); % telefones pré-pagos / total de assinantes (telefonia celular).
Varejo:
Por empresa: Vendas / m² de loja
Mineração, Siderurgia, Alimentos, Papel/Celulose:
Por empresa: EV / tonelada produzida
Petróleo / Gás:
Por empresa: EV / reservas existentes (provadas e não provadas) ou EV / reservas provadas; EV/ custo por barril (de petróleo) extraído.
Bebidas:
Por empresa: EV / hectolitros de bebidas produzidas.

Cabe ressaltar que a eficiência da utilização destes múltiplos é inversamente proporcional ao nível de diferenciação do setor. Por exemplo: no segmento de siderurgia, a utilização de indicadores específicos por setor é bem mais aplicável quando estamos comparando empresas especializadas em placas (CST – estágio inicial do processo produtivo) relativamente ao caso de fabricantes de aços especiais (Acesita), nas quais a diferenciação entre produtos é bem maior.

O mesmo raciocínio se aplica à produção de celulose e de papel. No caso do papel, encontramos várias alternativas de produtos, o que cria necessidade de utilização de múltiplos técnicos, de forma mais seletiva. Cabe ressaltar que não estamos menosprezando a diferenciação que existe na qualidade da celulose, mas apenas relativizando o setor *vis-à-vis* o de papel.

Insistindo no ponto da consistência, não seria recomendável utilizar o valor de mercado ou preço unitário da ação no numerador, já que a produção ou extração de qualquer produto é realizada utilizando-se o capital total da firma.

Quando mencionamos a questão da diferenciação – poderíamos falar grau de "commoditização" –, estamos sugerindo que quanto mais "igual" for o produto, mais eficiente será a comparação entre empresas utilizando-se múltiplos técnicos. Esclarecendo: em função do baixo grau de diferenciação possível, por exemplo, o ouro extraído na mina A ou B terá características basicamente iguais. Assim, o ouro pode ser classificado como uma típica *commodity*.

O mais correto será comparar empresas que produzam um *mix* semelhante (placas, laminados a frio/quente, galvanizados e especiais). No segmento de Telecomunicações, a qualidade da linha (digital/analógica) colocada no denominador do múltiplo (EV / km de linhas) importa muito. Em energia elétrica, a energia gerada vem de termelétricas ou hidroelétricas? Todo este grau de diferenciação (desvio da "commoditização") deve ser levado em conta.

Há uma verdade aceita pela maioria do mercado: a utilização de múltiplos técnicos é muito importante na comparação de empresas iguais, no próprio país e internacionalmente.

Suponha que um analista tenha selecionado três empresas de alimentos com um *mix* muito próximo de produtos. Duas estão localizadas no Brasil (A e B) e a terceira tem sede e opera nos EUA (C). As empresas apresentavam os seguintes múltiplos técnicos, relacionando o valor da firma com o número de toneladas produzidas (EV / tonelada produzida):

Empresa A (brasileira) – R$ 9,5 milhões
Empresa B (brasileira) – R$ 7,4 milhões
Empresa C (norte-americana) – R$ 11,5 milhões

Constatamos inicialmente que as empresas brasileiras são negociadas com um desconto em relação ao concorrente norte-americano. Isto pode não significar nada em relação à produtividade das empresas A e B, mas ao fato de o custo de capital da Empresa C, por estar nos EUA, ser muito inferior ao das companhias brasileiras.

Mas será que podemos inferir se as Empresas A e B, ambas brasileiras, podem ter os seus múltiplos diretamente comparados? É possível concluir que a Empresa A está mais "cara" do que a Companhia B?

Os mesmos cuidados devem ser tomados para que as conclusões não estejam erradas. Devemos lembrar que o numerador, seja ele o preço (valor de mercado) ou o valor da firma (valor de mercado + dívida), é influenciado diretamente pelos fatores de risco, retorno, margens e crescimento de lucros.

Isto não tira o valor da observação direta de múltiplos técnicos. O importante é que os analistas saibam posicionar qualquer indicador deste tipo em seu devido lugar. Os múltiplos técnicos são muito importantes como primeiro sinal de atenção para alguma ação específica.

21 PW. 664-A

185

F-102

Capítulo 11

Mistérios da agregação de valor

As novas exigências do mercado

O objetivo de qualquer administrador é aumentar o valor da empresa para o acionista. O presidente, diretores, gerentes e funcionários devem ser sempre direcionados para o objetivo de incrementar o valor da ação da companhia em que trabalham, seja ela negociada em Bolsa ou não.

Esta afirmação deveria ser óbvia para especialistas e leigos. Mas está longe de ser uma unanimidade no mundo corporativo. Muitos defendem que as empresas deveriam adotar como meta central o lado social de satisfação dos empregados, dos clientes e da comunidade em geral. Atualmente, questões ligadas à chamada governança corporativa (assuntos relacionados aos direitos dos acionistas minoritários) e respeito ao meio ambiente e responsabilidade social são permanentemente citadas como pontos primordiais a serem respeitados.

Na verdade, há uma grande confusão de conceitos. Perseguir a maximização de valor para o acionista de forma alguma se contrapõe as outras "demandas sociais, ambientais e de respeito aos minoritários" requeridas na conjuntura moderna.

Algumas perguntas simples invalidam a suposta contradição:

• Se uma empresa paga mal aos empregados e não respeita os seus direitos trabalhistas, qual seria o efeito marginal em valor de mercado? Por um lado há, de fato, economia no curto prazo que pode beneficiar os resultados da firma. Mas, no longo prazo, a produtividade efetiva certamente será sempre inferior à potencial, já que existirão, na média, dificuldades permanentes para contratar profissionais de bom nível no mercado. O pouco que se pode ganhar no curto prazo certamente será mais do que compensado negativamente pela maior destruição de valor ao longo do tempo.

- Se uma empresa promove grandes danos ao meio ambiente para implementar os seus projetos, qual seria o efeito marginal em termos de agregação de valor? Inicialmente, novos projetos podem trazer retornos interessantes para a companhia, mesmo com prejuízo ao ecossistema. Porém, a longo prazo, a companhia pode sofrer com as possíveis multas em dinheiro, pois a legislação ambiental tem ficado cada vez mais rigorosa. Adicionalmente, começa a se formar forte pressão contra as empresas não "ecologicamente responsáveis", o que potencialmente geraria a perda de futuros negócios. É muito difícil mensurar objetivamente o quanto uma companhia pode ser prejudicada por transgredir regras de ética, seja trabalhista ou ambiental. Mas certamente existirá o prejuízo, mais cedo ou mais tarde.

Como garantir que, do presidente até o mais humilde empregado, haja o engajamento no objetivo de agregação de valor? Por que a questão da alta do preço das ações (que advém da maximização do valor para o acionista) passou a ser importante para sociedade?

A participação nas vantagens da geração de valor começa a acontecer com mais evidência a partir do começo dos anos 80:

- Custos de agência (*agency costs*) x Opções de ações para a alta gerência (*stock options*) e sistema de remuneração variável – O primeiro passo para melhorar o potencial de valorização das ações foi diminuir o hiato existente entre o alto escalão gerencial das empresas e a necessidade de gerar valor para o acionista (os chamados custos de agência). Surgia então a criação de um sistema que recompensa financeiramente os presidentes, diretores, gerentes e, por que não, os mais humildes funcionários, como função direta da melhora da lucratividade real das respectivas empresas. A distribuição das chamadas opções de ações (*stock options*) tornou-se prática comum nas companhias. Os detentores, normalmente membros da alta administração, possuem o direito de comprar certa quantidade de ações a determinado preço fixo durante um específico período de tempo, o que faz com haja coincidência de intenções na busca da maximização de valor para o acionista, resultando na valorização dos papéis. Adicionalmente, o sistema de remuneração variável de acordo com os resultados faz com que os empregados também busquem maiores lucros para a companhia, já que isto terá influência direta em sua compensação financeira. Apesar da constante busca por aperfeiçoamento, as opções de ações e o sistema de remuneração variável representaram um grande avanço na construção da ponte que ajudou a reduzir a enorme distância antes existente entre doutrinas aparentemente opostas como socialismo e capitalismo e falsas dicotomias como "direita e esquerda".

• Na sociedade, a posse de ações começou a ficar mais difusa – Sobretudo nos EUA, a aquisição de ações como forma de poupança passou a ser cada vez mais comum. Com a dificuldade que os sistemas de previdência pública passam no mundo inteiro, as diversas formas de economia para a aposentadoria (previdência privada) passaram a apresentar crescimento muito forte, contribuindo também para o fortalecimento da demanda por papéis de renda variável. A "popularização" do mercado acionário pelo mundo aumentou a pressão pela adoção de práticas de maximização de valor ao acionista.

DECISÕES PRIMÁRIAS DE INVESTIMENTO, A ESTRUTURA DE FINANCIAMENTO E A POLÍTICA DE REINVESTIMENTO

Se tivéssemos que especificar as macro decisões que as empresas tomam e que definem o potencial de agregação e de destruição de valor no longo prazo, estes seriam os principais pontos:

• Decisões primárias de investimento: Investir ou não em um projeto depende de uma série de projeções, que devem ser realizadas com dados. O objetivo de qualquer empresário é a maximizar o retorno sobre o investimento realizado, reduzindo ao máximo o custo embutido neste capital, seja próprio ou formado por recursos de terceiros. A visão deve ser sempre de médio ou longo prazo, para evitar o descarte de projetos que podem demorar um pouco mais a maturar. No aspecto de retorno, a melhora de produtividade é um objetivo a ser perseguido. Aqui incluímos a racionalização de investimentos em capital físico e de giro e a busca permanente de inovações do tipo "com os mesmos fatores de produção, faça mais". A sintonia do incremento de produtividade e do faturamento propiciará o crescimento de lucros. O planejamento fiscal, sobretudo com a compensação de prejuízos para a diminuição de carga tributária, deve ser sempre foco de estudo.

- Estrutura de financiamento: Todas as questões relacionadas com estrutura de capital, custo de capital próprio e de terceiros, já estudadas neste livro, colaboram decisivamente para a criação de valor. A escolha da composição correta é altamente dinâmica e deve estar sempre sendo reestudada. Outro fator que deve ser trabalhado é a chamada alavancagem operacional (em inglês, *operating leverage*). Em outras palavras: a presença excessiva de custos fixos (e despesa com juros é um deles) pode ser muito prejudicial às empresas em momentos desfavoráveis do negócio.
- Política de reinvestimento: Às vezes é mais complexa a decisão do reinvestimento do que a do investimento. Inicialmente, faz-se necessária a análise de como está indo o projeto, além da política de distribuição/retenção de lucros. Deve-se lembrar que sempre existem as opções de liquidar investimentos (interrupção simples) ou de vender o projeto a terceiros. As avaliações de liquidação e desinvestimento devem ser permanentemente comparadas com a alternativa de continuar com o projeto.

GERAÇÃO DE VALOR = DIFERENÇA ENTRE O RETORNO E O CUSTO DE FINANCIAMENTO DO PROJETO

A aparente simples diferença entre o retorno do projeto realizado e o custo de seu financiamento é o que mais pesa nas decisões primárias de investimento. O grande mérito desta forma de encarar escolhas financeiras é a sua compreensão instantânea. É bem mais fácil disseminar esta idéia entre os funcionários de uma companhia, do mais humilde ao de mais alto escalão.

O mais importante, porém, é entender com mais profundidade o modelo e conhecer as limitações existentes, evitando que erros de interpretação acabem prejudicando as conclusões.

Um dos mais importantes economistas da história econômica, Alfred Marshall, introduziu o conceito de lucro econômico (em inglês, *economic profit*) ainda no século XIX. Diferentemente do resultado contábil, no qual sempre existe a possibilidade de algum tipo de manipulação, a definição de lucro econômico tem o mérito de medir performance de forma clara e objetiva. O investimento é realizado, seja com capital próprio ou de terceiros. O retorno deste investimento, antes da distribuição, seja de juros para os devedores ou dividendos para os acionistas, deve ser comparado com o custo associado ao empreendimento.

> "O que resta dos lucros para o dono de um empreendimento, depois de deduzir os juros sobre o capital empregado ao custo corrente, pode ser chamado de ganhos por ter assumido e comandado um projeto" (Alfred Marshall, 1890).

Exemplo: um microempresário resolve abrir uma loja de venda de flores, investindo capital de R$ 1 milhão. O custo líquido deste capital (WACC), parte próprio e parte tomado em bancos, corresponde a 18,5% ao ano. Depois de um ano, o lucro operacional anual da loja atinge R$ 100 mil antes dos impostos. Já no segundo ano, o mesmo indicador já chegava a R$ 400 mil brutos. Qual foi o lucro econômico do empresário ao fim de dois anos, considerando-se alíquota de IR é de 30%?

Ano 1:

Custo do Capital: R$ 1 milhão x 18,5% = R$ 185 mil

Retorno sobre o capital: R$ 100 mil x (1-0,30) = R$ 70 mil, que corresponde a um retorno sobre o investimento de R$ 70 mil / R$ 1 milhão = 7%

Portanto, o lucro econômico no ano 1 = Capital Investido x (ROI – WACC)

R$ 1 milhão x (0,07 – 0,185) = – R$ 115 mil

Ano 2:

Partimos de um investimento já corrigido pelo custo de capital do primeiro ano: R$ 1,185 milhão.

Custo do Capital: R$ 1,185 milhão x 18,5% = R$ 219.2 mil

Retorno sobre o capital: R$ 400 mil x (1-0,30) = R$ 280 mil, que corresponde a um retorno sobre o investimento de R$ 280 mil / R$ 1,185 milhão = 23.63%

Portanto, o lucro econômico no ano 2 = Capital Investido x (ROI – WACC)

R$ 1,185 milhão x (0,2363 – 0,185) = + R$ 60.8 mil

Em todo o empreendimento, qual foi o lucro econômico?

Custo do Capital: R$ 1 milhão x $(1.185^2 – 1)$ = R$ 404,2 mil

Retorno sobre o capital: (R$ 100 mil (ano 1) + 400 mil (ano 2)) x (1-0,30) = R$ 350 mil, que corresponde a um retorno sobre o investimento de R$ 350 mil / R$ 1 milhão = 35% em dois anos.

Portanto, o lucro econômico = Capital Investido x (ROI acumulado – WACC acumulado)

R$ 1 milhão x (0,35 – 0,4042) = – R$ -54.2 mil, que é exatamente igual à soma dos lucros econômicos do ano 1 (– R$ 115 mil) e do ano 2 (+ R$ 60.8 mil).

Portanto, o conceito de lucro econômico definido formalmente é mais do que secular. A denominação EVA (*Economic Value Added* – em português, valor econômico adicionado) foi "criada" pela consultoria norte-americana Stern Stewart Co. e hoje é utilizada por várias empresas importantes no Brasil e no mundo, como Ambev, Telemar, Coca-Cola, Siemens, JC Penney, entre outras.

O termo "criada" está colocado entre aspas porque, na verdade, a consultoria conseguiu com sucesso "reempacotar" uma série de conceitos já descritos neste livro e vender com uma roupagem simples e facilmente assimilável pelas empresas e seus respectivos administradores e empregados.

Exemplo:

Um grupo de amigos tomou emprestado R$ 1 milhão para abrir uma casa noturna. Vejamos a evolução do EVA ano a ano até o quinto período. O custo sobre o capital total é de 20% e a alíquota de IR é de 30% (considera-se patrimônio e a dívida constantes em R$ 1 milhão ao longo do tempo).

Balancete (R$) / Ano	1	2	3	4	5
Receita Líquida	750,000	900,000	1,200,000	1,600,000	2,000,000
Despesas Totais	650,000	750,000	900,000	1,150,000	1,600,000
Lucro Operacional	100,000	150,000	300,000	450,000	400,000
Lucro Operacional após impostos (EBIT (1-t) (1)	70,000	105,000	210,000	315,000	280,000
Despesas de juros	200,000	200,000	200,000	200,000	200,000
Despesas de juros após impostos (2)	140,000	140,000	140,000	140,000	140,000
ROI	7.0%	10.5%	21.0%	31.5%	28.0%
X Custo líquido do investimento	14.0%	14.0%	14.0%	14.0%	14.0%
EVA (1-2)	-70,000	-35,000	70,000	175,000	140,000

Fonte: Autor

No primeiro ano, a casa noturna gerou lucro operacional após impostos de R$ 70 mil (ROI = 7%), contra despesa sobre o capital empregado de R$ 140 mil (WACC = 14%). O EVA é a diferença entre o retorno do capital e o custo deste mesmo capital expresso em Reais (R$) (lembrar que o investimento foi todo financiado por capital de terceiros).

EVA = Capital Empregado x (ROI – WACC) = 1.000 x (0.07 – 0.14) = + 70 mil – 140 mil = – 70 mil

Com esta recomendação elaborada de forma extremamente simples (o retorno após impostos sobre o investimento deve ser superior ao seu custo líquido) para que o projeto adicione valor à empresa, o EVA ficou famoso. Observem que, a partir do terceiro ano, o ROI é maior que o custo de capital líquido após impostos (WACC) de 14% sobre os R$ 1 milhão investidos.

Observação: quando falamos em fluxo de caixa descontado para a firma (FCFF), a terminologia associada normalmente é de lucro operacional após impostos (em inglês, EBIT (1-t). Já no caso do EVA, é mais comum o uso de:

Lucro operacional após impostos = NOPAT (em inglês, *net operating profit after taxes*) = NOPLAT (em inglês, *net operating profit less adjusted taxes*).

No fundo, a definição de NOPAT, NOPLAT e EBIT (1-t) são exatamente iguais. Só que um bom plano de marketing do EVA exigiu a criação de uma terminologia completamente nova.

Obviamente, o conceito de EVA é bem mais complexo do que a simplória demonstração do exemplo, até porque se exigem alguns ajustes para que o cálculo fique mais aplicável na prática. Algumas questões que devem ser esclarecidas *a priori*:

• Discrepância entre critérios de cálculo do retorno e custo de capital – O retorno sobre o capital investido é calculado usando-se valores contábeis – o Lucro operacional após impostos / Valor contábil dos investimentos. Enquanto isto, o custo de capital corresponde ao cálculo da média ponderada (pelos valores de mercado da dívida e das ações da empresa, se forem negociadas) do custo atual da dívida e dos recursos próprios (consultar o capítulo sobre taxas de desconto).

• Diferenciando Ativos x Investimentos – Uma pergunta comum é: por que não usar simplesmente o valor do ativo como base de cálculo do retorno sobre investimentos, como faz a Contabilidade? A resposta é que desejamos exatamente medir separadamente a eficiência da empresa em seus investimentos, tanto em capital de giro quanto no longo prazo. Portanto, o valor dos investimentos para o cálculo do indicador ROI será formado pelo endividamento oneroso (que paga juros) de curto prazo + endividamento oneroso de longo prazo + Patrimônio Líquido. A administração e a necessidade de capital de giro são analisadas à parte.

Exemplo:

Duas empresas, A e B, atingiram o mesmo resultado operacional depois de impostos de R$ 5 milhões no ano de 2006. Abaixo, descrevemos o perfil das duas empresas:

Empresa A

Balanço Patrimonial	R$ mil		
ATIVO		**PASSIVO**	
Ativo Circulante	3,000	Passivo Circulante	2,000
Ativo Realizável a Longo Prazo	2,000	Passivo Exigível de Longo Prazo	4,000
Ativo Permanente	10,000	Patrimônio Líquido	9,000
Total do Ativo	**15,000**	**Total do Passivo + PL**	**15,000**

Empresa B

Balanço Patrimonial	R$ mil		
ATIVO		**PASSIVO**	
Ativo Circulante	8,000	Passivo Circulante	0
Ativo Realizável a Longo Prazo	3,000	Passivo Exigível de Longo Prazo	9,000
Ativo Permanente	4,000	Patrimônio Líquido	6,000
Total do Ativo	**15,000**	**Total do Passivo + PL**	**15,000**

Fonte: Autor

Nos dois casos consideramos a inexistência de caixa (no Ativo Circulante) e de endividamento de curto prazo (no Passivo Circulante).

A Empresa A apresenta a soma de Endividamento Financeiro de Curto Prazo + Passivo Exigível Longo Prazo + Patrimônio Líquido = Investimento total = R$ 13 milhões, enquanto na empresa B este valor é de R$ 15 milhões.

A empresa A tem "investidos" R$ 12 milhões em ativos de prazo mais longo (Realizável e Permanente) e R$ 1 milhão em capital de giro (Ativo Circulante – Passivo Circulante, considerando a inexistência de caixa e de endividamento oneroso de curto prazo).

Já na empresa B, o investimento é de R$ 7 milhões em ativos de prazo mais longo (Realizável e Permanente) e R$ 8 milhões em capital de giro.

Para o mesmo retorno operacional após impostos, de R$ 5 milhões, qual foi a empresa mais eficiente em termos de rentabilidade?

Pela ótica da Contabilidade, a eficiência seria igual dado o mesmo valor do Ativo para ambos (R$ 15 milhões). Portanto, o Retorno sobre Ativos (ROA) da Empresa A = ROA da Empresa B = R$ 5 milhões / R$ 15 milhões = 33,3%

Mas, depurando sob a ótica de Finanças, a empresa A usou capital (endividamento oneroso de curto e longo prazo + Patrimônio Líquido (R$ 13 milhões) em montante inferior ao usado pela empresa B (R$ 15 milhões). Portanto:

Retorno sobre Investimento – Empresa A: 5 / 13 = 38,5%
Retorno sobre Investimento – Empresa B: 5 / 15 = 33,3%

Intuitivamente, chegamos à mesma conclusão, já que: quanto menor o capital de giro, menor a necessidade de financiamento, menor a necessidade de contrair mais dívida ou aumentar o capital, maior o potencial retorno sobre o investimento (tudo mais constante, o volume de investimento novo demandado é inferior).

Isto significa que o EVA da empresa A é superior ao da empresa B? É impossível dar esta resposta sem calcular o custo de capital das duas companhias. Sabemos somente que a Empresa B, pelo menos pelos valores contábeis, parece ser mais alavancada (maior endividamento relativo ao patrimônio) do que a empresa A, o que pode gerar um custo de capital maior, igual ou menor de acordo com as condições de mercado.

• Idade das empresas – Quanto mais antiga for a empresa, mais complicada a aplicação do conceito de lucro econômico, pois aumenta a possibilidade de o Patrimônio Líquido (PL) estar distorcido, sobretudo pelas inúmeras mudanças de regras de contabilização (no caso brasileiro) em anos passados, sobretudo na época inflacionária. Se o valor do PL não é confiável, como obter um retorno sobre investimento crível? Neste caso, é necessário ajustar o PL ou substituir os investimentos pelo cálculo do valor de reposição dos ativos: o quanto custaria, a preços de hoje, recomprar os ativos tangíveis e intangíveis da empresa?

• Ajustes do lucro operacional após impostos – Várias adaptações têm que ser realizadas também no lucro operacional, para que este possa ser utilizado corretamente no cálculo do retorno sobre investimentos:

1. Todas as rubricas que na verdade poderiam ser capitalizadas, ou seja, aquelas que só são definidas como despesas pelo rigor da lei contábil, devem ser "devolvidas" ao resultado operacional. Exemplos clássicos são gastos com pesquisa, desenvolvimento de projetos e marketing. Se o ajuste não for realizado, chegaríamos à conclusão errada de que companhias que investem pesadamente em pesquisa ou que tenham um marketing agressivo devam ser penalizadas no valor do lucro econômico. Devemos ajustar estas despesas temporariamente como investimento, com contrapartida de aumento do Patrimônio Líquido.

2. Todas as rubricas que são efeitos não-recorrentes devem também ser "devolvidas" ao resultado operacional. Isto ocorrerá caso tenha sido despendido ou recebido algum valor fora do "normal" e que não se repetirá no exercício seguinte – por exemplo, despesas com um conserto de uma máquina que quebrou ou um ganho extra por uma venda de algum ativo. É importante lembrar, porém, que o chamado conceito de "custo total" (em inglês, *full cost*) exige que os ajustes sempre se dêem nas duas pontas: a do Demonstrativo de Resultados e a do Patrimônio. Em outras palavras: se formos deduzir uma receita extraordinária do lucro, que ficará menor, temos que também deduzir o valor correspondente (após impostos) do Patrimônio Líquido.

3. Todas as rubricas que não têm efeito-caixa e só ocorrem por normas contábeis, como depreciação, amortização do Diferido e variação de provisões em geral (devedores duvidosos e impostos a pagar são exemplos) devem ser repostas ao lucro operacional, com concomitante ajuste do PL.

4. A questão dos impostos deve ser tratada com muito cuidado em

qualquer processo de *valuation*. A famosa frase lembra que só duas coisas são certas na vida: "os impostos e a morte", exatamente nesta ordem. Em todos os exemplos que demos neste livro simplificamos a questão dos impostos com uma só alíquota. Mas cabe ressaltar alguns pontos:

• Impostos sobre faturamento e sobre lucro – Há impostos que incidem diretamente sobre o faturamento – COFINS, por exemplo, e outros que recaem sobre o lucro (Imposto de Renda é o mais famoso); portanto, sempre trabalhamos com o conceito da rubrica (receita, lucro operacional, lucro após despesas financeiras) líquida, até porque esta é a medida de faturamento e de retorno que realmente vale. Uma sociedade que optou por uma carga tributária pesada vai pagar o preço de desvalorização de seus ativos. Tomara que esta carga de impostos seja bem utilizada para gerar o retorno social que compense isto. Portanto, quando simplificamos a alíquota de imposto em uma só (30% sobre o lucro, por exemplo), estamos implicitamente assumindo que este é o número consolidado de toda a tributação que incide sobre a firma, pelo menos no nível do lucro.

• Impostos a compensar, alíquota efetiva – Digamos, por exemplo, que a legislação tributária de um país permita a compensação de resultados através do tempo, e que esta utilização tenha que ocorrer, no máximo, em três anos, sob pena de se perder o direito. Suponhamos que no ano 1 uma empresa tenha auferido prejuízo de R$ 1 milhão, não pagando impostos sobre o lucro (30%). Neste caso, a empresa ficaria teoricamente com R$ 300 mil (30% de R$ 1 milhão) a serem compensados em anos posteriores, valor que pode ser limitado de acordo com a legislação vigente. No ano 2, a companhia obteve lucro antes de impostos de R$ 3 milhões, tendo que pagar R$ 900 mil (30% sobre R$ 3 milhões). Seguindo as instruções da boa conduta na área de Finanças, a diretoria resolve compensar o bônus de imposto o mais cedo possível. Portanto, a empresa pagaria somente R$ 600 mil (R$ 900 mil – R$ 300 mil) de impostos, o que reduz a alíquota efetiva de 30% para 20% (R$ 600 mil / R$ 3 milhões). O conceito de alíquota efetiva é que deve ser utilizado, inclusive quando calculamos, por exemplo, o Retorno sobre Investimentos – Lucro operacional após impostos / Investimentos (capital de terceiros + capital próprio).

Portanto, muito cuidado para que a simplificação no cálculo de impostos não se transforme em um conceito simplório que não considere a existência de inúmeros tributos sobre faturamento e lucro (que precisam ser consolidados) e da legislação de compensação de resultados que podem modificar substancialmente a alíquota efetiva a ser usada na *valuation*. Após os ajustes necessários no lucro e patrimônio (conceito do *full cost*), deve-se recalcular, usando a alíquota efetiva, as respectivas rubricas utilizadas para a formulação de indicadores.

• EVA para o acionista (*Equity EVA*) – Normalmente as medidas de lucro econômico são tratadas no nível de firma na comparação entre Retorno sobre Investimento e custo médio ponderado de capital (WACC). Mas já citamos neste livro que há setores, como o financeiro, nos quais a questão de capital próprio e de terceiros é mais difícil de ser diferenciada. Além do caso específico do segmento bancário, há empresas já em fase altamente madura nas quais a estrutura de capital tende a ficar praticamente estável. Em todos estes exemplos, é perfeitamente aplicável o EVA para o acionista (*Equity EVA*), no qual a mensuração se dá entre a diferença do Retorno sobre o Patrimônio Líquido (ROE) e o custo do capital próprio. A base de capital será apenas a parte pertencente aos acionistas.

EVA para o acionista – Capital próprio investido x (ROE – Custo do Capital próprio).

POR QUE A UTILIZAÇÃO DO LUCRO ECONÔMICO É PROBLEMÁTICA PARA ESTABELECER A REMUNERAÇÃO VARIÁVEL DOS EXECUTIVOS?

Muitas das empresas citadas utilizam a modelagem do Economic Value Added (EVA) para premiar diretores e gerentes em diversas escalas que mais conseguirem gerar valor para a companhia. Intuitivamente, faz total sentido à companhia remunerar os executivos que tragam um retorno para a firma maior do que a despesa associada. O empregado vira "sócio" da empresa sem precisar necessariamente possuir uma ação. Porém, alguns pontos devem ser considerados:

• A vantagem da simplicidade – Apesar de os conceitos, no longo prazo, serem muito semelhantes, é relativamente mais fácil "vender" a um empregado que na média não tem formação em Finanças, a idéia de que a empresa ou seu departamento específico deve apresentar um retorno (ROI) superior ao custo da firma (WACC). Apesar de os conceitos de retorno e custo de capital não serem óbvios, são muito mais "palatáveis" do que a determinação de "produzir um valor presente positivo de fluxos de caixa através dos anos".

• Instrumento superior como medida de performance – Como medida de performance da empresa e, por conseqüência, dos administradores, o lucro econômico é muito superior, por exemplo, ao lucro por ação, uma medida contábil que o mercado insiste em valorizar. Lucros são facilmente manipuláveis através de "truques" contábeis, enquanto o ROI e o WACC, se medidos e ajustados da maneira correta, ficam bem mais "blindados". Além disto, os instrumentos disponíveis para os gestores atingirem os seus objetivos estão muito mais claros para avaliação: a política de investimento e reinvestimento, no caso do ROI, e de financiamento, no caso do WACC.

• Aplicação do conceito no nível departamental da firma – Um dos grandes méritos do EVA é a possibilidade de sua aplicação nos chamados departamentos de cada companhia (patamar "divisional"). Uma vantagem explícita é a delegação a responsabilidade direta de agregação de valor (e, por conseqüência, as punições e premiações) para os gerentes. Em uma empresa de bebidas, por exemplo, a utilização do EVA pode identificar com mais precisão se o segmento de cervejas e o setor de refrigerantes estão agregando ou destruindo valor separadamente. Dentro da área de refrigerantes, pode-se mostrar como estão se comportando a divisão *diet* e convencional. Indubitavelmente, há grande dificuldade de se atribuir diferentes custos de capital para cada departamento. O processo de alocação de custos e despesas (a chamada

Contabilidade Gerencial) é um eterno debate dentro das corporações. Mas o esforço contínuo e as discussões sobre o assunto vêm propiciando um constante aperfeiçoamento de métodos. Cabe a cada chefe de departamento cobrar de seus subordinados que o retorno de sua divisão supere o custo de capital associado. Cabe aos diretores gerais da firma promover a sinergia entre as diversas divisões.

• Como controlar a questão do foco excessivo em retornos de curto prazo? Este é o "calcanhar-de-aquiles" da introdução do conceito de lucro econômico nas empresas. Como conseguir manter uma visão de longo prazo na empresa se a remuneração variável do executivo estará atrelada ao EVA de determinado ano? Diriam alguns que o longo prazo "nada mais é do que a sucessão de vários curtos prazos". Nem sempre. Por exemplo: um chefe de departamento, para atingir maiores vendas em determinado ano, pode desviar recursos de seu orçamento de produção para marketing, além de aumentar excessivamente o endividamento para conseguir mais recursos para propaganda. O faturamento maior se concretiza, os lucros são superiores ao esperado, o retorno sobre o investimento aumenta e com isto há remuneração variável para todos. No ano seguinte, a firma pode sofrer gargalos de produção, além de ver afetado o seu custo de capital. Enfim, descrevemos um típico caso no qual o aumento no ROI no curto prazo pode afetar diretamente tanto o retorno como o risco de longo prazo. Algumas empresas, visando contornar estes problemas, estipulam que somente parte do bônus daquele determinado ano ficaria disponível para o empregado. A outra parte seria depositada em uma aplicação financeira qualquer, com alguma carência estipulada, para tentar garantir o compromisso de longo prazo do empregado com a companhia.

• Em empresas de alto crescimento, a aplicação do EVA torna-se bem mais complexa: Pelas razões já expostas, a introdução do conceito do EVA é muito mais fácil em firmas com expectativa de crescimento no máximo moderada e com estrutura de capital relativamente estável. Neste caso, em termos gerais, questões de curto prazo tendem a não se contrapor tanto à estratégia de longo prazo. Em outro extremo, em firmas das quais se espera alto crescimento e profundas alterações na estrutura de capital, aplicar o EVA pode ser uma tarefa extremamente difícil. Um exemplo ocorreu com as empresas de Internet, nas quais, no curto prazo, se exigiam altos investimentos, gerando lucro econômico sucessivamente negativo. O gerente ou empregado deve ser punido por isto? Adicionalmente, uma mudança na estrutura de capital não pode ser feita de forma fragmentada na empresa, dependendo muito mais de uma estratégia financeira mais centralizada.

O caso da Bolha da Internet no final da década de 90 é um caso que mostra que crescimento por si só não gera valor. Pelo contrário. Se este crescimento não for conjugado com margens decentes que gerem um Retorno sobre Investimento superior a seu custo de capital, na verdade pode até ser um acelerador de destruição de valor.

Exemplo:

Uma empresa de Internet, em pleno auge da "bolha", em 1998, tinha investido cerca de R$ 30 milhões, com capital inteiramente próprio. O ROE da companhia foi de 10% negativos ao ano, enquanto o seu custo de capital próprio era de 15% anuais. No Conselho de Administração foi realizada a seguinte proposta: se repusermos o que perdemos pelo cálculo do EVA em 1998 com injeção de capital novo, além de lançarmos ações para captar mais R$ 50 milhões no mercado para investir em novas tecnologias, teremos condições de crescer nosso faturamento em 40% e chegar ao *breakeven* em termos de resultado (ROE = 0%) em 1999, com o mesmo custo de capital. A proposta foi colocada em votação e foi aceita por unanimidade. Analise a decisão em termos de EVA:

Equity EVA: Capital Investido (100% próprio) x (ROE – Custo de capital próprio)

1998: R$ 30 milhões x (–10% – 15%) = R$ 30 milhões x –25% = – R$ 7.5 milhões (destruição de valor)

1999: A decisão foi repor os R$ 7.5 milhões, voltando à situação original na ótica do EVA de R$ 30 milhões. Some-se a isto o levantamento via lançamento de ações de mais R$ 50 milhões, o que totalizará um capital investido final de R$ 80 milhões.

1999: R$ 80 milhões x (0% –15%) = R$ 80 milhões x –15% = - R$ 12 milhões

Analisando os números secamente, os defensores do EVA já teriam a resposta pronta: "A decisão foi errada, já que o foco em crescimento não teve reflexo suficiente em retorno. A injeção de mais capital só serviu para acelerar a destruição de valor, já que o ROE continuou menor do que o custo de capital próprio."

A crítica parece fazer sentido, mas seria necessária uma análise mais ampla, com maiores informações. Se, por exemplo, acrescentássemos que este investimento extra de R$ 57.5 milhões é um passo necessário para que, no prazo estimado de um ano, a empresa possa dar um salto qualitativo em produtividade e aumentar substancialmente o seu ROE? Já alertamos sobre o perigo do uso indiscriminado do conceito de lucro econômico com foco no curto prazo, sobretudo em empresas de alto crescimento.

O QUE É MVA (MARKET VALUE ADDED)?

MVA significa *Market Value Added* (em português, valor de mercado adicionado). É simplesmente a diferença entre o valor de mercado das ações de uma empresa + valor de mercado da dívida em um tempo t – Capital total investido.

No caso brasileiro, como o mercado secundário de dívida é bastante incipiente, sempre consideraremos que o valor contábil do endividamento é igual ao valor de mercado da dívida, o que restringe o MVA à diferença entre o valor de mercado das ações e o capital próprio empregado.

Exemplo:

Uma empresa de entretenimento abriu seu capital em Bolsa em janeiro de 2006. 100% do capital da companhia era próprio (dívida = 0). Na época, o valor de sua ação x números de ações foi cotado exatamente ao mesmo valor do Patrimônio Líquido = R$ 50 milhões (P/VPA = 1). Passados dois anos, o P/VPA da empresa já estava em 1.5, patamar este observado imediatamente após um aporte recente de capital que levou o patri-

mônio a atingir R$ 80 milhões. Qual o valor de mercado adicionado (MVA) no período?
Patrimônio Líquido: R$ 80 milhões
P/VPA = 1,5
P = 1.5 X R$ 80 milhões = R$ 120 milhões
Market Value Added (da mesma forma que o EVA, o MVA é expresso em Reais) = R$ 120 milhões − R$ 80 milhões = R$ 40 milhões
Medido pela valorização de suas ações em Bolsa, o bom desempenho da empresa pode ser atestado pelos R$ 40 milhões de MVA no período de dois anos.

Continuando o exercício, suponhamos que o preço da ação estava em R$ 30,00 no último pregão de 2007, chegando a R$ 25,00 no último dia de 2008. O total de ações emitidas no mercado é de 4 milhões. Neste período o resultado da empresa ficou no *breakeven* (virtualmente zero) e não houve nenhuma adição de novo capital à empresa.

Valor de mercado da empresa ao final de 2007: 30 x 4 milhões = R$ 120 milhões
Valor de mercado da empresa ao final de 2008: 25 x 4 milhões = R$ 100 milhões
Queda da ação e, conseqüentemente, do valor de mercado: −16.7%
Market Value Added (MVA): R$ 20 milhões negativos
Como não houve variação do Patrimônio Líquido, podemos considerar que naquele ano o MVA pode ser mensurado pela simples comparação entre os valores de mercado verificados ao fim de 2007 e 2008.

Por que o lucro econômico (aqui identificado como EVA) é superior ao valor de mercado adicionado (aqui definido como MVA) como medida de performance?

A variação do preço de uma ação será função de fatores inerentes ao setor, mais fatores relativos especificamente à empresa (estes dois primeiros podem ser considerados riscos específicos), mais fatores que influenciam o mercado como um todo (risco de mercado). A companhia pode apresentar maravilhoso desempenho em um ano, com todos os departamentos superando as suas metas em termos de EVA e, mesmo assim, sua ação cair. Tecnicamente, isto significaria que toda a potencial agregação de valor naquele ano, construída pelo risco específico, foi mais do que anulada pela destruição de valor advinda do risco de mercado.

As empresas não podem controlar a reação dos mercados, mas têm condições e devem fazê-lo em relação aos seus funcionários e departamentos. Certamente no momento em que os fatores de risco de mercado forem amenizados, o mercado reconhecerá o valor justo para uma companhia que tenha como objetivos projetos nos quais retorno sobre o capital (ROI) seja, na média, superior ao seu custo (WACC) no longo prazo.

Podemos considerar o MVA, considerando uma fotografia em certo momento do tempo, como um medidor de performance acumulada da companhia. Em outras palavras: firmas com a relação P/VPA superior a 1 podem ser consideradas como agregadoras de valor na fotografia do tempo, enquanto na situação inversa (P/VPA menor que 1) verifica-se destruição de valor ao longo dos anos.

Torna-se impraticável utilizar-se do MVA para remuneração de executivos, a não ser que a análise seja de muito longo prazo. O MVA ao longo do tempo tende a convergir para os EVAs projetados para o futuro trazidos a valor presente. Em um período mais amplo, o MVA normalmente fica mais livre das distorções de curto prazo do risco-mercado, já que os movimentos, tanto para o lado positivo quanto para o negativo, tendem a se compensar ao longo dos anos.

Mas já não escutamos isto antes? Não parece a mesma história dos fluxo de caixa descontado?

Valor presente dos EVAs futuros (dos projetos existentes e dos futuros) tende a ser igual ao valor presente dos fluxos de caixa futuros (oriundos também dos projetos existentes e do futuro)

Não há dúvida de que o EVA é uma técnica de simplificação interessante e de marketing mais fácil entre pessoas leigas do que o método do fluxo de caixa descontado. Mas, se dependemos do retorno sobre capital total ou patrimônio, taxa de desconto para o acionista ou para firma, é inevitável que analisemos boas ou más decisões de investimentos, política de reinvestimento (novos projetos x distribuição de dividendos) e estratégias de financiamento. Tudo o que teoricamente "complica" o fluxo de caixa descontado, principal argumento de vendas de quem é adepto ao EVA.

Os grandes objetivos do gestor que adota o lucro econômico (EVA) são: aumentar os lucros operacionais sem adicionar novo capital, o que significa incremento de eficiência; só entrar em novos projetos em que o ROI seja maior que o WACC; abandonar projetos nos quais o ROI é menor que o WACC; reduzir o custo de capital de forma a torná-lo inferior ao retorno projetado no médio-longo prazo.

X

Os grandes objetivos do gestor que opta pelo Fluxo de Caixa Descontado (FCD) são: maximizar a relação crescimento versus margem, o que significa aumentar retorno; esticar ao máximo os períodos de alto crescimento da firma; reduzir o custo de financiamento através de uma estrutura de capital "ótima" (pelo menos na prática a melhor possível); encontrar formas de reduzir a alíquota efetiva de taxação; reduzir investimento em capital de giro (liberar caixa); elevar barreiras à entrada, reduzindo o risco operacional (diferenciação do produto, marca, patentes, licenças, proteção legal, sistemas de distribuição); elevar custos de mudança (em inglês, switching costs – o melhor exemplo é a Microsoft com seus pacotes interligados de Windows e programas do Office); reduzir custos fixos (equilibrar a alavancagem operacional).

Apesar de o material descrito no estudo do fluxo de caixa descontado ser mais extenso, todos os pontos discutidos também são aplicáveis a qualquer variante de lucro econômico. A diferença é que o EVA "vende simplicidade", o que faz com que a sua teoria até evite explorar com maior detalhe os pontos descritos acima. Mas, na boa prática, não há com evitá-los.

Pontos polêmicos entre o Fluxo de Caixa Descontado (FCD) e o Economic Value Added (EVA)

Alguns pontos, porém, devem ser levantados nesta comparação de métodos.

Ponto de discussão 1 – EVA como valor financeiro

Um dos cernes da teoria do EVA está em afirmar que o mais relevante é o valor financeiro gerado, não importando muito a questão do retorno em percentual do empreendimento.

Exemplo:

Duas empresas siderúrgicas, uma grande e outra pequena, fazem um investimento simultâneo de melhoramento de um tipo específico de aço especial. O investimento da empresa grande foi de R$ 10 milhões e o Retorno sobre o Investimento foi de 30%. Já o investimento da empresa pequena foi de R$ 1 milhão e o ROI foi de 100%, graças a expressivos ganhos marginais de escala. Considerando que o custo de capital total para as companhias A e B foi de 10% e 15%, respectivamente – o que faz sentido pelo tamanho e respectiva facilidade de acesso a crédito –, qual empresa a teoria do EVA consideraria de maior sucesso?

EVA Empresa A: R$ 10 milhões x (30% – 10%) = R$ 2 milhões

EVA Empresa B: R$ 1 milhão x (100% – 15%) = R$ 850 mil

A teoria do EVA aponta a Empresa A como a de maior sucesso por ter produzido a maior agregação de valor financeiro, apesar de, aparentemente, a Empresa B ter alcançado performance relativa superior (diferença do ROI e WACC de 85% x 20%).

É inegável o mérito do EVA em "enterrar" certos tabus que várias empresas adotavam. Por exemplo, quantas vezes já escutamos estratégias ditas com orgulho por certos comandantes de empresas: "só aceitamos projetos com retorno sobre o capital superior a 15%, que é o objetivo do Conselho de Administração". Com o EVA fica óbvio que é muito melhor aceitar um projeto com um ROI de 10% e um custo ponderado de 8% do que outro cujo ROI é de 20%, mas tem custo de financiamento de 22%. Qualquer projeto em que haja diferença positiva entre o ROI ou ROE e, respectivamente, o custo médio ponderado de capital para a firma (WACC) e para o acionista, agregará valor à empresa (EVA positivo).

Mas há um lado discutível: o conceito de EVA nos leva a acreditar que as empresas maiores sempre serão taxadas de maior sucesso do que companhias menores, independentemente de seu real desempenho.

Tomemos a Embraer e a Ambev, modelos brasileiros de eficiência empresarial, e a Petrobras que, apesar de um passado negativo quanto a sua administração, teve sua gestão profissionalizada de forma muito marcante nos últimos anos.

O múltiplo P/VPA de cada uma já mostra algumas diferenças. Enquanto a Embraer tinha este indicador em 3.3 em 2006, os P/VPAs da Ambev e da Petrobrás eram de 3,2 e 1,9, respectivamente. Se medirmos o MVA (que nada mais é do que o somatório Equity EVAs futuros), teremos os seguintes números:

Embraer:
Valor de mercado em 2006: R$ 16,2 bilhões (Somatório do capital próprio investido + Equity EVAs futuros trazidos a valor presente)
Patrimônio Líquido em 2006: R$ 4,8 bilhões
P/VPA = 3,3 ou 230% de retorno acumulado no tempo para cada R$ 1 de capital próprio investido.
MVA = R$ 16,2 bilhões − 4,8 bilhões = R$ 11,4 bilhões (somatório dos Equity EVAs futuros trazidos a valor presente na ótica do mercado)

Ambev:
Valor de mercado em 2006: R$ 63,7 bilhões (somatório do capital próprio investido + Equity EVAs futuros trazidos a valor presente)
Patrimônio Líquido em 2006: R$ 19,6 bilhões
P/VPA = 3,2 ou 220% de retorno acumulado no tempo para cada R$ 1 de capital próprio investido.
MVA = R$ 63,7 bilhões − 19,6 bilhões = R$ 44,1 bilhões (somatório dos Equity EVAs futuros trazidos a valor presente na ótica do mercado)

Petrobras:
Valor de mercado em 2006: R$ 175,9 bilhões (somatório do capital próprio investido + Equity EVAs futuros trazidos a valor presente)

Patrimônio Líquido em 2006: R$ 93,1 bilhões

P/VPA = 1,9 ou 90% de retorno acumulado no tempo para cada R$ 1 de capital próprio investido.

MVA = R$ 175,9 bilhões – 93,1 bilhões = R$ 82,8 bilhões (somatório dos Equity EVAs futuros trazidos a valor presente na ótica do mercado)

Como o MVA é uma medida de performance acumulada (percepção do mercado quanto ao somatório futuro dos EVAs), os defensores desta teoria apontariam a Petrobras como a primeira do *ranking* de sucesso em termos de agregação de valor absoluto em Reais (que é a medida que importa para o EVA).

Da mesma forma, a teoria do EVA considera que a IBM é uma companhia de maior sucesso para os acionistas do que a Microsoft, por exemplo, o que é altamente discutível.

Implicitamente, esta visão absoluta em termos de valores do EVA considera que todas as empresas e cidadãos possuem exatamente a mesma capacidade de investimento e acesso a crédito. Além disto, o EVA assume, também de forma velada, que os mercados de bebidas (Ambev), aviões (Embraer) e petróleo (Petrobras) possuem a mesma dimensão e exigem o mesmo patamar de investimentos.

Se todas estas hipóteses fossem verdadeiras, teria sido um erro estratégico da AMBEV e da Embraer em não se transformarem em uma companhia do tamanho da Petrobras, fazendo sentido a conclusão do EVA. Mas como estas premissas não são verdadeiras, novamente o *ranking* do EVA acaba privilegiando as empresas de maior capital investido, tudo mais constante.

Ponto de discussão 2 – lucro operacional após impostos – EBIT (1-t), NOPAT e NOPLAT como *proxy* de fluxo de caixa

Outra questão altamente discutível em qualquer aplicação da teoria do lucro econômico é o fato de que o lucro operacional após impostos, em qualquer uma das denominações, depois de todos os ajustes já explicitados, serve como base para o cálculo do ROI. Lembrando que:

Fluxo de Caixa para a Firma = NOPAT – Investimentos em Capital de Giro – Investimentos em Capital Físico.

O ponto é que os investimentos, tanto em capital físico como de giro, não são incluídos na conta do EVA, tal como ocorre no fluxo de caixa descontado. Apesar de não declarada, tal hipótese acaba assumindo implicitamente que o lucro operacional depois de impostos não recebe influência direta dos investimentos, o que é uma premissa difícil de ser aceita. O próprio crescimento do EBIT (1-t) possui relação direta com a taxa de reinvestimento (em capital físico e de giro).

Uma empresa pode, por exemplo, estar indo muito bem operacionalmente, com EVA altamente positivo, e estar investindo fortemente em projetos que vão destruir muito valor no futuro. Os defensores do EVA poderiam defender a teoria afirmando, o que é verdade, que os fundos para estes novos investimentos teriam que ser financiados por capital próprio e de terceiros, que aparece na conta do EVA via custo de capital. Mas, no mínimo, a percepção do que está acontecendo na empresa torna-se bem menos transparente do que no caso do fluxo de caixa descontado (FCD).

Outro indicador também bastante utilizado por analistas e que corrige, de certa forma, este problema do EVA é o chamado Retorno sobre o Investimento sob a ótica do Fluxo de Caixa (em inglês, *Cash Flow Return on Investments* – CFROI). O numerador é igual ao EBIT(1-t) com todos os ajustes promovidos pelo EVA para torná-lo mais realista (adição dos itens sem efeito-caixa, ajuste do Patrimônio e resultados da exclusão/inclusão de contas que pela boa prática das Finanças deveriam estar sendo capitalizadas, retirada de itens-não recorrentes e cuidado especial na questão dos impostos).

CFROI = Fluxo de Caixa (mensurado no Demonstrativo de Resultados) / Capital Investido

Outro indicador que pode ser associado de certa forma ao chamado *Market Value Added* (MVA) é o chamado Retorno Total para os acionistas (em inglês, Total Return to Shareholders – TRS).

TRS = (Somatório de ganhos de capital + dividendos (em R$)) / R$ investidos na ação.

O TRS, por ser uma medida de retorno relativo, mostra o quanto a empresa está conseguindo surpreender o mercado com seus resultados, independente do seu tamanho (que possui uma importância decisiva no MVA). Explicando: uma companhia A pode apresentar um

TRS superior à companhia B, mas a segunda ter atingido um MVA mais significativo, dado que o capital investido foi bastante superior. Devemos lembrar que o MVA é medido em valores absolutos.

Falar em "teoria revolucionária do EVA" é um certo exagero. Conforme mostramos, o grande economista Alfred Marshall já definia o conceito de lucro econômico ao fim do século XIX. A grande contribuição do novo método foi engajar as pessoas de forma mais clara e formalmente organizada nos motores de geração de valor para as companhias. Fica claro para todos que a agregação de valor só será possível com uma constante evolução positiva do *mix* Retorno sobre Investimento e custo de capital total (WACC).

OPÇÕES REAIS: A FLEXIBILIDADE PRECIFICADA

Opção é o direito de comprar (opção de compra; em inglês, *call option*) ou vender (opção de venda; em inglês, *put option*) algum ativo por determinado preço em uma determinada data. Podemos dar como exemplo um seguro de carro. No seguro paga-se um valor pelo direito de usar a companhia seguradora caso ocorra algum acidente. Esta opção (mediante aprovação do sinistro) pode ser "exercida" a qualquer momento, sendo classificada como uma opção do tipo "americana". A opção que só pode ser exercida no vencimento é chamada de opção européia.

Muitos críticos do fluxo de caixa descontado (FCD) e do lucro econômico (EVA) alegam que estes modelos não proporcionam a flexibilidade necessária para lidar com o mundo real. Quando projetamos fluxos de um, dois, cinco, dez anos e até na perpetuidade, estamos assumindo de alguma forma que aqueles fluxos serão "certos", dentro da melhor estimativa do analista.

Porém, conforme alertamos, o bom analista deve sempre traçar cenários nos quais tanto o fluxo de caixa como a taxa de desconto variarão de acordo com projeções mais otimistas ou pessimistas. Ao fim, cada fluxo de caixa terá uma distribuição de probabilidade, assim como a taxa de desconto, cabendo ao analista escolher a combinação de variáveis que julgar tecnicamente mais provável.

Apesar do estudo de sensibilidade, no momento em que o analista escolhe um cenário e dá a sua recomendação de compra e venda via projeção de fluxo de caixa, ele está abrindo mão da opção dos outros cenários em sua recomendação. E esta opção deve ser precificada.

Nosso objetivo neste segmento não é demonstrar o cálculo do valor de uma opção real, já que isto exigiria uma boa dose de matemática, o que não é o objetivo deste livro. O que queremos é demonstrar por que o estudo das opções reais tem conseguido cada vez mais adeptos, já que oferece ampliação considerável do horizonte do tomador de decisão para novos projetos.

"TODOS OS FLUXOS DE CAIXA DESCONTADOS, PARTINDO DO PRINCÍPIO QUE O ANALISTA ACERTOU EM TODAS AS SUAS DECISÕES DE ESCOLHA DE VARIÁVEIS, ESTÃO, POR DEFINIÇÃO, SUBAVALIADOS" (TOM COPELAND, NO LIVRO *OPÇÕES REAIS*)

Esta teoria é relativamente nova e põe em xeque um dos mais conhecidos jargões do mercado financeiro:

"Se, ao realizar a análise de um investimento, o fluxo de caixa descontado estimado atingir valor negativo, abandone de imediato a idéia de implementar o projeto."

Esta premissa está no segundo capítulo de qualquer livro de Finanças – no primeiro está descrito que "quanto maior o risco associado, maior o retorno exigido pelo investidor". Mas vamos ao exemplo muito simples a seguir.

Imagine que um amigo seu lhe proponha sociedade na compra um terreno por R$ 300 mil para construir um campo de futebol. O investimento necessário para a obra chega a R$ 2 milhões adicionais. É uma região onde já existem outros campos de futebol do mesmo tipo. Fazendo todas as projeções possíveis, com o campo ocupado 12 horas ao mesmo preço médio de todos os campos em volta, o valor presente das receitas menos despesas atinge apenas R$ 1,5 milhão (em dez anos projetados + perpetuidade)

• Levando em conta o investimento inicial de R$ 2,3 milhões (R$ 300 mil da compra do terreno mais R$ 2 milhões do investimento), chegamos a um valor presente negativo do projeto de R$ 800 mil (R$ 1,5 milhão – R$ 2,3 milhões), o que levaria a tradicional teoria do fluxo de caixa descontado (FCD) a rejeitar o projeto.

Mas será que não existe nenhuma outra alternativa a ser aproveitada pelo dono do projeto que não seja comprar o terreno e efetivar o investimento imediatamente?

Opção pelo adiamento do projeto: e se a compra do terreno for realizada agora e o gasto dos R$ 2 milhões for postergado para daqui a cinco anos, aproveitando o custo de oportunidade do dinheiro aplicado a juros, enquanto se aguarda melhores condições de mercado (opção de adiamento)? O preço médio do aluguel do campo possui um desvio-padrão histórico. E se a demanda por campos de futebol triplicar por causa de seguidas vitórias do Brasil em copas do mundo e o desvio-padrão do preço médio do aluguel dos campos assumir sempre valores positivos em relação à média? E se alguns dos concorrentes desistirem do negócio, dando a possibilidade concreta de elevação do preço do aluguel? Qual a probabilidade destes eventos acontecerem? Por mais baixas que sejam, estas possibilidades significam um valor que deve ser precificado.

Opção pela ampliação do projeto: se a compra do terreno for efetivada (R$ 300 mil), tal como o investimento realizado (R$ 2 milhões), a despeito de todas as informações utilizadas para o fluxo de caixa descontado (cenário mais provável), há uma justificativa que é a possibilidade de compra de outros terrenos adjacentes no futuro para a construção de campos maiores que ainda não existem na região. Apesar da incerteza sobre estas aquisições, esta opção de ampliação deve ser precificada.

Opção por abandonar o projeto: assumamos que especialistas afirmem que há uma chance razoável daquela região específica, em alguns anos, tornar-se alvo de forte especulação imobiliária. Se a ampliação da área do terreno não for possível, conforme descrito no caso anterior, o projeto pode ser inteiramente abandonado e o terreno revendido depois de algum tempo para outro fim (construção de um prédio, por exemplo) por um preço que, quem sabe, possa cobrir o custo de aquisição mais o valor do investimento. Esta possibilidade deve ser precificada de alguma forma.

Opção pela diminuição do projeto: se não for possível a ampliação da área do terreno, o dono pode simplesmente seguir o caminho inverso, desfazendo-se de metade do terreno. Com os recursos, pode investir somente em 50% do número original de quadras, mas com um nível de qualidade (grama, iluminação, marcação, placar etc.) muito superior à infra-estrutura dos outros campos nas redondezas. Com isto, estima-se que há boas chances de se cobrar um preço de aluguel superior, tornando o projeto lucrativo a longo prazo. A opção pela diminuição do projeto dentro do mesmo escopo (campos de futebol) deve ter um valor.

Opção pela troca do projeto original: se nenhuma das hipóteses já descritas for possível de ser efetivada, existe sempre a possibilidade da utilização do terreno para outros fins. Por exemplo: a construção de um grande bar temático de esportes, de forma que o investimento realizado nos campos possa ser aproveitado de maneira inteligente. Este empreendimento poderia atrair os freqüentadores de todos os campos da vizinhança para encontros antes e depois das atividades esportivas. A possibilidade de troca do escopo do negócio a qualquer momento deve ser precificada.

Opção composta (em inglês, *Compound Option*): trata-se de um tipo de opção real que ocorre quando o exercício da segunda opção depende do exercício da primeira, dentro do mesmo projeto. No nosso exemplo, um caso de opção composta seria se a decisão de investir agora ou daqui a algum tempo impactasse diretamente a qualidade do investimento (fornecedor da infra-estrutura do campo). O melhor fornecedor de material para os campos é uma firma estrangeira, que entrega e monta absolutamente tudo, com filial no Brasil (mas que estará fechando em seis meses). Quanto mais o investimento for postergado (decisão ligada à área de viabilidade de projetos), mais será difícil a implementação (problema de execução, que terá que tratar com diversos fornecedores para cada parte específica do projeto). Portanto, a segunda decisão (por exemplo – ampliação do projeto para construir campos maiores ou a venda de parte do terreno para a elaboração de quadras menores e mais modernas) pode estar comprometida de acordo com o rumo da primeira.

Opção composta do tipo arco-íris (em inglês, *Compound Rainbow Option*): é um tipo de opção que envolve duas decisões, mas em projetos diferentes. Por exemplo: digamos que a decisão de adiar o investimento por mais algum tempo prejudique a opção de ampliação do projeto, pois já há outros investidores com a mesma idéia. Outro exemplo seria o fato de que se decidíssemos por efetivar o projeto imediatamente, a opção pela troca do projeto original ficaria mais valiosa, já que os campos já seriam construídos com alguns detalhes técnicos que facilitariam a mudança, se a escolha fosse esta no futuro. Isto criaria uma espécie de "barreira à entrada", ou seja: se outro investidor desejasse ir por este caminho, demoraria a implantar um projeto tão bom quanto o nosso.

Todas as opções descritas anteriormente têm a ver com um só conceito: a flexibilidade tem valor. Um projeto não pode ser classificado como "unidirecional" e os desvios do cenário provável devem ser considerados. As circunstâncias de mercado podem abrir um leque de alternativas para os empresários que não necessariamente estão previstas no enredo original.

Como precificar uma opção real?

Qualquer opção, seja ela financeira ou real, exige uma boa dose de matemática para ser calculada, o que não será desenvolvido neste livro. A teoria das opções reais pode usar exatamente a fórmula do modelo de Black & Scholes, bastante difundido no mercado, com as seis variáveis conhecidas:

- Preço à vista (PV)
- Preço de exercício (PE)

- Taxa de juro na economia (ativo livre de risco) (J)
- Dividendos (D) = Dividend Yield = Relação dividendos/preço
- Prazo para exercício (T)
- Volatilidade do preço do ativo em questão, medido pela variância (V^2)

Valor de um opção de compra (C):

$$C = PV \, e^{-DT} \, N(d1) - PE \, e^{-JT} \, N(d2)$$

$$\text{Sendo } d1 = \frac{\ln(PV/PE) + ((J - D + V^2/2) \times T)}{V \times T^{1/2}}$$

$$\text{Sendo } d2 = d1 - V \times T^{1/2}$$

O N(d1) e N(d2) apontam regiões da curva de distribuição normal. Portanto, ao chegarmos ao cálculo de d1 e d2, precisaremos converter os valores de N(d1) e N(d2) pela tabela de distribuição normal.

O valor de N(d1) estará sempre entre 0 e 1 (traduzindo, de 0% a 100%), significando a probabilidade da opção de compra ser exercida (tecnicamente, estar dentro da projeção de evolução de juros – "dentro do dinheiro"). Portanto, quanto maior N(d1), maior o valor da opção de compra.

Um ativo tem um preço hoje, assumindo certo nível de pagamento dividendos, devendo atingir determinado objetivo (preço de exercício) em prazo definido. O preço do ativo possui uma volatilidade embutida.

Com estas seis variáveis do projeto, conseguimos calcular o valor da opção real, seja ela de venda (direito de se desfazer do projeto a determinado preço) ou de compra (direito de entrar em um projeto a determinado preço).

Observação: O comentário entre parênteses (+ ou –) sempre estará se referindo ao efeito do fator nas opções de compra.

- **Preço à vista (+)**: quanto maior o preço à vista da ação, maior será o preço (o chamado prêmio) da opção de compra. Suponhamos uma opção com o preço de exercício a R$ 50,00. Hoje, a ação amanhece valendo R$ 41,00, mas com a melhora do mercado, ela vai a R$ 43. Dado tudo mais constante, elevaram-se as chances de aquela opção permita o exercício, aumentando portanto o seu valor. Exatamente o raciocínio inverso pode ser implantado para a opção de venda (quanto maior o preço à vista, menor valor para a opção de venda).

• **Preço de exercício (–)**: quanto maior o preço de exercício, menor o preço da opção. Suponhamos que o valor da ação esteja a R$ 41 e temos três séries de preços de exercício A, B e C abertas (R$ 50, R$ 55 e R$ 60). Por terem menores chances de serem exercidas (tudo mais constante) o prêmio da opção C < prêmio da opção B < prêmio da opção A.

• **Volatilidade (+)**: Imaginemos um mercado A tranqüilo, sem grandes variações, ou seja, com tradicionalmente com muito pouco movimento. Agora projetemos um outro mercado B onde a volatilidade das ações seja muito violenta. Onde há mais chances, tudo mais constante, do preço de uma ação alcançar o preço de exercício? No mercado B, (vide o gráfico a seguir), tanto para as opções de compra como as de venda.

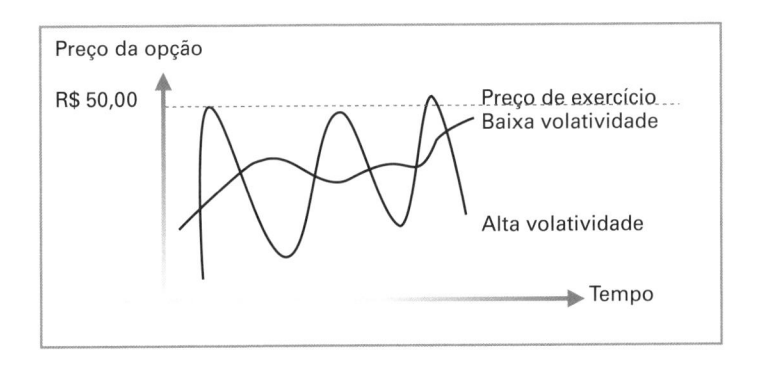

Cabe ressaltar que quanto menor for o preço de exercício, maior o efeito da variação da volatilidade (seja para cima ou para baixo) no preço (prêmio da opção). Portanto, quanto maior a volatilidade, tudo mais constante, mais devem subir os prêmios tanto para a opção de compra como de venda.

• **Dividendos** (−): O valor dos dividendos pagos pode reduzir o preço de uma ação. Se uma ação vale R$ 50 e há a expectativa de pagamento de dividendos de R$ 3 amanhã, esta presunção já está estampada no preço. Em outras palavras, no momento em que o dividendo é pago, a ação automaticamente se ajusta para R$ 47, o que irá influenciar negativamente os preços de opções de compra, tudo mais constante. Para opções de venda, como dividendos pagos são redutores automáticos de preços de ações, quanto mais generoso o chamado *payout* (o percentual do lucro distribuído pela empresa em forma de dividendos), mais a opção de venda (*put*), com preço de exercício constante, ganhará valor. Exemplificando, antes eu poderia vender a R$ 52 uma ação que valia R$ 50. Após o pagamento de dividendos, continuo a poder vender uma ação a R$ 52, só que seu preço de mercado atual caiu para R$ 47.

• **Juros** (+): Se a taxa de juros está em movimento de alta, normalmente espera-se um maior crescimento econômico, alimentando-se a componente expectativa e a previsão de um comportamento melhor no mercado de ações, puxando os preços das opções para cima. Adicionalmente, o valor presente da diferença entre o preço de exercício e o valor à vista torna-se menor. Finalmente, o valor presente dos dividendos a serem pagos também torna-se mais baixo. Portanto, todos os fatores nos levam a concluir que a alta de juros tende a propiciar elevação nos prêmios das opções de compra e movimento inverso nas opções de venda.

Porém, a prática nos mostra que, na realidade brasileira, a alta de juros (tudo mais constante) normalmente é provocada por crises e não como resposta de crescimento econômico. A conseqüência é a influencia negativa no preço da opção de compra, enquanto existe o benefício no preço da put. A experiência norte-americana, de mercados mais desenvolvidos e líquidos, no entanto, nos aponta para a direção contrária.

- **Prazo para o exercício (–):** Por exemplo, imaginemos uma opção de Telemar PN com exercício para daqui a um mês e uma outra para exercício daqui a três meses. Tudo mais constante, quanto mais próximo da data da opção, menor o valor da opção devido à menor incerteza quanto à possibilidade do preço à vista atingir o preço de exercício. A opção vai perdendo valor (queda no valor do tempo – *time value*) à medida que a data do potencial exercício vai se aproximando. Isto vale tanto para a *call* como para a *put*. A hipótese do "tudo mais constante" neste caso é fundamental. Imagine que você saiba que daqui a exatos dois meses (exatamente entre um exercício e outro), a empresa vai pagar um grande valor em dividendos. Pode ser que uma opção de compra de um mês (antes da ação ficar ex-dividendo) possa valer mais do que uma *call* de três meses (com a empresa já tendo pago dividendo). Há casos de em que o tempo não conspira a favor, mas que devem ser tratados como exceção.

Em um tema tão complexo, logicamente qualquer modelo tem suas limitações. Por exemplo: como definir preço e volatilidade para ativos de companhias que não são abertas? Como fazer no caso em que a variância do preço do ativo muda constantemente? Há saídas para isto, como a busca de ativos semelhantes no mercado no primeiro caso ou a aplicação de modelos mais sofisticados como o ARCH para resolver a segunda questão.

Além disto, como a grande maioria dos modelos baseados em condições normais (distribuição normal), o Black & Scholes não funciona em caso de choques. Digamos que um pacote econômico duplique o valor das taxas de juros do dia para noite. Ou que uma questão política triplique a volatilidade de todos os preços dos ativos. Certamente qualquer mudança em degraus (variação não contínua, chamada de variação discreta) de qualquer um dos parâmetros do modelo provocará sérias distorções na precificação de qualquer opção, seja ela real ou financeira.

Grande parte dos valores a serem calculados no caso de projetos refere-se às opções reais (seja de compra ou de venda) do tipo americana (que podem ser exercidas a qualquer momento). No nosso exemplo, a opção de investir ou não no campo de futebol, podendo ser exercida a qualquer tempo, é um caso de opção americana. As opções reais do tipo européia (que podem ser exercidas somente em datas pré-determinadas), muito mais comuns no mercado financeiro, só existirão em casos especiais.

As opções reais servem para mostrar a divergência natural existente entre os interesses dos acionistas e dos credores. Por mais paradoxal que pareça, quanto mais arriscados forem os projetos assumidos pela companhia, mais deve valer a ação da companhia e menos o valor da dívida. Cabe lembrar que o risco implica que o projeto pode ser um fracasso, mas que também pode ser um grande sucesso. Por isto a ação (equity) deve valer mais se os projetos assumidos tiverem um potencial de volatilidade mais forte.

Intuitivamente, quanto mais "seguros" forem os projetos da firma, maior a garantia de que os juros serão recebidos e, conseqüentemente, maior deve ser o valor da dívida. O raciocínio inverso vale para empresas com projetos arriscados.

NA PRÁTICA, OS ANALISTAS ESTÃO USANDO AS OPÇÕES REAIS EM QUE EVENTOS?

Os mais radicais críticos do fluxo de caixa descontado já precificam até empresas inteiras com o método de opções reais. Alegam que, no limite, existe uma flexibilidade em qualquer decisão de um CEO de empresa, o que só é captado na teoria de opções reais. Tom Copeland afirma que "o fluxo de caixa descontado é apenas um dos tipos específicos de opções reais, a que não permite nenhuma flexibilidade às variáveis". Quanto mais flexibilidade potencial existir, maior deve ser o valor da empresa.

• **Exploração de recursos naturais:** Uma das áreas nas quais as opções reais têm maior aplicabilidade é na exploração de recursos naturais. Uma empresa de petróleo, por exemplo, normalmente possui "reservas já provadas" (na qual se sabe qual o potencial definido) e campos de petróleo em exploração (onde se pesquisa se há viabilidade para a extração). No caso das "reservas já provadas", desprezado o efeito flexibilidade, pode-se usar o fluxo de caixa descontado. Mas no caso dos campos em exploração, a utilização de opções reais é o mais recomendável para precificar o valor do mesmo.

O valor da companhia, então, será:

Fluxo de Caixa Descontado da parte conhecida da empresa + Valor da opção real de exploração de um novo campo de petróleo.

• **Produtos que dependam de grande investimento em pesquisa e desenvolvimento** – Em setores como a farmacêutico e o de alta tecnologia, o famoso *pipeline* (em português, linha de desenvolvimento de um produto) representa o cerne da empresa. Dali deverá sair a principal fonte de crescimento das companhias no futuro. Normalmente, as companhias registram patentes, ou seja, pagam um preço que não deixa de ser uma opção a ser ou não exercida, de acordo com o sucesso dos programas de pesquisa e desenvolvimento (P&D).

• **Empresas com grandes dificuldades financeiras, em situação pré-concordatária ou falimentar** – Neste caso a situação de incerteza sobre fluxos de caixa extrapola a potencial volatilidade destes. No caso da dificuldade financeira, a dúvida principal é se a empresa sobreviverá ou não no futuro. Típico caso em que os mais radicais defensores das opções reais têm razão em considerar o valor total da empresa, no limite, como uma opção.

Quanto maior a incerteza, maior o preço

O título parece estranho para o senso comum, mas acredite que algumas incertezas são grande fonte de valor. Suponha que um projeto apresente um valor total dos ganhos, trazido a valor presente, de R$ 1 milhão. Se o custo atual de entrada é de R$ 2 milhões, o que você faria? E se lhe oferecessem uma ação de uma empresa cujo valor dos ativos é cinco vezes menor que o do passivo – em outras palavras, uma companhia falida em termos contábeis (patrimônio líquido negativo), com receitas projetadas menores que as despesas? Provavelmente as duas propostas seriam rejeitadas.

Todos os livros de Finanças orientam o estudante a afastar-se de qualquer fluxo de caixa descontado cujo valor presente seja negativo.

Isto significaria que a rentabilidade auferida não atingiria o retorno mínimo exigido. Mas às vezes alguns investidores pagam fortunas por projetos que, com base nos números médios prováveis, não oferecem um horizonte lucrativo visível? Na verdade, estamos falando de "compra" de volatilidade.

O conceito de opção consiste no pagamento de um valor financeiro hoje (prêmio) para se adquirir o direito de comprar (opção de compra) ou vender (opção de venda) alguma coisa em determinada data futura, a um preço preestabelecido. Se, no primeiro exemplo, adicionássemos o fato de que, apesar do valor presente esperado dos ganhos atingir apenas R$ 1 milhão, existe a possibilidade de 20% de que estas receitas tripliquem e outros 20% que sejam reduzidas à terça parte em cinco anos. Agregamos a informação de que se trata de um setor submetido a constantes inovações tecnológicas, reduzindo o grau de previsibilidade. O investidor paga por um negócio que, usando projeções médias, tende a ser deficitário, exatamente porque a alta volatilidade pode gerar a oportunidade de se auferir lucros em um certo instante no tempo (exatamente o conceito de opção).

Uma empresa petrolífera é um caso no qual a idéia de "opção real" é diretamente aplicável. A Petrobras possui várias áreas a serem exploradas (com custo de desenvolvimento), tendo como variável-chave o preço do petróleo. Se assumirmos duas hipóteses quanto à faixa de oscilação preço do petróleo nos próximos dez anos – entre US$ 18/US$ 22 por barril ou US$ 10/US$ 30 por barril – certamente com a segunda avaliação atingiríamos um preço maior para o campo. Mesmo com a média das duas faixas em US$ 20, a potencial forte variância (flexibilidade) traz um valor maior à segunda hipótese.

É preciso entender o caso das empresas ligadas à pesquisa, como as farmacêuticas, que registram patentes mesmo para produtos com chances reduzidas de produção futura. Normalmente, a patente é concedida por prazo determinado, durante o qual o comprador utiliza inconscientemente o conceito de opção real. O valor de uma patente está associado a um potencial desenvolvimento de produto que pode vir ou não a ser viável economicamente.

Portanto, a flexibilidade merece um prêmio em qualquer tipo de empresa. Se um empresário tem, ao longo da administração de sua companhia, a possibilidade de seguir um caminho (exemplo: diversificação) ou outro (concentração em um negócio), esta opção real deveria ser medida. Este tipo de incerteza possui o seu valor intrínseco, que normalmente os processos de precificação tradicionais não conseguem captar.

Referências Bibliográficas

COPELAND, Tom. *Real Options: A Practitioner's Guide*. Editora Texere, 2000.

DAMODARAN, Aswath. *The Dark Side of Valuation*. Editora Prentice Hall, 2001.

_____. *Corporate Finance. Theory and Practice*. Editora John Wiley & Sons, 1997.

_____. *Investment Valuation*. Editora John Wiley & Sons, 1996.

GAUGHAN, Patrick Mergers. *Acquisitions and Corporate Restructurings*. Editora John Wiley & Sons, 1996.

MCKINSEY & COMPANY, Inc. *Valuation – Measuring and Managing the Value of Companies*. Editora John Wiley & Sons, 2000.

STEWART, G. Bennett III. *The Quest for Value*. Editora HarpersCollins, Publishers Inc., 1991.

STICKNEY, Clyde P. *Financial Accounting*. Editora The Dryden Press, 1994.